证券投资顾问胜任能力考试辅导教材

证券投资顾问业务

（第2版）

主编：圣才学习网
www.100xuexi.com

内 容 提 要

本书是证券投资顾问胜任能力考试的辅导教材，适用于《证券投资顾问业务》科目。本书遵循最新证券投资顾问胜任能力考试大纲的章目编排，包括4部分，共分8章，每章包括以下内容：①知识结构，清晰勾勒出每章知识脉络，使考生明确本章知识点分布，准确把握复习主线；②大纲要求，标明了考试大纲规定需要掌握的知识内容；③要点详解，根据考试相关教材及最新相关法律、法规和规范性文件对考试大纲的所有考点进行了讲解，特别是针对一些难点和重点进行了详细的分析和说明；④本章练习，根据高频考点，精选习题，选择习题难度与真题相近，便于考生检验学习效果，巩固知识点。

圣才学习网(www. 100xuexi. com)提供证券投资顾问胜任能力考试辅导方案【视频课程、电子书、题库等】。购书即可免费享受一年大礼包增值服务【本书电子书(手机版、电脑版)＋一对一专职顾问全程咨询服务】。手机扫码(本书封面右上角)免费领取本书大礼包。

图书在版编目(CIP)数据

证券投资顾问业务/圣才学习网主编. —2版. —北京：中国石化出版社,2018.11
证券投资顾问胜任能力考试辅导教材
ISBN 978－7－5114－5047－0

Ⅰ.①证… Ⅱ.①圣… Ⅲ.①证券投资－投资分析－资格考试－自学参考资料 Ⅳ.①F830.91

中国版本图书馆CIP数据核字(2018)第228018号

未经本社书面授权,本书任何部分不得被复制、抄袭,或者以任何形式或任何方式传播。版权所有,侵权必究。

中国石化出版社出版发行
地址:北京市朝阳区吉市口路9号
邮编:100020 电话:(010)59964500
发行部电话:(010)59964526
http://www. sinopec-press. com
E-mail:press@ sinopec. com
武汉市盛宏源印务有限公司印刷
全国各地新华书店经销

*

787×1092毫米16开本14.75印张371千字
2019年7月第2版 2019年7月第1次印刷
定价:48.00元

证券投资顾问胜任能力考试辅导教材

编　委　会

主编：圣才学习网（www. 100xuexi. com）

编委：王　巍　李　雪　夏　蜜　匡晓霞　万军辉

赵立亭　娄旭海　赵芳微　倪彦辉　肖　萌

张婉妮　涂幸运　李如玉　肖　娟　段瑞权

序　言

为了帮助考生顺利通过证券投资顾问胜任能力考试，我们根据最新考试大纲和相关法律、法规和规范性文件精心编写了证券投资顾问胜任能力考试辅导教材。

本书是证券投资顾问胜任能力考试的辅导教材，适用于《证券投资顾问业务》科目。本书遵循最新证券投资顾问胜任能力考试大纲的章目编排，包括4部分，共分8章，每章包括以下内容。

【知识结构】清晰勾勒出每章知识脉络，使考生明确本章知识点分布，准确把握复习主线。

【大纲要求】标明了考试大纲规定需要掌握的知识内容。

【要点详解】根据考试相关教材及最新相关法律、法规和规范性文件对考试大纲的所有考点进行了讲解，特别是针对一些难点和重点进行了详细的分析和说明。

【本章练习】根据高频考点，精选习题，选择习题难度与真题相近，便于考生检验学习效果，巩固知识点。

购书即可免费享受一年大礼包增值服务。手机扫码(本书封面右上角)免费领取本书大礼包，具体包括：①本书电子书(手机版、电脑版)；②一对一专职顾问全程咨询服务。

需要特别说明的是：考试大纲要求的考查范围包括中国证监会、证券交易所出台并持续有效的与证券市场和证券公司业务相关的法律、法规、规章和规范性文件等，如有修订，我们会及时根据最新版本对本教材进行修订，读者可以通过升级本书电子书进行更新。本书参考了众多的配套资料和相关参考书，书中错误、遗漏不可避免，敬请指正和提出建议。

与本书相配套，圣才学习网提供证券投资顾问胜任能力考试视频课程、电子书、题库。

圣才学习网(www.100xuexi.com)是一家为全国各类考试和专业课学习提供名师视频课程、电子书、题库等全方位教育服务的综合性学习型视频学习网站，拥有近100种考试(含418个考试科目)、194种经典教材(含英语、经济、管理、证券、金融等共16大类)，合计近万小时的面授班、网授班课程。

资格考试： www.100xuexi.com(圣才学习网)

考研辅导： kaoyan.100xuexi.com(圣才考研网)

圣才学习网编辑部

目　录

第一部分　业务监管

第一章　证券投资顾问业务监管 …… (1)

第一节　资格管理 …… (1)

第二节　主要职责 …… (4)

第三节　工作规程 …… (5)

第四节　法律责任 …… (14)

【本章练习】 …… (15)

【答案及解析】 …… (17)

第二部分　专业基础

第二章　基本理论 …… (19)

第一节　生命周期理论 …… (19)

第二节　货币的时间价值 …… (24)

第三节　资本资产定价理论 …… (26)

第四节　证券投资理论 …… (32)

第五节　有效市场假说 …… (40)

【本章练习】 …… (52)

【答案及解析】 …… (55)

第三部分　专业技能

第三章　客户分析 …… (60)

第一节　信息分析 …… (60)

第二节　财务分析 …… (62)

第三节　风险分析 …… (63)

第四节　目标分析 …… (70)

【本章练习】 …… (71)

【答案及解析】 …… (73)

第四章　证券分析 …… (75)
第一节　证券投资分析概述 …… (75)
第二节　基本分析 …… (77)
第三节　技术分析 …… (111)
【本章练习】 …… (134)
【答案及解析】 …… (136)
第五章　风险管理 …… (139)
第一节　信用风险管理 …… (139)
第二节　市场风险管理 …… (149)
第三节　流动性风险管理 …… (155)
【本章练习】 …… (160)
【答案及解析】 …… (162)

第四部分　专项业务

第六章　品种选择 …… (164)
第一节　产品选择 …… (164)
第二节　时机选择 …… (169)
第三节　行业轮动 …… (170)
【本章练习】 …… (172)
【答案及解析】 …… (173)
第七章　投资组合 …… (175)
第一节　投资组合管理概述 …… (175)
第二节　股票投资组合 …… (178)
第三节　债券投资组合 …… (181)
第四节　衍生工具 …… (185)
【本章练习】 …… (193)
【答案及解析】 …… (195)
第八章　理财规划 …… (198)
第一节　现金、消费和债务管理 …… (198)
第二节　保险规划 …… (207)
第三节　税收规划 …… (212)
第四节　人生事件规划 …… (222)
第五节　投资规划 …… (226)
【本章练习】 …… (227)
【答案及解析】 …… (229)

第一部分 业务监管

第一章 证券投资顾问业务监管

【知识结构】

- 证券投资顾问业务监管
  - 资格管理
    - 执业资格取得方式
    - 监管、自律管理和机构管理
    - 后续执业培训的要求
  - 主要职责
    - 提供品种选择投资建议服务的职责
    - 提供投资组合投资建议服务的职责
    - 提供理财规划投资建议服务的职责
  - 工作规程
  - 法律责任

第一节 资格管理

【大纲要求】

掌握证券投资顾问的执业资格取得方式；掌握证券投资顾问的监管、自律管理和机构管理；掌握证券投资顾问后续执业培训的要求。

【要点详解】

一、证券投资顾问的执业资格取得方式

1. 一般规定

《证券投资顾问业务暂行规定》第七条规定，向客户提供证券投资顾问服务的人员，应当具有证券投资咨询执业资格，并在中国证券业协会注册登记为证券投资顾问。证券投资顾问不得同时注册为证券分析师。

《证券、期货投资咨询管理暂行办法》第十三条规定，证券投资咨询人员申请取得证券投资咨询从业资格，必须具备下列条件：①具有中华人民共和国国籍；②具有完全民事行为能力；③品行良好、正直诚实，具有良好的职业道德；④未受过刑事处罚或者与证券、期货业务有关的严重行政处罚；⑤具有大学本科以上学历；⑥具有从事证券业务2年以上的经历；⑦通过中国证监会统一组织的证券从业人员资格考试；⑧中国证监会规定的其他条件。

2. 注册登记

根据中国证券业协会2010年10月19日发布的《证券投资顾问和证券分析师注册登记程序及要求》：

(1)申请人通过系统向证券公司、证券投资咨询机构提交执业注册申请时，应同时提交以下书面材料：①执业注册申请表；②身份证复印件；③学历证书复印件；④具有二年以上证券业务或证券服务业务经历的工作证明；⑤未受过刑事处罚的证明；⑥证券业协会规定的其他材料。证券公司、证券投资咨询机构应当妥善保管上述书面材料，以备证券业协会检查。

(2)证券公司、证券投资咨询机构对申请人提交的申请表进行审核，确认其是否符合证

券投资咨询执业资格条件，将符合要求的申请通过系统提交证券业协会。

(3)证券业协会收到证券公司、证券投资咨询机构提交的注册申请后，通过系统进行审核，必要时可要求有关机构提交书面材料。证券业协会在收到完整申请材料后三十日内审核完毕。对不予注册登记的人员，证券业协会通过系统通知其所在机构，并说明原因。

(4)注册登记为证券投资顾问或证券分析师的人员，其所在机构、执业证书编号、从事证券投资咨询业务类型等信息将在证券业协会网站公示。

3. 执业年检

根据《证券、期货投资咨询管理暂行办法》第十七条，取得证券、期货投资咨询执业资格的人员，应当在所参加的证券、期货投资咨询机构年检时同时办理执业年检。取得证券、期货投资咨询从业资格，但是未在证券、期货投资咨询机构执业的，其从业资格自取得之日起满18个月后自动失效。根据《证券、期货投资咨询管理暂行办法》第十八条，证券、期货投资咨询人员不得同时在两个或者两个以上的证券、期货投资咨询机构执业。

根据《证券业从业人员资格管理实施细则(试行)》第二十三条，有下列情形之一的，不予通过年检：①执业证书申请材料或年检材料弄虚作假的；②未按规定完成后续职业培训的；③不再符合执业证书取得条件的；④未按规定参加年检的；⑤协会规定的其他情形。

二、证券投资顾问的监管、自律管理和机构管理

1. 证券投资顾问业务的监管和自律管理

中国证监会及其派出机构依法对证券公司、证券投资咨询机构从事证券投资顾问业务实行监督管理。中国证券业协会对证券公司、证券投资咨询机构从事证券投资顾问业务实行自律管理。

【真题1.1】对证券公司、证券投资咨询机构从事证券投资顾问业务实行自律管理，并依据有关法律、行政法规和相关规定，制定相关执业规范和行为准则的是(　　)。

A. 中国证券业协会　　　　B. 中国证监会

C. 证监会派出机构　　　　D. 银监会

【答案】A

【解析】中国证券业协会对证券公司、证券投资咨询机构从事证券投资顾问业务实行自律管理，并依据有关法律、行政法规和《证券投资顾问业务暂行规定》，制定相关执业规范和行为准则。

2. 证券投资顾问的机构管理

《证券投资顾问业务暂行规定》对证券公司、证券投资咨询机构从事证券投资顾问业务做出了具体的规范要求：

第四条　证券公司、证券投资咨询机构及其人员应当遵循诚实信用原则，勤勉、审慎地为客户提供证券投资顾问服务。

第十一条　证券公司、证券投资咨询机构向客户提供证券投资顾问服务，应当按照公司制定的程序和要求，了解客户的身份、财产与收入状况、证券投资经验、投资需求与风险偏好，评估客户的风险承受能力，并以书面或者电子文件形式予以记载、保存。

【真题1.2】证券公司、证券投资咨询机构向客户提供证券投资顾问服务，应当按照公司制定的程序和要求，了解客户的(　　)。

Ⅰ. 身份　　　　Ⅱ. 财产与收入状况

Ⅲ. 投资需求　　　　　　　　　　Ⅳ. 风险偏好

A. Ⅰ、Ⅱ　　B. Ⅱ、Ⅲ、Ⅳ　　C. Ⅰ、Ⅱ、Ⅲ　　D. Ⅰ、Ⅱ、Ⅲ、Ⅳ

【答案】D

第十四条　证券公司、证券投资咨询机构提供证券投资顾问服务，应当与客户签订证券投资顾问服务协议，并对协议实行编号管理。协议应当包括下列内容：①当事人的权利义务；②证券投资顾问服务的内容和方式；③证券投资顾问的职责和禁止行为；④收费标准和支付方式；⑤争议或者纠纷解决方式；⑥终止或者解除协议的条件和方式。

证券投资顾问服务协议应当约定，自签订协议之日起5个工作日内，客户可以书面通知方式提出解除协议。证券公司、证券投资咨询机构收到客户解除协议书面通知时，证券投资顾问服务协议解除。

第十七条　证券公司、证券投资咨询机构应当为证券投资顾问服务提供必要的研究支持。证券公司、证券投资咨询机构的证券研究不足以支持证券投资顾问服务需要的，应当向其他具有证券投资咨询业务资格的证券公司或者证券投资咨询机构购买证券研究报告，提升证券投资顾问服务能力。

第二十一条　证券公司、证券投资咨询机构从事证券投资顾问业务，应当建立客户回访机制，明确客户回访的程序、内容和要求，并指定专门人员独立实施。

第二十二条　证券公司、证券投资咨询机构从事证券投资顾问业务，应当建立客户投诉处理机制，及时、妥善处理客户投诉事项。

第二十三条　证券公司、证券投资咨询机构应当按照公平、合理、自愿的原则，与客户协商并书面约定收取证券投资顾问服务费用的安排，可以按照服务期限、客户资产规模收取服务费用，也可以采用差别佣金等其他方式收取服务费用。

证券投资顾问服务费用应当以公司账户收取。禁止证券公司、证券投资咨询机构及其人员以个人名义向客户收取证券投资顾问服务费用。

【真题1.3】证券公司可以按照下列(　　)方式收取服务费用。

Ⅰ. 服务期限　　Ⅱ. 客户资产规模　　Ⅲ. 投资业绩　　Ⅳ. 差别佣金

A. Ⅰ、Ⅱ、Ⅲ　　B. Ⅰ、Ⅱ、Ⅳ　　C. Ⅱ、Ⅲ、Ⅳ　　D. Ⅰ、Ⅲ、Ⅳ

【答案】B

第二十八条　证券公司、证券投资咨询机构应当对证券投资顾问业务推广、协议签订、服务提供、客户回访、投诉处理等环节实行留痕管理。向客户提供投资建议的时间、内容、方式和依据等信息，应当以书面或者电子文件形式予以记录留存。

证券投资顾问业务档案的保存期限自协议终止之日起不得少于5年。

第二十九条　证券公司、证券投资咨询机构应当加强人员培训，提升证券投资顾问的职业操守、合规意识和专业服务能力。

第三十条　证券公司、证券投资咨询机构以合作方式向客户提供证券投资顾问服务，应当对服务方式、报酬支付、投诉处理等作出约定，明确当事人的权利和义务。

第三十四条　证券公司从事证券经纪业务，附带向客户提供证券及证券相关产品投资建议服务，不就该项服务与客户单独作出协议约定、单独收取证券投资顾问服务费用的，其投资建议服务行为参照执行本规定有关要求。

三、证券投资顾问后续执业培训的要求

根据《证券投资顾问业务暂行规定》第二十九条，证券公司、证券投资咨询机构应当加强人员培训，提升证券投资顾问的职业操守、合规意识和专业服务能力。

1. 证券投资顾问后续职业培训的目标

(1)进一步有针对性地加强执业人员对证券市场法律法规的掌握程度；

(2)增强执业人员的守法意识、诚信意识，通过多种形式的证券业务专题培训切实提高执业人员的业务素质。

2. 证券投资顾问后续职业培训的具体内容及意义

(1)具体内容

①从事研究分析及投资咨询业务的人员应重点掌握权证、期权等市场创新产品及融资融券、资产证券化等创新业务的基本概念、运作方式和操作规则；

②熟悉证券投资咨询人员的职业道德规范。

(2)意义

加强人员培训有助于提升证券投资顾问的职业操守、合规意识和专业服务能力。

第二节　主要职责

【大纲要求】

熟悉证券公司、证券投资咨询机构及证券投资顾问提供品种选择投资建议服务的职责；熟悉证券公司、证券投资咨询机构及证券投资顾问提供投资组合投资建议服务的职责；熟悉证券公司、证券投资咨询机构及证券投资顾问提供理财规划投资建议服务的职责。

【要点详解】

证券投资顾问向客户提供的投资建议内容包括投资的品种选择、投资组合以及理财规划建议等，证券投资顾问的主要职责如下：

(1)证券投资顾问应当在评估客户风险承受能力和服务需求的基础上，向客户提供适当的投资建议服务；

(2)证券投资顾问向客户提供的投资建议应依据包括证券研究报告或者基于证券研究报告、理论模型以及分析方法形成的投资分析意见等；

(3)证券投资顾问应当向客户说明作出投资建议所依据的证券研究报告的发布人、发布日期；

(4)证券投资顾问应当向客户提示潜在的投资风险，禁止以任何方式向客户承诺或者保证投资收益；

(5)证券投资顾问若知悉客户作出的具体投资决策计划，不得向他人泄露该客户的投资决策计划信息；

(6)证券投资顾问服务费用应当以公司账户收取，禁止以证券投资顾问人员个人名义收取；

(7)证券投资顾问不得通过广播、电视、网络、报刊等公众媒体，作出买入、卖出或者持有具体证券的投资建议。

【真题 1.4】证券投资顾问禁止对客户的投资收益作出(　　)的承诺或保证。

Ⅰ. 投资保本　　Ⅱ. 亏损有限　　Ⅲ. 收益保底　　Ⅳ. 稳定盈利

A. Ⅰ、Ⅲ　　B. Ⅱ、Ⅲ、Ⅳ

C. Ⅰ、Ⅱ、Ⅲ、Ⅳ　　D. Ⅰ、Ⅱ、Ⅳ

【答案】C

【解析】根据《证券投资顾问业务暂行规定》第十九条，证券投资顾问向客户提供投资建议，应当提示潜在的投资风险，禁止以任何方式向客户承诺或者保证投资收益。鼓励证券投资顾问向客户说明与其投资建议不一致的观点，作为辅助客户评估投资风险的参考。

第三节　工作规程

【大纲要求】

熟悉证券投资顾问业务管理制度；熟悉证券投资顾问业务合规管理和风险控制机制；熟悉证券投资顾问业务推广、协议签订、服务提供、客户回访和投诉处理等业务环节；掌握证券投资顾问业务的原则；熟悉证券投资顾问业务的要求；熟悉证券投资顾问业务的流程；熟悉证券投资顾问业务风险揭示书的要求；熟悉证券投资顾问服务协议的要求；熟悉证券投资顾问向客户提供投资建议的相关依据；熟悉证券投资顾问业务投资者适当性管理的要求；熟悉证券投资顾问业务客户回访机制；熟悉证券投资顾问业务客户投诉处理机制；掌握对证券投资顾问业务各环节留痕管理的要求；掌握证券投资顾问的禁止性行为的要求；掌握证券投资顾问应具备的职业操守；熟悉证券投资顾问人员管理制度；熟悉证券投资顾问按照证券信息传播的有关规定，通过公众媒体开展业务的要求。

【要点详解】

一、证券投资咨询业务界定

1997 年 12 月 25 日国务院证券委员会发布的《证券、期货投资咨询管理暂行办法》规定，证券、期货投资咨询是指从事证券、期货投资咨询业务的机构及其投资咨询人员以向证券、期货投资人或者客户提供证券、期货投资分析、预测或者建议等直接或者间接有偿咨询服务的活动。

2010 年 10 月 12 日，中国证监会同时颁布了《证券投资顾问业务暂行规定》和《发布证券研究报告暂行规定》，明确了证券投资顾问和发布证券研究报告业务是证券投资咨询业务的两类基本形式。这两个规定自 2011 年 1 月 1 日起施行。这是规范证券公司、证券投资咨询机构从事证券投资顾问、发布证券研究报告业务行为，保护投资者合法权益，维护证券市场秩序的又一次重要举措。

1. 发布证券研究报告业务

发布证券研究报告，是指证券公司、证券投资咨询机构对证券及证券相关产品的价值、市场走势或者相关影响因素进行分析，形成证券估值、投资评级等投资分析意见，制作证券研究报告，并向客户发布的行为。证券研究报告主要包括涉及证券及证券相关产品的价值分析报告、行业研究报告、投资策略报告等。证券研究报告可以采用书面或者电子文件形式。

2. 证券投资顾问业务

证券投资顾问业务，是指证券公司、证券投资咨询机构接受客户委托，按照约定，向客户提供涉及证券及证券相关产品的投资建议服务，辅助客户作出投资决策，并直接或者间接获取经济利益的经营活动。投资建议服务内容包括投资的品种选择、投资组合以及理财规划建议等。

二、证券投资顾问业务管理制度

1．证券投资顾问业务的定义

证券投资顾问业务，是证券投资咨询业务的一种基本形式，是指证券公司、证券投资咨询机构接受客户委托，按照约定，向客户提供涉及证券及证券相关产品的投资建议服务，辅助客户作出投资决策，并直接或者间接获取经济利益的经营活动。投资建议服务内容包括投资的品种选择、投资组合以及理财规划建议等。

2．管理制度

根据《证券投资顾问业务暂行规定》，证券投资顾问业务的管理制度主要包括但不限于下列几个方面：

(1)中国证监会及其派出机构依法对证券公司、证券投资咨询机构从事证券投资顾问业务实行监督管理。中国证券业协会对证券公司、证券投资咨询机构从事证券投资顾问业务实行自律管理，并依据有关法律、行政法规和本规定，制定相关执业规范和行为准则。

(2)向客户提供证券投资顾问服务的人员，应当具有证券投资咨询执业资格，并在中国证券业协会注册登记为证券投资顾问。证券投资顾问不得同时注册为证券分析师。

(3)证券公司、证券投资咨询机构向客户提供证券投资顾问服务，应当告知客户下列基本信息：

①公司名称、地址、联系方式、投诉电话、证券投资咨询业务资格等；

②证券投资顾问的姓名及其证券投资咨询执业资格编码；

③证券投资顾问服务的内容和方式；

④投资决策由客户作出，投资风险由客户承担；

⑤证券投资顾问不得代客户作出投资决策。

(4)证券公司、证券投资咨询机构应当通过营业场所、中国证券业协会和公司网站，公示前款第①、②项信息，方便投资者查询、监督。

【真题 1.5】证券公司、证券投资咨询机构向客户提供证券投资顾问服务，应当告知客户(　　)。

Ⅰ．公司名称、地址、联系方式、投诉电话等

Ⅱ．证券投资顾问服务的内容和方式

Ⅲ．投资决策由客户作出，投资风险由客户承担

Ⅳ．证券投资顾问的姓名及其证券投资咨询执业资格编码

A．Ⅰ、Ⅱ、Ⅲ、Ⅳ　　B．Ⅰ、Ⅳ

C．Ⅰ、Ⅱ、Ⅲ　　D．Ⅱ、Ⅲ、Ⅳ

【答案】A

三、证券投资顾问业务合规管理和风险控制机制

1．合规管理

(1)证券投资顾问业务的信息隔离机制

①公司高管层的隔离；

②公司各业务板块或部门之间的隔离；

③证券投资顾问与证券分析师之间的隔离。

(2)信息隔离之外的补充机制

①信息披露

投资顾问应当公开其自身的基本信息，以供投资者决策判断，公开信息的具体内容包括：

a. 投资顾问的执业资格及基本经历；

b. 其所推荐产品的基本特征和风险性质；

c. 投资顾问与其推荐的产品有无关联关系等；

d. 在境外，投资顾问尚需披露其自身及其所在公司持有或投资相关股票的情况。

②业务限制

a. 静默期；

b. 限制清单。

③业务合规管理机制

a. 内部控制；

b. 业务流程；

c. 业务审核与备案；

d. 检查和问责等。

2. 风险控制机制

公司在开展投资顾问业务时应制定相关风险控制措施，包括但不限于以下内容：

(1)根据投资顾问建议的不同，分别制定审核流程；

(2)定期进行风险评估、投资顾问绩效评估，检查服务流程的有效性和合规性；

(3)证券投资顾问对服务客户的资产组合进行账户跟踪服务，结合客户的风险承受能力，对客户做出风险提示等。

四、证券投资顾问业务推广、协议签订、服务提供、客户回访和投诉处理等业务环节

证券公司、证券投资咨询机构应当对证券投资顾问业务推广、协议签订、服务提供、客户回访、投诉处理等环节实行留痕管理。

1. 业务推广

(1)证券公司应当规范证券投资顾问业务推广和客户招揽行为，禁止对服务能力和过往业绩进行虚假、不实、误导性的营销宣传，禁止以任何方式承诺或者保证投资收益。

(2)证券公司通过举办讲座、报告会、分析会等形式，进行证券投资顾问业务推广和客户招揽的，应当提前5个工作日向举办地证监局报备。

2. 协议签订

了解客户情况，评估客户的风险承受能力，为客户选择适当的投资顾问服务或产品，告知客户服务内容、方式、收费以及风险情况，由客户自主选择是否签约。目前，投资顾问服务协议体现为多种形式，如客户提交书面“服务申请表”开通服务、客户在网上交易平台申请开通服务、与公司总部签订《投资顾问服务协议》等。

3. 服务提供

投资顾问服务人员通过面对面交流、电话、短信、电子邮件等方式向客户提供投资建议服务。证券公司通过适当的技术手段，记录、监督投资顾问服务人员与客户的沟通过程，实现过程留痕。

4. 客户回访和投诉处理

投资顾问业务的客户回访应注意以下几点：

(1)另设回访机制；

(2)全面回访；

(3)回访留痕或参照。

【真题 1.6】证券投资顾问禁止对服务能力和过往业绩进行(　　)的营销宣传。

Ⅰ. 虚假　　Ⅱ. 不实　　Ⅲ. 误导性　　Ⅳ. 审慎性

A. Ⅰ、Ⅱ、Ⅳ　　B. Ⅰ、Ⅱ、Ⅲ　　C. Ⅱ、Ⅲ、Ⅳ　　D. Ⅰ、Ⅲ、Ⅳ

【答案】B

【解析】根据《证券投资顾问业务暂行规定》第二十四条，证券公司、证券投资咨询机构应当规范证券投资顾问业务推广和客户招揽行为，禁止对服务能力和过往业绩进行虚假、不实、误导性的营销宣传，禁止以任何方式承诺或者保证投资收益。

五、证券投资顾问业务的原则

1. 依法合规

证券公司从事证券投资顾问业务，应当遵守法律、行政法规和《证券投资顾问业务暂行规定》，加强合规管理，健全内部控制，防范利益冲突，切实维护客户合法权益。

2. 诚实信用

证券公司、证券投资咨询机构及其人员应当遵循诚实信用原则，勤勉、审慎地为客户提供证券投资顾问服务。

3. 公平维护客户利益

证券公司、证券投资咨询机构及其人员提供证券投资顾问服务，应当忠实客户利益，不得为公司及其关联方的利益损害客户利益；不得为证券投资顾问人员及其利益相关者的利益损害客户利益；不得为特定客户利益损害其他客户利益。

六、证券投资顾问业务的要求

证券投资顾问业务管理的基本要求如下：

1. 人员执业资格

向客户提供证券投资顾问服务的人员，应当具有证券投资咨询执业资格，并在中国证券业协会注册登记为证券投资顾问，且不得同时注册为证券分析师。

2. 管理制度建设

证券投资顾问业务的管理制度建设主要包括以下三点：

(1)证券公司应当制定证券投资顾问人员管理制度，加强对证券投资顾问人员注册登记、岗位职责、执业行为的管理；

(2)证券公司应当建立健全证券投资顾问业务管理制度、合规管理和风险控制机制，覆盖业务推广、协议签订、服务提供、客户回访、投诉处理等业务环节；

(3)证券公司应当保证证券投资顾问人员数量、业务能力、合规管理和风险控制与服务方式、业务规模相适应。

3. 投资顾问业务的适当性管理

(1)证券公司应当按照公司制定的程序和要求，了解客户的身份、财产与收入状况、证券投资经验、投资需求与风险偏好，评估客户的风险承受能力，并以书面或者电子文件形式予以记载、保存。

(2)证券投资顾问应当根据了解的客户情况，在评估客户风险承受能力和服务需求的基础上，向客户提供适当的投资建议服务。

4. 风险揭示

证券公司应当向客户提供风险揭示书，并由客户签收确认。风险揭示书内容与格式要求由中国证券业协会制定。

5. 投资顾问服务协议

证券公司提供证券投资顾问服务，应当与客户签订证券投资顾问服务协议，并对协议实行编号管理。

6. 证券投资建议、客户回访及投诉管理

(1)证券投资顾问向客户提供投资建议，应当提示潜在的投资风险，禁止以任何方式向客户承诺或者保证投资收益。

鼓励证券投资顾问向客户说明与其投资建议不一致的观点，作为辅助客户评估投资风险的参考。

(2)证券投资顾问若知悉客户作出的具体投资决策计划，不得向他人泄露该客户的投资决策计划信息。

(3)证券投资顾问不得通过广播、电视、网络、报刊等公众媒体，作出买入、卖出或者持有具体证券的投资建议。

(4)证券公司应当建立客户回访机制，明确客户回访的程序、内容和要求，并指定专门人员独立实施。

(5)证券公司应当建立客户投诉处理机制，及时、妥善处理客户投诉事项。

七、证券投资顾问业务的流程

1. 服务模式的选择和设计

根据客户的需求和特征，选择和设计个性化或者标准化的顾问服务模式。

2. 客户签约

了解客户情况，评估客户的风险承受能力，为客户选择适当的投资顾问服务或产品，告知客户服务内容、方式、收费以及风险情况，由客户自主选择是否签约。

目前，投资顾问服务协议体现为多种形式，如客户提交书面“服务申请表”开通服务、客户在网上交易平台申请开通服务、与公司总部签订《投资顾问服务协议》等。

3. 形成服务产品

公司总部或者证券营业部的投资顾问团队根据证券研究报告以及其他公开证券信息，分析证券投资品种、理财产品的风险特征，形成具体的投资建议或者标准化顾问服务产品，提供给直接面对客户的投资顾问服务人员。

4. 服务提供

投资顾问服务人员通过面对面交流、电话、短信、电子邮件等方式向客户提供投资建议服务。证券公司通过适当的技术手段，记录、监督投资顾问服务人员与客户的沟通过程，实现过程留痕。

八、证券投资顾问业务风险揭示书的要求

证券公司、证券投资咨询机构应当向客户提供风险揭示书，并由客户签收确认。

根据中国证券业协会制定的《证券投资顾问业务风险揭示书必备条款》，《证券投资顾问业务风险揭示书》至少应包含下列内容：

(1)提示投资者在接受证券投资顾问服务前，必须了解提供服务的证券公司、证券投资咨询机构是否具备证券投资咨询业务资格，其提供服务的人员是否具备证券投资咨询执业资格并已经注册登记为证券投资顾问。

(2)提示投资者在接受证券投资顾问服务前，必须了解证券投资顾问业务的含义，理解投资者接受证券投资顾问服务后需自主作出投资决策并独立承担投资风险。

(3)提示投资者在接受证券投资顾问服务前，必须了解证券公司、证券投资咨询机构及其人员提供的证券投资顾问服务不能确保投资者获得盈利或本金不受损失。

(4)提示投资者在接受证券投资顾问服务前，必须了解证券公司、证券投资咨询机构及其人员提供的投资建议具有针对性和时效性，不能在任何市场环境下长期有效。

(5)提示投资者在接受证券投资顾问服务前，必须了解作为投资建议依据的证券研究报告和投资分析意见等，可能存在不准确、不全面或者被误读的风险，投资者可以向证券投资顾问了解证券研究报告的发布人和发布时间以及投资分析意见的来源，以便在进行投资决策时作出理性判断。

(6)提示投资者在接受证券投资顾问服务前，必须了解所在的证券公司、证券投资咨询机构证券投资顾问服务的收费标准和方式，按照公平、合理、自愿的原则与证券公司、证券投资咨询机构协商并书面约定收取证券投资顾问服务费用的安排。证券投资顾问服务收费应向公司账户支付，不得向证券投资顾问人员或其他个人账户支付。

(7)提示投资者在接受证券投资顾问服务前，必须了解证券公司、证券投资咨询机构及其人员可能存在道德风险。如投资者发现投资顾问存在违法违规行为或利益冲突情形，如泄露客户投资决策计划、传播虚假信息、进行关联交易等，投资者可以向证券公司、证券投资咨询机构投诉或向有关部门举报。

(8)提示投资者在接受证券投资顾问服务前，必须了解证券公司、证券投资咨询机构存在因停业、解散、撤销、破产，或者被中国证监会撤销相关业务许可、责令停业整顿等原因导致不能履行职责的风险。

(9)提示投资者在接受证券投资顾问服务前，必须了解证券公司、证券投资咨询机构的投资顾问人员存在因离职、离岗等原因导致更换投资顾问服务人员并影响服务连续性的风险。

(10)提示投资者在接受证券投资顾问服务前，应向证券公司、证券投资咨询机构说明自身资产与收入状况、投资经验、投资需求和风险偏好等情况并接受评估，以便于证券公司根据投资者的风险承受能力和服务需求，向投资者提供适当的证券投资顾问服务。

(11)提示投资者在接受证券投资顾问服务前，应向证券公司、证券投资咨询机构提供有效的联系方式和服务获取方式，如有变动须及时向所在的证券公司、证券投资咨询机构进行说明。如因投资者自身原因或不可抗力因素导致投资者未能及时获取证券投资顾问服务，责任将由投资者自行承担。

(12)提示投资者在接受证券投资顾问服务时，应保管好自己的证券账户、资金账户和相应的密码，不要委托证券投资顾问人员管理自己的证券账户、资金账户，代理买卖证券；

否则由此导致的风险将由投资者自行承担。

（13）证券公司、证券投资咨询机构以软件工具、终端设备等为载体，向客户提供投资建议或者类似功能服务的，应提示投资者在接受该软件工具、终端设备等前，必须仔细阅读相关说明书，了解其实际功能、信息来源、固有缺陷和使用风险。由于投资者自身原因导致该软件工具、终端设备等使用不当或受到病毒入侵、黑客攻击等不良影响的，由此导致的风险将由投资者自行承担。如表示该软件工具、终端设备具有选择证券投资品种或者提示买卖时机功能的，应提示投资者了解其方法和局限。

（14）风险揭示书还应以醒目文字载明以下内容：

①本风险揭示书的揭示事项仅为列举性质，未能详尽列明投资者接受证券投资顾问服务所面临的全部风险和可能导致投资者投资损失的所有因素；

②投资者在接受证券投资顾问服务前，应认真阅读并理解相关业务规则、证券投资顾问服务协议及本风险揭示书的全部内容；

③接受证券投资顾问服务的投资者，自行承担投资风险，证券公司、证券投资咨询机构不以任何方式向投资者作出不受损失或者取得最低收益的承诺；

④特别提示：投资者应签署本风险揭示书，表明投资者已经理解并愿意自行承担接受证券投资顾问服务的风险和损失。

【真题 1.7】《证券投资顾问业务风险揭示书》需提示投资者在接受证券投资顾问服务前，必须了解证券公司、证券投资咨询机构存在因（　　）等原因导致不能履行职责的风险。

Ⅰ．停业、解散、撤销、破产　　Ⅱ．被中国证监会撤销相关业务许可

Ⅲ．被中国证监会责令停业整顿　　Ⅳ．公司法定代表人变更

A．Ⅰ、Ⅱ、Ⅲ　　B．Ⅰ、Ⅱ、Ⅳ　　C．Ⅰ、Ⅲ　　D．Ⅱ、Ⅲ、Ⅳ

【答案】A

【解析】根据《证券投资顾问业务风险揭示书必备条款》的相关规定，《证券投资顾问业务风险揭示书》需提示投资者在接受证券投资顾问服务前，必须了解证券公司、证券投资咨询机构存在因停业、解散、撤销、破产，或者被中国证监会撤销相关业务许可、责令停业整顿等原因导致不能履行职责的风险。

九、证券投资顾问服务协议的要求

证券公司、证券投资咨询机构提供证券投资顾问服务，应当与客户签订证券投资顾问服务协议，并对协议实行编号管理。协议应当包括下列内容：

（1）当事人的权利义务；

（2）证券投资顾问服务的内容和方式；

（3）证券投资顾问的职责和禁止行为；

（4）收费标准和支付方式；

（5）争议或者纠纷解决方式；

（6）终止或者解除协议的条件和方式。

证券投资顾问服务协议应当约定，自签订协议之日起 5 个工作日内，客户可以书面通知方式提出解除协议。证券公司、证券投资咨询机构收到客户解除协议书面通知时，证券投资顾问服务协议解除。

十、证券投资顾问向客户提供投资建议的相关依据

《证券投资顾问业务暂行规定》第十六条规定，证券投资顾问应当依据包括证券研究报

告或者基于证券研究报告、理论模型以及分析方法形成的投资分析意见等向客户提供投资建议。

(1)任何机构或个人就证券市场、证券品种的走势，投资证券的可行性以口头、书面、电脑网络或者中国证券监督管理委员会(以下简称中国证监会)认定的其他形式向公众提供分析、预测或建议，必须先行取得中国证监会授予的证券投资咨询业务资格证书。

(2)证券投资咨询机构及其执业人员从事证券投资咨询活动必须客观公正、诚实信用，不得以虚假信息、内幕信息或者市场传言为依据向客户或投资者提供分析、预测或建议；预测证券市场、证券品种的走势或者就投资证券的可行性进行建议时需有充分的理由和依据，不得主观臆断；证券投资分析报告、投资分析文章等形式的咨询服务产品不得有不负责任的煽动性语言。

(3)证券投资咨询机构或其执业人员在预测证券品种的走势或对投资证券的可行性提出建议时，应明确表示在自己所知情的范围内本机构、本人以及财产上的利害关系人与所评价或推荐的证券是否有利害关系。

十一、证券投资顾问业务客户回访机制

证券公司应当统一组织回访客户，对新开户客户应当在1个月内完成回访，对原有客户的回访比例应当不低于上年末客户总数的10%。回访内容应当包括但不限于客户身份核实、客户账户变动确认、证券营业部及证券业从业人员是否违规代客户操作账户、是否向客户充分揭示风险、是否存在全权委托行为等情况。客户回访应当留痕，相关资料应当保存不少于3年。

【真题1.8】客户回访应当留痕，相关资料应当保存不少于(　　)年。

A. 3　　B. 5　　C. 1　　D. 2

【答案】A

十二、证券投资顾问业务客户投诉处理机制

证券公司及证券营业部应当在公司网站及营业场所显著位置公示客户投诉电话、传真、电子信箱，保证投诉电话至少在营业时间内有人值守。证券公司及证券营业部应当建立客户投诉书面或者电子档案，保存时间不少于3年。每年4月底前，证券公司和证券营业部应当汇总上一年度证券经纪业务投诉及处理情况，分别报证券公司住所地及证券营业部所在地证监局备案。

十三、对证券投资顾问业务各环节留痕管理的要求

(1)业务留痕是证券公司各项业务的基本要求，关于业务留痕的要点包括客户资料的保存、投资建议的保存。

业务留痕的作用主要包括：

①可作为投资顾问业绩考核的依据；

②可作为日后纠纷的证据；

③是公司规范管理、档案管理的要求。

(2)证券公司、证券投资咨询机构应当对证券投资顾问业务推广、协议签订、服务提供、客户回访、投诉处理等环节实行留痕管理。

(3)向客户提供投资建议的时间、内容、方式和依据等信息，应当以书面或者电子文件形式予以记录留存。证券投资顾问业务档案的保存期限自协议终止之日起不得少于5年。

【真题1.9】证券投资顾问向客户提供投资建议的(　　)等信息，应当予以记录留存。

Ⅰ. 时间　　Ⅱ. 内容　　Ⅲ. 方式　　Ⅳ. 依据

A. Ⅰ、Ⅱ　　B. Ⅰ、Ⅱ、Ⅲ　　C. Ⅱ、Ⅲ、Ⅳ　　D. Ⅰ、Ⅱ、Ⅲ、Ⅳ

【答案】D

【解析】根据《证券投资顾问业务暂行规定》第二十八条，证券公司、证券投资咨询机构应当对证券投资顾问业务推广、协议签订、服务提供、客户回访、投诉处理等环节实行留痕管理。向客户提供投资建议的时间、内容、方式和依据等信息，应当以书面或者电子文件形式予以记录留存。证券投资顾问业务档案的保存期限自协议终止之日起不得少于5年。

十四、证券投资顾问的禁止性行为的要求

(1)严禁接受客户的全权委托，严禁接受未经客户授权的非全权委托，不得代理客户办理提款、转托管、撤消指定及销户手续；

(2)严禁提供虚假信息，欺诈客户或为增加佣金收入而有意误导客户交易；

(3)严禁向客户作出投资保底、亏损有限或必定盈利等不切合实际的承诺；

(4)严禁向客户收取或索取酬谢，严禁串通客户损害公司或其他客户的声誉和利益；

(5)严禁相互诋毁及相互争夺客户；

(6)严禁以任何形式在公司内部现有客户中开发客户或将自行到营业部柜台开户的客户据为己有；

(7)严禁泄露客户开户资料及透露公司的商业机密。

十五、证券投资顾问应具备的职业操守

(1)证券公司、证券投资咨询机构开展证券投资顾问业务应当遵守诚实守信的执业道德，高度珍惜证券投资顾问的职业信誉；在执业过程中应当坚持独立判断原则，不因上级、客户或其他投资者的不当要求而放弃自己的独立立场。

(2)证券投资顾问应当依据公开披露的信息资料和其他合法获得的信息，进行科学的分析研究，审慎、客观地提出投资分析、预测和建议，不得断章取义，不得篡改有关信息资料。

(3)证券投资顾问应当本着对客户与投资者高度负责的精神执业，对与投资分析、预测及咨询服务相关的主要因素进行尽可能全面、详尽、深入的调查研究，采取必要的措施避免遗漏与失误，切实履行应尽的职业责任，向投资者或客户提供规范的专业意见。

(4)证券投资顾问提出建议和结论不得违背社会公众利益。证券投资顾问不得利用自己的身份、地位和在执业过程中所掌握的内幕信息为自己或他人谋取非法利益，不得故意向客户或投资者提供存在重大遗漏、虚假信息和误导性陈述的投资分析、预测或建议。

十六、证券投资顾问按照证券信息传播的有关规定，通过公众媒体开展业务的要求

(1)证券公司、证券投资咨询机构通过广播、电视、网络、报刊等公众媒体对证券投资顾问业务进行广告宣传，应当遵守《中华人民共和国广告法》和证券信息传播的有关规定，广告宣传内容不得存在虚假、不实、误导性信息以及其他违法违规情形。

(2)证券公司、证券投资咨询机构应当提前5个工作日将广告宣传方案和时间安排向公司住所地证监局、媒体所在地证监局报备。

(3)鼓励证券公司、证券投资咨询机构组织安排证券投资顾问人员，按照证券信息传播的有关规定，通过广播、电视、网络、报刊等公众媒体，客观、专业、审慎地对宏观经济、行业状况、证券市场变动情况发表评论意见，为公众投资者提供证券资讯服务，传播证券知识，揭示投资风险，引导理性投资。

(4)证券、期货投资咨询人员在报刊、电台、电视台或者其他传播媒体上发表投资咨询文章、报告或者意见时，必须注明所在证券、期货投资咨询机构的名称和个人真实姓名，并对投资风险作充分说明。证券、期货投资咨询机构向投资人或者客户提供的证券、期货投资咨询传真件必须注明机构名称、地址、联系电话和联系人姓名。

【真题 1.10】证券公司、证券投资咨询机构应当提前(　　)个工作日将广告宣传方案和时间安排向公司住所地证监局、媒体所在地证监局报备。

A. 1　　B. 3　　C. 5　　D. 6

【答案】C

【解析】根据《证券投资顾问业务暂行规定》第二十五条，证券公司、证券投资咨询机构应当提前5个工作日将广告宣传方案和时间安排向公司住所地证监局、媒体所在地证监局报备。

第四节　法律责任

【大纲要求】

掌握证券公司、证券投资咨询机构及其人员从事证券投资顾问业务，违反法律、行政法规和相关规定的法律后果、监管措施及法律责任。

【要点详解】

一、从事证券投资顾问业务违反相关法律法规的后果

证券公司、证券投资咨询机构及其人员从事证券投资顾问业务，违反法律、行政法规和《证券投资顾问业务暂行规定》的，中国证监会及其派出机构可以采取责令改正、监管谈话、出具警示函、责令增加内部合规检查次数并提交合规检查报告、责令清理违规业务、责令暂停新增客户、责令处分有关人员等监管措施；情节严重的，中国证监会依照法律、行政法规和有关规定作出行政处罚；涉嫌犯罪的，依法移送司法机关。

二、从事证券服务业务的禁止性行为

从事证券服务业务的禁止性行为包括：

(1)代理委托人从事证券投资；

(2)与委托人约定分享证券投资收益或者分担证券投资损失；

(3)买卖本咨询机构提供服务的上市公司股票；

(4)利用传播媒介或者通过其他方式提供、传播虚假或者误导投资者的信息；

(5)法律、行政法规禁止的其他行为。

有以上所列行为之一，给投资者造成损失的，依法承担赔偿责任。

根据《证券法》第二百一十条，证券公司违背客户的委托买卖证券、办理交易事项，或者违背客户真实意思表示，办理交易以外的其他事项的，责令改正，处以一万元以上十万元以下的罚款。给客户造成损失的，依法承担赔偿责任。

根据《证券法》第二百一十二条，证券公司办理经纪业务，接受客户的全权委托买卖证券的，或者证券公司对客户买卖证券的收益或者赔偿证券买卖的损失作出承诺的，责令改正，没收违法所得，并处以五万元以上二十万元以下的罚款，可以暂停或者撤销相关业务许可。对直接负责的主管人员和其他直接责任人员给予警告，并处以三万元以上十万元以下的罚款，可以撤销任职资格或者证券从业资格。

根据《证券法》第二百一十五条，证券公司及其从业人员违反本法规定，私下接受客户委托买卖证券的，责令改正，给予警告，没收违法所得，并处以违法所得一倍以上五倍以下的罚款；没有违法所得或者违法所得不足十万元的，处以十万元以上三十万元以

下的罚款。

三、对证券服务机构制作、出具文件的相关规定

证券服务机构为证券的发行、上市、交易等证券业务活动制作、出具审计报告、资产评估报告、财务顾问报告、资信评级报告或者法律意见书等文件，应当勤勉尽责，对所制作、出具的文件内容的真实性、准确性、完整性进行核查和验证。其制作、出具的文件有虚假记载、误导性陈述或者重大遗漏，给他人造成损失的，应当与发行人、上市公司承担连带赔偿责任，但是能够证明自己没有过错的除外。

在证券交易活动中作出虚假陈述或者信息误导的，责令改正，处以 3 万元以上 20 万元以下的罚款。该条款的主体包括证券投资咨询机构及证券投资咨询从业人员在内的一切机构与个人。

【真题 1.11】在证券交易活动中做出虚假陈述或者信息误导的，处以(　　)的罚款。

A. 五万元以上三十万元以下　　B. 三万元以上二十万元以下

C. 五万元以上五十万元以下　　D. 三万元以上五万元以下

【答案】B

【本章练习】

一、选择题

1. 投资顾问服务协议应当约定自签订(　　)个工作日内可以书面提出解除协议约定。

A. 7　　B. 10　　C. 3　　D. 5

2. 证券公司、证券投资咨询机构应当严格执行发布证券研究报告与其他证券业务之间的(　　)，防止存在利益冲突的部门及人员利用发布证券研究报告谋取不当利益。

A. 自动回避制度　　B. 隔离墙制度　　C. 事前回避制度　　D. 分类经营制度

3. 下列不属于证券市场信息发布媒介的是(　　)。

A. 电视　　B. 广播　　C. 报纸　　D. 内部刊物

4. 证券公司从事证券投资顾问业务，应当遵循的基本原则是(　　)。

A. 诚实守信、客户自担风险、分类管理

B. 规范运作、利益至上、公平公正

C. 依法合规、诚实信用、公平维护客户利益

D. 守法合规、公平公正、集中管理

5. 证券投资顾问业务档案的保存期限自协议终止之日起不得少于(　　)年。

A. 2　　B. 3　　C. 5　　D. 10

6. 按照《证券投资顾问业务暂行规定》的要求，证券公司、证券投资咨询机构从事证券投资顾问业务，应当建立客户回访机制，明确客户回访的程序、内容和要求，并(　　)。

A. 成立专门的委员会　　B. 指定专门人员独立实施

C. 指定多部门分别独立实施　　D. 指定多部门共同实施

二、组合型选择题

1. 下列关于对提供证券投资顾问服务的人员的要求，正确的有(　　)。

Ⅰ. 证券投资顾问可以同时注册为证券分析师

Ⅱ. 应当具有证券投资咨询执业资格

Ⅲ. 须在中国证券业协会注册登记为证券投资顾问

Ⅳ. 证券投资顾问不能同时注册为证券分析师

A. Ⅱ、Ⅳ　　B. Ⅲ、Ⅳ　　C. Ⅰ、Ⅱ、Ⅲ　　D. Ⅱ、Ⅲ、Ⅳ

2. 根据《证券业从业人员资格管理实施细则》，执业人员出现(　　)情形，不予通过年检。

Ⅰ. 执业证书申请材料或年检材料弄虚作假的

Ⅱ. 未按规定完成后续职业培训的

Ⅲ. 不再符合执业证书取得条件的

Ⅳ. 未按规定参加年检的

A. Ⅱ、Ⅲ、Ⅳ　　B. Ⅰ、Ⅱ、Ⅲ

C. Ⅰ、Ⅱ、Ⅲ、Ⅳ　　D. Ⅰ、Ⅳ

3. 按照《证券投资顾问业务暂行规定》的要求，证券投资顾问应当了解客户情况，在评估客户(　　)的基础上，向客户提供适当的投资建议服务。

Ⅰ. 投资偏好　　Ⅱ. 风险承受能力　　Ⅲ. 服务需求　　Ⅳ. 资产状况

A. Ⅰ、Ⅱ　　B. Ⅱ、Ⅲ　　C. Ⅰ、Ⅲ　　D. Ⅲ、Ⅳ

4. 中国证监会颁布的《发布证券研究报告暂行规定》中对证券研究报告发布机构做出相关要求，下列说法正确的有(　　)。

Ⅰ. 发布证券研究报告时，应当遵守法律、行政法规和《发布证券研究报告暂行规定》

Ⅱ. 应当公平对待其发布对象，但在特定条件下可优先将资料提供给特定对象

Ⅲ. 为了实现信息的保密性，不鼓励证券分析师通过公众媒体发表评论意见

Ⅳ. 应当对发布的时间、方式、内容、对象和审阅过程实行留痕管理

A. Ⅰ、Ⅱ　　B. Ⅱ、Ⅲ　　C. Ⅰ、Ⅳ　　D. Ⅲ、Ⅳ

5. 证券公司、证券投资咨询机构应当按照(　　)的原则，与客户协商并书面约定收取证券投资顾问服务费用的安排。

Ⅰ. 公平　　Ⅱ. 公正　　Ⅲ. 合理　　Ⅳ. 自愿

A. Ⅰ、Ⅱ、Ⅲ　　B. Ⅰ、Ⅱ、Ⅳ　　C. Ⅰ、Ⅲ、Ⅳ　　D. Ⅱ、Ⅲ、Ⅳ

6. 根据《证券投资顾问业务暂行规定》，下列客户服务内容属于证券公司、证券投资咨询机构的证券投资顾问业务范畴的是(　　)。

Ⅰ. 向客户建议适当的投资组合

Ⅱ. 向客户进行理财规划建议

Ⅲ. 向客户建议如何选择适当的投资品种

Ⅳ. 接受客户全权委托，管理客户资产

A. Ⅰ、Ⅱ、Ⅲ　　B. Ⅱ、Ⅳ　　C. Ⅰ、Ⅲ　　D. Ⅱ、Ⅲ、Ⅳ

7. 根据《证券投资顾问业务暂行规定》，证券公司、证券投资咨询机构的人员从事证券投资顾问业务时，应当(　　)。

Ⅰ. 忠实客户利益，切实维护客户合法权益

Ⅱ. 遵守法律、行政法规的规定

Ⅲ. 遵循诚实信用原则，勤勉、审慎的为客户提供证券投资顾问服务

Ⅳ. 优先维护公司利益，特殊情形下可以牺牲小客户利益

A. Ⅰ、Ⅲ　　B. Ⅰ、Ⅱ、Ⅲ　　C. Ⅲ、Ⅳ　　D. Ⅱ、Ⅲ、Ⅳ

8. 证券公司、证券投资咨询机构及其人员从事证券投资顾问业务，违反法律和行政法规规定的，中国证监会及其派出机构可以采取(　　)监管措施。

Ⅰ. 出具警示函　　Ⅱ. 责令清理违规业务

Ⅲ. 监管谈话　　Ⅳ. 责令改正

A. Ⅰ、Ⅱ、Ⅲ　　B. Ⅱ、Ⅳ　　C. Ⅱ、Ⅲ、Ⅳ　　D. Ⅰ、Ⅱ、Ⅲ、Ⅳ

【答案及解析】

一、选择题

1. **【答案】**D

【解析】根据《证券投资顾问业务暂行规定》第十四条，证券投资顾问服务协议应当约定，自签订协议之日起5个工作日内，客户可以书面通知方式提出解除协议。证券公司、证券投资咨询机构收到客户解除协议书面通知时，证券投资顾问服务协议解除。

2. **【答案】**B

【解析】根据《发布证券研究报告暂行规定》第十四条，证券公司、证券投资咨询机构应当严格执行发布证券研究报告与其他证券业务之间的隔离墙制度，防止存在利益冲突的部门及人员利用发布证券研究报告谋取不当利益。

3. **【答案】**D

【解析】媒体是信息发布的主要渠道。只要符合国家的有关规定，各信息发布主体都可以通过各种书籍、报纸、杂志、其他公开出版物以及电视、广播、互联网等媒介披露有关信息。内部刊物不属于公共媒体，无法成为证券市场信息发布的媒介。

4. **【答案】**C

【解析】证券投资顾问业务的基本原则是：①依法合规，证券公司从事证券投资顾问业务，应当遵守法律、行政法规和《证券投资顾问业务暂行规定》，加强合规管理，健全内部控制，防范利益冲突，切实维护客户合法权益；②诚实信用，证券公司及其人员应当遵循诚实信用原则，勤勉、审慎地为客户提供证券投资顾问服务；③公平维护客户利益，证券公司及其人员提供证券投资顾问服务，应当忠实客户利益，不得为公司及其关联方的利益损害客户利益，不得为证券投资顾问人员及其利益相关者的利益损害客户利益，不得为特定客户利益损害其他客户利益。

5. **【答案】**C

【解析】根据《证券投资顾问业务暂行规定》第二十八条，证券公司、证券投资咨询机构向客户提供投资建议的时间、内容、方式和依据等信息，应当以书面或者电子文件形式予以记录留存。证券投资顾问业务档案的保存期限自协议终止之日起不得少于5年。

6. **【答案】**B

【解析】根据《证券投资顾问业务暂行规定》第二十一条，证券公司、证券投资咨询机构从事证券投资顾问业务，应当建立客户回访机制，明确客户回访的程序、内容和要求，并指定专门人员独立实施。

二、组合型选择题

1. **【答案】**D

【解析】根据《证券投资顾问业务暂行规定》第七条，向客户提供证券投资顾问服务的人员，应当具有证券投资咨询执业资格，并在中国证券业协会注册登记为证券投资顾问。证券投资顾问不得同时注册为证券分析师。

2. **【答案】**C

【解析】根据《证券业从业人员资格管理实施细则(试行)》第二十三条，有下列情形之一的，不予通过年检：①执业证书申请材料或年检材料弄虚作假的；②未按规定完成后续职业培训的；③不再符合执业证书取得条件的；④未按规定参加年检的；⑤协会规定的其他情形。

3.【答案】B

【解析】根据《证券投资顾问业务暂行规定》第十五条，证券投资顾问应当根据了解的客户情况，在评估客户风险承受能力和服务需求的基础上，向客户提供适当的投资建议服务。

4.【答案】C

【解析】Ⅱ项，根据《发布证券研究报告暂行规定》第十一条，证券公司、证券投资咨询机构应当公平对待证券研究报告的发布对象，不得将证券研究报告的内容或者观点，优先提供给公司内部部门、人员或者特定对象；Ⅲ项，根据《发布证券研究报告暂行规定》第十九条，鼓励证券公司、证券投资咨询机构组织安排证券分析师，按照证券信息传播的有关规定，通过广播、电视、网络、报刊等公众媒体，客观、专业、审慎地对宏观经济、行业状况、证券市场变动情况发表评论意见，为公众投资者提供证券资讯服务，传播证券知识，揭示投资风险，引导理性投资。

5.【答案】C

【解析】根据《证券投资顾问业务暂行规定》第二十三条，证券公司、证券投资咨询机构应当按照公平、合理、自愿的原则，与客户协商并书面约定收取证券投资顾问服务费用的安排，可以按照服务期限、客户资产规模收取服务费用，也可以采用差别佣金等其他方式收取服务费用。

6.【答案】A

【解析】证券投资顾问在了解客户的基础上，依据合同约定，向特定客户提供适当的、有针对性的操作性投资建议，关注品种选择、组合管理建议以及买卖时机等。投资建议内容包括投资的品种选择、投资组合以及理财规划建议等。证券公司在从事证券投资顾问业务过程中禁止接受客户的全权委托而决定证券买卖、选择证券种类、决定买卖数量或者买卖价格的行为。

7.【答案】B

【解析】Ⅳ项，证券公司及其人员提供证券投资顾问服务，应当忠实客户利益，不得为公司及其关联方的利益损害客户利益，不得为证券投资顾问人员及其利益相关者的利益损害客户利益，不得为特定客户利益损害其他客户利益。

8.【答案】D

【解析】根据《证券投资顾问业务暂行规定》第三十三条，证券公司、证券投资咨询机构及其人员从事证券投资顾问业务，违反法律、行政法规和本规定的，中国证监会及其派出机构可以采取责令改正、监管谈话、出具警示函、责令增加内部合规检查次数并提交合规检查报告、责令清理违规业务、责令暂停新增客户、责令处分有关人员等监管措施；情节严重的，中国证监会依照法律、行政法规和有关规定作出行政处罚；涉嫌犯罪的，依法移送司法机关。

第二部分　专业基础

第二章　基本理论

【知识结构】

- 基本理论
  - 生命周期理论
    - 投资者偏好特征
    - 生命周期各阶段的特征、需求、目标及理财规划
    - 寿险保障需求估算方法
  - 货币的时间价值
    - 货币时间价值概念及影响因素
    - 时间价值与利率的基本参数
    - 现值和终值
    - 复利期间和有效年利率
    - 年金
  - 资本资产定价理论
    - 资本资产定价模型的假设条件
    - 资本市场线和证券市场线
    - 证券系数 β 的涵义和应用
    - 资本资产定价模型的应用
    - 套利定价理论的原理
    - 套利组合
    - 套利定价模型的应用
    - CAPM 与 APT 的比较
  - 证券投资理论
    - 证券组合
    - 证券组合可行域和有效边界
    - 有效证券组合、最优证券组合
    - 资产配置
  - 有效市场假说
    - 预期效用理论
    - 认知过程的偏差
    - 过度自信和心理账户
    - 羊群效应
    - 时间偏好、证实偏差与损失厌恶效应
    - 前景理论
    - 个体心理与行为偏差
    - 群体行为与金融泡沫
    - 金融市场泡沫的特征和规律
    - 行为资产定价理论、有效市场假说
    - 有效市场假说与行为金融理论的联系与区别
    - 强式有效、弱式有效、半强式有效市场的基本特征
    - 有效市场假说在证券投资中的应用

第一节　生命周期理论

【大纲要求】

熟悉投资者偏好特征；熟悉生命周期各阶段的特征、需求和目标；熟悉生命周期各阶段的理财重点；熟悉生命周期各阶段的理财规划。

【要点详解】

一、投资者偏好特征

1. 投资者的共同偏好规则

若两种证券组合具有相同的收益率方差和不同的期望收益率，则投资者会选择期望收益率高的组合；若期望收益率相同而收益率方差不同，则投资者会选择方差较小的组合。

2. 投资者风险偏好的分类及特征

按投资者偏好不同可将投资者分为五种类型，具体特征如表2－1所示。

表2－1　投资者偏好特征

投资者类型	偏好特征
保守型投资者	本金安全第一，追求收益稳定，厌恶风险
中庸保守型投资者	稳定第一，追求投资安全和增值，承受风险能力有限
中庸型投资者	渴望收益较高且长期、稳步增长，风险低于市场的整体风险
中庸进取型投资者	追求投资的长期增值，甘于冒风险但会准备后备计划
进取型投资者	高度追求资金的增值，不惜冒失败的风险

二、生命周期各阶段的特征、需求、目标及理财规划

1. 生命周期的概念

(1)基本涵义

生命周期的概念应用很广泛，其基本涵义可以通俗地理解为“从摇篮到坟墓”的整个过程。在心理学上，生命周期主要是指人的生命周期和家庭的生命周期，是指它的出生、成长过程、衰老、生病和死亡的过程。

(2)生命周期理论对付费行为的解释

生命周期理论对于人们的消费行为给予了全新的解释，理论指出：自然人在相当长的期间内对个人的储蓄消费行为做出计划，实现生命周期内收支的最佳配置。即综合考虑其当期、将来的收支、可预期的工作、退休时间等诸多因素，以决定目前的消费和储蓄，并保证其消费水平处于预期的平稳状态，而不至于出现大幅波动。

2. 生命周期特征与客户需求、理财目标分析

生命周期可分为个人生命周期和家庭生命周期。

(1)家庭生命周期

家庭生命周期是指家庭形成期(建立家庭生养子女)、家庭成长期(子女长大就学)、家庭成熟期(子女独立和事业发展到巅峰)和家庭衰老期(退休到终老而使家庭消灭)的整个过程。这四个阶段的特征和财务状况如表2－2所示。

表2－2　家庭生命周期阶段特征、财务状况及理财需求和目标

	形成期	成长期	成熟期	衰老期
人生阶段	结婚到子女婴儿期	子女幼儿期到子女经济独立	子女经济独立到夫妻双方退休	夫妻双方退休到一方过世
收支	①收入以薪水为主；②支出随子女诞生而增加	①收入以薪水为主；②支出趋于稳定，子女教育费用负担重	①收入以薪水为主；②支出随子女经济独立而减少	①以理财收入和转移性收入为主；②医疗费用支出增加，其他费用支出减少

续表

	形成期	成长期	成熟期	衰老期
储蓄	收入稳定而支出增加，储蓄低水平增长	收入增加而支出稳定，储蓄稳步增加	收入处于巅峰阶段，支出相对较低，储蓄增长的最佳时期	支出大于收入，储蓄逐步减少
居住	和父母同住或租住	和父母同住或自行购房	与老年父母同住或夫妻两人居住	夫妻居住或和子女同住
资产	积累资产有限，追求高风险高收益投资	积累资产逐年增加，注重投资风险管理	资产达到巅峰，降低投资风险	变现投资资产支付支出费用，投资以固定收益类为主
负债	承担房贷负担	承担房贷负担	房贷余额逐年减少，退休前结清所有大额负债	无大额、长期负债
理财目标	保持流动性的同时配置高收益类金融资产，例如股票基金、货币基金、流动性高的银行理财产品等	保持资产流动性，适当增加固定收益类资产，如债券基金、浮动收益类理财产品	以资产安全为重点，保持资产收益回报稳定，增加固定收益类资产的比重，减少高风险资产的持有	进一步提升资产安全性，将80%以上资产投资于储蓄及固定收益类理财产品，并购买长期护理类保险

家庭生命周期各阶段的理财重点如表2－3所示。

表2－3　家庭生命周期各阶段的理财重点

	家庭形成期	家庭成长期	家庭成熟期	家庭衰老期
夫妻年龄	25～35岁	30～55岁	50～60岁	60岁以后
保险安排	提高寿险保额	以子女教育年金储备高等教育学费	以养老险或递延年会储备退休金	投保长期看护险或将养老险转即期年金
核心资产配置	股票70%、债券10%、货币20%	股票60%、债券30%、货币10%	股票50%、债券40%、货币10%	股票20%、债券60%、货币20%
	预期收益高，风险适度的银行理财产品	预期收益较高，风险适度的银行理财产品	风险较低、收益稳定的银行理财产品	风险低、收益稳定的银行理财产品
信贷运用	信用卡、小额信贷	房屋贷款、汽车贷款	还清贷款	无贷款或者反按揭

【真题2.1】从家庭生命周期的角度分析，家庭收入以理财收入及移转性收入为主的阶段一般称为家庭(　　)。

A. 衰老期　　B. 成熟期　　C. 成长期　　D. 形成期

【答案】A

【解析】衰老期是指夫妻双方退休到一方过世的阶段。在这一阶段，家庭收入以理财收入和转移性收入为主；医疗费用支出增加，其他费用支出减少；支出大于收入，储蓄逐步减少。

(2)个人生命周期

比照家庭生命周期，可以按年龄层把个人生命周期分为6个阶段。各个阶段的特点和理财活动如表2－4所示。

表 2-4　个人生命周期各阶段特点

期间	探索期	建立期	稳定期	维持期	高原期	退休期
对应年龄	15～24 岁	25～34 岁	35～44 岁	45～54 岁	55～60 岁	60 岁以后
家庭形态	以父母家庭为生活重心	择偶结婚、有学前子女	子女上小学、中学	子女进入高等教育阶段	子女独立	以夫妻两人为主
理财活动	求学深造、提高收入	银行贷款、购房	偿还房贷、筹教育金	收入增加、筹退休金	负担减轻、准备退休	享受生活规划、遗产
投资工具	活期、定期存款，基金定投	活期存款、股票、基金定投	自用房产投资、股票、基金	多元投资组合	降低投资组合风险	固定收益投资为主
保险计划	意外险、寿险	寿险、储蓄险	养老险、定期寿险	养老险、投资型保险	长期看护险、退休年金	领退休年金至终老

个人理财规划就是根据个人不同生命周期的特点（通常以 15 岁为起点），综合使用银行产品、证券、保险等金融工具，来进行财务安排和理财活动。个人生命周期各阶段的理财重点如表 2-5 所示。

表 2-5　个人生命周期各阶段的理财重点

期间	理财重点
探索期	学生时代要为将来的财务自由做好专业上与知识上的准备，无论所学专业如何，都应学习掌握一些基本的理财知识，适当参与、尝试进行一些投资操作，或通过勤工俭学、科研开发等活动来获得一定的收入
建立期	单身创业时代，是个人财务的建立与形成期，这一时期有很多理财目标，主要是筹备结婚、买房买车、继续教育支出等，如不科学规划，很容易形成入不敷出的窘境，因此，必须加强现金流管理，合理安排日常收支，适当节约资金进行适度金融投资，如股票、基金、外汇、期货投资，一方面积累投资经验，另一方面利用年轻人风险承受能力较强的特征博取较高的投资回报
稳定期	这一时期要做好投资规划与家庭现金流规划，以防范疾病、意外、失业等风险。可考虑采用定期定额基金投资等方式，利用投资的复利效应和长期投资的时间价值为未来积累财富。同时，要注意为个人及家庭购买人身险、意外险等险种，未雨绸缪，防患于未然
维持期	这一阶段是个人和家庭进行财务规划的关键期，既要通过提高劳动收入积累尽可能多的财富，更要善用投资工具创造更多财富；既要偿清各种中长期债务，又要为未来储备财富。这一时期，财务投资尤其是可获得适当收益的组合投资成为主要手段
高原期	个人的主要理财任务是妥善管理好积累的财富，主动调整投资组合，降低投资风险，以保守稳健型投资为主，配以适当比例的进取型投资，多配置基金、债券、储蓄、银行固定收益理财产品，以稳健的方式使资产得以保值增值
退休期	这一时期的主要理财任务就是稳健投资保住财产，合理消费以保障退休期间的正常支出。因此，这一时期的投资以安全为主要目标，保本是基本目标，投资组合应以固定收益投资工具为主，如各种债券、债券型基金、货币基金、储蓄等

【真题 2.2】王某出生于 1986 年，硕士毕业后已工作三年，正在筹备结婚，下列关于理财规划的各项表述中，较为适合的有（　　）。

Ⅰ. 以固定收益投资工具为主，如各种债券、债券型基金、货币基金等

Ⅱ. 加强现金流管理，合理安排日常收支

Ⅲ. 适当节约资金进行适度金融投资，如股票、基金、外汇、期货投资

Ⅳ. 以保守稳健型投资为主，配以适当比例的进取型投资

A. Ⅱ、Ⅲ　　　B. Ⅱ、Ⅲ、Ⅳ　　　C. Ⅰ、Ⅳ　　　D. Ⅰ、Ⅱ、Ⅲ

【答案】A

【解析】王某处于个人生命周期的建立期，这一时期有很多理财目标，主要是筹备结婚、买房买车、继续教育支出等，如不科学规划，很容易形成入不敷出的窘境，因此，必须加强现金流管理，合理安排日常收支，适当节约资金进行适度金融投资，如股票、基金、外汇、期货投资，一方面积累投资经验，另一方面利用年轻人风险承受能力较强的特征博取较高的投资回报。Ⅰ项为退休期所选择的投资工具；Ⅳ项属于高原期的特点。

三、寿险保障需求估算方法

无论客户处于生命周期的哪个阶段，均要关注保险规划。客户保险需求的测算方法包括：倍数法则、生命价值法和遗属需求法。

1. 倍数法则

倍数法则是指以简单的倍数关系估计寿险保障的经验法则。如根据“十一法则”，家庭需要的寿险保额约为家庭税后收入的10倍，保费支出占家庭税后收入的1/10。该法则又称为“双十法则”。

倍数法则的优点在于其简便性与可理解性。简便性是指当理财顾问或理财规划师知晓客户基本收入状况时，可简便地测度客户寿险保障需求，同时做出保费预算；可理解性是指理财规划师与客户之间的沟通较为顺畅，便于客户理解。

倍数法则一般可适用于人身保险的总保费测度，在实际运用中，保费与家庭年税后收入占比可以在5%～15%间进行调整。

倍数法则的缺点在于其适应性较差。寿险保障需求测度科学性差，不能适应所有人或家庭。一般而言，采用倍数法则是在对客户的经济收入、家庭资源情况未能充分把握，或者双方沟通不畅时，常使用的简略方法。保险公司寿险顾问和保险营销员常用这一方法。

2. 生命价值法

生命价值法是以生命价值理论为基础计算人的生命价值的方法。生命价值理论认为，人的生命价值是指个人未来收入或个人服务价值减去个人生活费用后的资本化价值，是个人未来工作期间净收入的资本化价值（又称收入法）。

运用生命价值法计算寿险需求一般有以下4个步骤：

（1）确定个人的工作或服务年限。

（2）估计未来工作期间的年收入。

（3）预期年收入扣除税及本人消费。

（4）选择贴现率计算前项的余额的经济价值，即生命价值。

生命价值法较倍数法先进，该方法反映出不同个体的预期收入差异和支出差异，体现出不同生命周期的收入与消费特征，对生命个体的寿险需求具有相对较好的适应性。生命价值法缺陷主要体现在以下几个方面：①对未来工作收入成长率、生活消费的通货膨胀率、贴现率的假设要求较高，需求测度的参数假设与实际很难保持一致；②不是基于对整个家庭的收入情况进行考虑；③未考虑遗产需求、家庭接受捐赠、目前生息资产的资源状况；④“无工作收入，无生命价值”，为不合理的假设。

3. 遗属需求法

遗属需求法是从需求的角度考虑某个家庭成员不幸后会给家庭带来的现金缺口。该方法假定家庭(主要)收入者发生万一不幸，遗属一生支出现值的缺口状况(遗属一生支出现值－已累积的生息资产净值)。为预防万一不幸的发生，该收入者提前通过寿险保障准备未来可能发生的遗属一生支出现值缺口，因此又称(收入者)养生负债法或(遗属一生)支出法。

遗属需求法符合每个家庭的实际情况，遗属需求一般包括家庭或遗属的以下保障需求：

(1)还债需要：如银行房贷或民间借贷。

(2)子女独立前所需费用：生活费用与教育基金。

(3)配偶终身所需收入：配偶的生活费用、养老基金。

(4)其他：老人赡养费用、遗产规划所需的寿险需求、家庭应急基金、死亡丧葬费用等。

第二节　货币的时间价值

【大纲要求】

了解货币时间价值概念及影响因素；熟悉时间价值与利率的基本参数；熟悉现值和终值的计算；熟悉复利期间和有效年利率的计算；熟悉年金的计算。

【要点详解】

一、货币时间价值概念及影响因素

1. 概念

货币的时间价值是指货币在无风险的条件下，经历一定时间的投资和再投资而发生的增值，又称资金时间价值。

货币具有时间价值的原因：

(1)现在持有的货币可以投资，从而获得投资回报；

(2)货币的购买力会受到通货膨胀的影响而降低；

(3)未来的投资收入预期具有不确定性。

2. 影响因素

(1)时间。时间越长，货币时间价值越大。

(2)收益率或通货膨胀率。收益率是决定货币在未来增值程度的关键因素，而通货膨胀率则是使货币购买力缩水的反向因素。

(3)单利与复利。复利会产生利上加利、息上添息的收益倍增效应。

二、时间价值与利率的基本参数

(1)现值(PV)，即货币现在的价值，一般是指期初价值。

(2)终值(FV)，即货币在未来某个时间点上的价值，一般指期末价值。

(3)时间(t)，是货币价值的参照系数。

(4)利率(或通货膨胀率)(r)，是影响金钱时间价值程度的波动要素。

三、现值和终值

现值和终值的计算公式如表2－6所示。

表2－6　现值和终值的计算公式

	现值	终值
单期	$PV=FV/(1+r)$	$FV=PV\times(1+r)$
多期	$PV=FV/(1+r)^t$	$FV=PV\times(1+r)^t$

$(1+r)^t$是终值利率因子($FVIF$)，又称复利终值系数。终值利率因子与利率、时间成正

比关系，时间越长，利率越高，终值则越大。

$1/(1+r)^t$ 是现值利率因子（$PVIF$），又称复利现值系数。与终值利率因子相反，现值利率因子与时间、利率成反比关系。贴现率越高，时间越长，现值则越小。

【真题 2.3】下列各项中，（　　）属于货币时间价值的影响因素。

Ⅰ. 通货膨胀率　　Ⅱ. 计息方式　　Ⅲ. 市场利率　　Ⅳ. 时间

A. Ⅱ、Ⅳ　　B. Ⅰ、Ⅲ、Ⅳ

C. Ⅰ、Ⅱ　　D. Ⅰ、Ⅱ、Ⅲ、Ⅳ

【答案】D

【解析】货币的时间价值受到以下因素的影响：①时间，时间越长，货币时间价值越大；②收益率或通货膨胀率，收益率是决定货币在未来增值程度的关键因素，而通货膨胀率则是使货币购买力缩水的反向因素；③单利与复利，复利会产生利上加利、息上添息的收益倍增效应。

四、复利期间和有效年利率

1. 复利期间数量

复利期间数量是指一年内计算复利的次数。

2. 有效年利率

不同复利期间投资的年化收益率称为有效年利率（EAR）。

名义年利率 r 与有效年利率 EAR 之间的换算即为：

$$EAR = \left(1 + \frac{r}{m}\right)^m - 1$$

其中，r 是指名义年利率，EAR 是指有效年利率，m 指一年内复利次数。

3. 连续复利

当复利期间变得无限小的时候，称为连续复利，此时：

$$FV = PV \times e^{rt}$$

其中，PV 为现值，r 为年利率，t 为按年计算的投资期间，e 为自然对数的底数，约等于 2.7182。

五、年金

年金（普通年金）是指在一定期限内，时间间隔相同、不间断、金额相等、方向相同的一系列现金流。年金通常用 PMT 表示。常见年金的计算公式如表 2－7 所示。

表 2－7　常见年金的计算公式

	现值	终值
期末年金	$PV = \frac{C}{r}\left[1 - \frac{1}{(1+r)^t}\right]$	$FV = \frac{C[(1+r)^t - 1]}{r}$
期初年金	$PV_{BEG} = \frac{C}{r}\left[1 - \left(\frac{1}{1+r}\right)^T\right](1+r)$	$FV_{BEG} = \frac{C}{r}[(1+r)^T - 1](1+r)$
永续年金	$PV = \frac{C}{r}$	——

续表

	现值	终值
普通增长型年金	$r\neq g$，$PV=\frac{C}{r-g}\left[1-\left(\frac{1+g}{1+r}\right)^t\right]$； $r=g$，$PV=\frac{tC}{1+r}$	$r\neq g$，$FV=\frac{C(1+r)^t}{r-g}\left[1-\left(\frac{1+g}{1+r}\right)^t\right]$； $r=g$，$FV=tC(1+r)^{t-1}$
增长型永续年金	$PV=\frac{C}{r-g}$	——

其中，C 表示第一年现金流，r 表示利率，g 表示增长率。

【真题 2.4】某公司拟购置一项资产，有两种付款方式可供选择，方式一，现在支付 15 万元，一次性结清；方式二，分 5 年付款，1～5 年各年年终的付款分别为 3 万、3 万、4 万、4 万、4 万元。假设年利率为 6%，按现值计算下列说法中正确的是(　　)。

A. 两种付款方式无法比较　　B. 付款方式一更好

C. 两种付款方式无差异　　D. 付款方式二更好

【答案】B

【解析】采用方式二进行支付的现值为：$3/(1+6\%)+3/(1+6\%)^2+4/(1+6\%)^3+4/(1+6\%)^4+4/(1+6\%)^5\approx 15.02$(万元)，所以方式一更好。

第三节　资本资产定价理论

【大纲要求】

熟悉资本资产定价模型的假设条件；熟悉资本市场线和证券市场线的定义、图形及其经济意义；了解证券系数 β 的涵义和应用；熟悉资本资产定价模型的应用。

熟悉套利定价理论的原理；掌握套利组合的概念及计算；熟悉运用套利定价方程计算证券的期望收益率；熟悉套利定价模型的应用。

【要点详解】

一、资本资产定价模型的假设条件

(1)投资者都依据期望收益率评价证券组合的收益水平，依据方差(或标准差)评价证券组合的风险水平，并按照投资者共同偏好规则选择最优证券组合。

(2)投资者对证券的收益、风险及证券间的关联性具有完全相同的预期。

(3)资本市场没有摩擦。该假设意味着：在分析问题的过程中，不考虑交易成本和对红利、股息及资本利得的征税，信息在市场中自由流动，任何证券的交易单位都是无限可分的，市场只有一个无风险借贷利率，在借贷和卖空上没有限制。

上述假设中，(1)和(2)是对投资者的规范，(3)是对现实市场的简化。

【真题 2.5】资本资产定价理论是在马科维茨投资组合理论基础上提出的，下列不属于其假设条件的是(　　)。

A. 资本市场没有摩擦

B. 投资者对证券的收益、风险及证券间的关联性具有完全相同的预期

C. 资产市场不可分割

D. 投资者都依据期望收益率评价证券组合的收益水平，依据方差(或标准差)评价证券组合的风险水平

【答案】C

二、资本市场线和证券市场线

1. 资本市场线

(1)定义及图形

资本市场线是在均值标准差平面上，所有有效组合刚好构成连接无风险资产 F 与市场组合 M 的射线 FM。具体如图 2－1 所示。

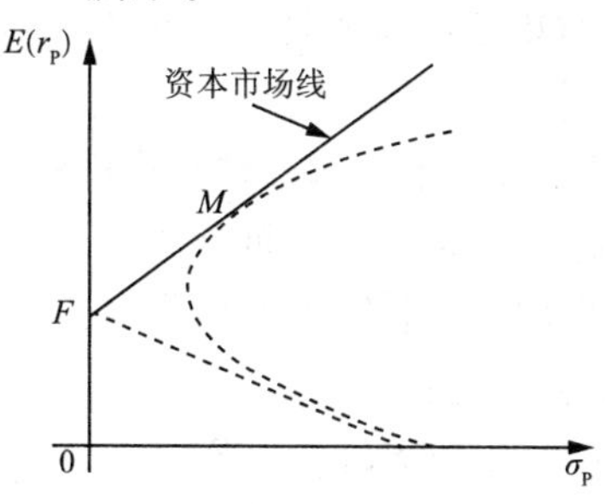

图 2－1　资本市场线

资本市场线揭示了有效组合的收益和风险之间的均衡关系，其方程为：

$$E(r_P) = r_F + \left[\frac{E(r_M) - r_F}{\sigma_M}\right]\sigma_P$$

式中，$E(r_P)$代表有效组合 P 的期望收益率；σ_P 代表有效组合 P 的标准差；$E(r_M)$代表市场组合 M 的期望收益率；σ_M 代表市场组合 M 的标准差；r_F 代表无风险证券收益率。

(2)经济意义

资本市场线方程系统阐述了有效组合的期望收益率和风险之间的关系。有效组合的期望收益率由两部分构成：

①无风险利率 r_F，由时间创造，是对放弃即期消费的补偿；

②风险溢价$\left[\frac{E(r_M) - r_F}{\sigma_M}\right]\sigma_P$，是对承担风险 σ_P 的补偿，与承担的风险的大小成正比。其中的系数$\left[\frac{E(r_M) - r_F}{\sigma_M}\right]$代表了对单位风险的补偿，称为风险的价格。

2. 证券市场线

(1)定义及图形

单个证券和证券组合的β系数都可以作为风险的合理测定，它们的期望收益与由系数测定的系统风险之间存在线性关系。证券市场线即以 β_P 为横坐标、$E(r_P)$为纵坐标，衡量由β系数测定的系统风险与期望收益间线性关系的直线，如图 2－2 所示。

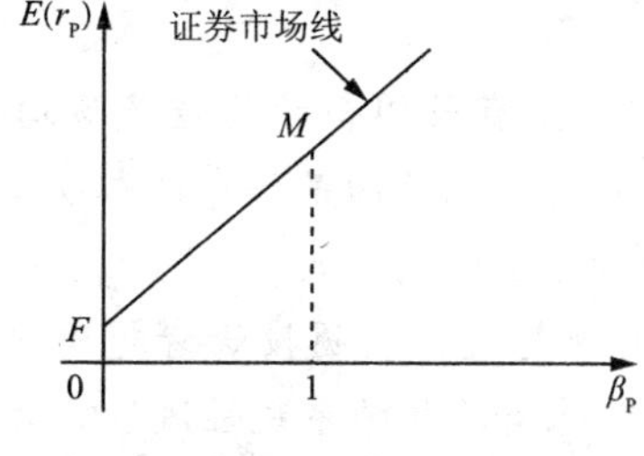

图 2－2　证券市场线

证券市场线用方程表示为：

$$E(r_P) = r_F + [E(r_M) - r_F]\beta_P$$

(2)经济意义

证券市场线表示任意证券或组合的期望收益率由以下两部分构成：

①无风险利率 r_F，由时间创造，是对放弃即期消费的补偿；

②风险溢价$[E(r_M) - r_F]\beta_P$，是对承担风险的补偿，它与承担的风险 β_P 的大小成正比。其中的系数$[E(r_M) - r_F]$代表了对单位风险的补偿，称为风险的价格。

(3)资产的错误定价与 α 系数

处于均衡状态的资本资产定价模型中，每一种资产都位于证券市场线(SML)上，即资产期望收益率与它的均衡期望收益率完全一致。而事实上，总有一部分资产或资产组合位于SML上下，这时，资产价格与期望收益率处于不均衡状态，又称资产的错误定价。资产的错误定价用 α 系数度量，其计算公式为：

$$\alpha_i = E(R_i) - E(R_i')$$

其中：$E(R_i)$表示资产 i 的期望收益率；$E(R_i')$表示资产 i 的均衡期望收益率。如果某资产的 α 系数为零，则它位于SML上，说明定价正确；如果某资产的 α 系数为正数，则它位于SML的上方，说明价格被低估，如图2－3中的 V 点；如果某资产的 α 系数为负数，则它位于SML的下方，说明价格被高估，如图2－3中的 Z 点。在资本资产定价模型中，一种资产的 α 系数是由它的位置到SML的垂直距离来度量的，如图2－3中的 $V\bar{K}_V$ 与 $Z\bar{K}_Z$。

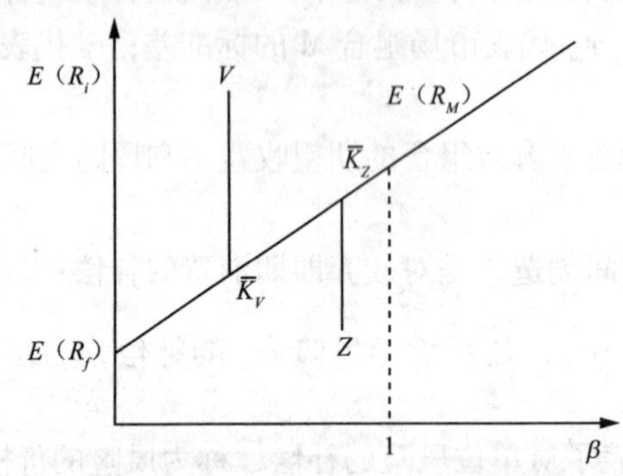

图2－3　证券价值的高估和低估

【真题2.6】下列关于证券市场线的表述，正确的是(　　)。

A. 证券市场线上的任何一个点都是有效组合

B. 证券市场线上代表了有效组合预期回报率和 β 系数之间的均衡关系

C. 证券市场线意味着与市场组合协方差更大的证券具有较高的预期回报率

D. 证券市场线的斜率越高意味着承担的系统性风险越大

【答案】C

【解析】A项，资本市场线揭示了有效组合的收益风险均衡关系，资本市场线上的任何一点都是有效组合。B项，证券市场线揭示的是任意证券或组合的期望收益率与风险之间的关系。D项，证券市场线可表示为：$E(r_P) = r_F + [E(r_M) - r_F]\beta_P$，其斜率为：$[E(r_M) - r_F]$，代表对单位风险的补偿，其值越大，表明投资者越厌恶风险；β 系数用来衡量证券承担系统风险的大小，β 系数越大意味着承担的系统性风险越大。

三、证券系数β的涵义和应用

1. 涵义

(1)β系数反映证券或证券组合方差的贡献率，市场组合方差是市场中每一证券(或组合)与市场组合协方差的加权平均值，加权值是单一证券(或组合)的投资比例。因此$\beta_r(\sigma_{iM}/\sigma_M^2)$可以作为单一证券(组合)的风险测定。

(2)β系数反映了证券或组合的收益水平对市场平均收益水平变化的敏感性。

(3)β系数是衡量证券承担系统风险水平的指数。

$|\beta|>1$，证券的波动幅度大于市场组合，为“激进型”；$|\beta|=1$，证券的波动幅度与市场组合相当，为“平均风险”；$|\beta|<1$，证券的波动幅度小于市场组合，为“防卫型”。

【真题2.7】关于β系数的含义，下列说法中正确的有(　　)。

Ⅰ. β系数绝对值越大，表明证券或组合对市场指数的敏感性越弱

Ⅱ. β系数为曲线斜率，证券或组合的收益与市场指数收益呈曲线相关

Ⅲ. β系数为直线斜率，证券或组合的收益与市场指数收益呈线性相关

Ⅳ. β系数绝对值越大，表明证券或组合对市场指数的敏感性越强

A. Ⅰ、Ⅱ　　B. Ⅱ、Ⅳ　　C. Ⅰ、Ⅲ　　D. Ⅲ、Ⅳ

【答案】D

【解析】证券或组合的收益与市场指数收益呈线性相关，β系数为直线斜率，反映了证券或组合的收益水平对市场平均收益水平变化的敏感性。β系数值绝对值越大，表明证券或组合对市场指数的敏感性越强。

2. 应用

(1)证券的选择。

①牛市时，在估值优势相差不大的情况下，投资者会选择β系数较大的股票，以期获得较高的收益；

②熊市时，投资者会选择β系数较小的股票，以减少股票下跌的损失。

(2)风险控制。风险控制部门或投资者通常会控制β系数过高的证券投资比例。另外，针对衍生证券的对冲交易，通常会利用β系数控制对冲的衍生证券头寸。

(3)投资组合绩效评价。评价组合业绩是基于风险调整后的收益进行考量，即既要考虑组合收益的高低，也要考虑组合所承担风险的大小。

四、资本资产定价模型的应用

1. 资产估值

在资产估值方面，资本资产定价模型主要用于判断证券是否被市场错误定价。

(1)根据资本资产定价模型，计算每一证券的期望收益率应等于无风险利率加上该证券由β系数测定的风险溢价：

$$E(r_i)=r_F+[E(r_M)-r_F]\beta_i$$

(2)市场对证券在未来所产生的收入流(股息加期末价格)预期值与证券i的期初市场价格及其预期收益率$E(r_i)$之间有如下关系：

$$E(r_i)=\frac{E(\text{股息}+\text{期末价格})}{\text{期初价格}}-1$$

(3)在均衡状态下，上述两个$E(r_i)$应有相同的值。因此，均衡期初价格应定为：

$$均衡的期初价格=\frac{E(股息+期末价格)}{1+E(r_i)}$$

当实际价格低于均衡价格时，说明该证券是廉价证券，此时应购买该证券；相反，则应卖出该证券，而将资金转向购买其他廉价证券。

2. 资源配置

在资源配置方面，资本资产定价模型根据对市场走势的预测来选择具有不同β系数的证券或组合以获得较高收益或规避市场风险。证券市场线表明，β系数反映证券或组合对市场变化的敏感性，因此：

(1)牛市时，应选择高β系数的证券或组合，成倍放大市场收益率，带来较高的收益。

(2)熊市时，应选择低β系数的证券或组合，以减少因市场下跌而造成的损失。

五、套利定价理论的原理

1. 假设条件

与资本资产定价模型(CAPM)相比，建立套利定价理论的假设条件较少，可概括为三个基本假设。

①投资者是追求收益的，同时也是厌恶风险的。

②所有证券的收益都受到一个共同因素F的影响，并且证券的收益率具有如下构成形式：

$$r_i=a_i+b_iF_i+\varepsilon_i$$

其中，r_i代表证券i的实际收益率；a_i代表因素指标F_i为0时证券i的收益率；b_i代表因素指标F_i的系数；F_i代表影响证券的那个共同因素F的指标值；ε_i代表证券i收益率r_i的残差项。

③投资者能够发现市场上是否存在套利机会，并利用该机会进行套利。

上述三项假设各有各的功能。第一项是对投资者偏好的规范；第二项是对收益生成机制的量化描述；第三项是对投资者处理问题能力的要求。

2. 套利与套利组合

套利是指人们利用同一资产在不同市场间定价不一致，通过资金的转移而实现无风险收益的行为。注意，套利是指投资者没有追加投资，即0投资。在套利机会定价理论中，套利机会被套利组合所描述。

套利组合，是指满足下述三个条件的证券组合：

(1)该组合中各种证券的权数满足$w_1+w_2+\cdots+w_N=0$。

(2)该组合因素灵敏度系数为零，即$w_1b_1+w_2b_2+\cdots+w_Nb_N=0$。其中，$b_i$表示证券$i$的因素灵敏度系数。

(3)该组合具有正的期望收益率，即$w_1Er_1+w_2Er_2+\cdots+w_NEr_N>0$。其中，$Er_i$表示证券$i$的期望收益率。

套利组合的上述特征表明，投资者如果能够发现套利组合并持有它，那么他就可以在不追加投资的情况下实现无风险收益。

3. 套利定价模型

套利定价模型表明，市场均衡状态下，证券或组合的期望收益率完全由它所承担的因素风险所决定；承担相同因素风险的证券或证券组合都应该具有相同的期望收益率。

(1)单因素影响下的套利定价模型

所有证券的收益都受到一个共同因素 F 的影响，并且证券的收益率具有如下构成形式：

$$r_i = a_i + b_i F_1 + \varepsilon_i$$

式中：r_i 为证券 i 的实际收益率；a_i 为因素指标 F_1 为 0 时证券 i 的收益率；b_i 为因素指标 F_1 的系数，反映证券 i 的收益率 r_i 对因素指标 F_1 变动的敏感性，又称灵敏度系数；F_1 为影响证券的那个共同因素 F 的指标值；ε_i 为证券 i 收益率 r_i 的残差项。

式中的共同因素可以是通货膨胀率、国民生产总值等各种宏观因素，并不一定要求是市场组合收益率。由于这些共同因素反映的是对证券价格的系统影响，故又称系统风险因素或系统因素。影响 ε_i 的称为个别因素。

(2)多因素影响下的套利定价模型

事实上，在多因素共同影响所有证券的情况下，套利定价模型也是成立的，其一般表现形式为：

$$E(r_i) = \lambda_0 + b_{i1}\lambda_1 + b_{i2}\lambda_2 + \cdots + b_{iN}\lambda_N$$

式中，$E(r_i)$ 为证券 i 的期望收益率；λ_0 为与证券和因素 F 无关的常数；b_{ik} 为证券 i 对第 k 个影响因素的灵敏度系数；λ_k 为对证券 F 具有单位敏感性的因素风险溢价。

4. 结论

套利定价模型表明，市场均衡状态下，证券或组合的期望收益率完全由所承担的因素风险决定；承担相同因素风险的证券或证券组合都应该具有相同期望收益率；期望收益率与因素风险的关系，可由期望收益率的因素敏感性的线性函数反映。

六、套利组合

套利组合，是指满足下述三个条件的证券组合：

(1)该组合中各种证券的权数满足：$w_1 + w_2 + \cdots + w_N = 0$。

(2)该组合因素灵敏度系数为零，即：$w_1 b_1 + w_2 b_2 + \cdots + w_N b_N = 0$。其中，$b_i$ 表示证券 i 的因素灵敏度系数。

(3)该组合具有正的期望收益率，即：$w_1 E(r_1) + w_2 E(r_2) + \cdots + w_N E(r_N) > 0$。其中，$E(r_i)$ 表示证券 i 的期望收益率。

套利定价理论认为，如果市场上不存在(即找不到)套利组合，那么市场就不存在套利机会。

【真题 2.8】考虑单因素套利定价模型，资产组合 A 的 β 值为 1.0，期望收益率为 16%，资产组合 B 的 β 值为 0.8，期望收益率为 12%，假设无风险收益率为 6%，如果进行套利，那么投资者将同时(　　)。

Ⅰ. 持有空头 A　　Ⅱ. 持有空头 B　　Ⅲ. 持有多头 A　　Ⅳ. 持有多头 B

A. Ⅰ、Ⅳ　　B. Ⅱ、Ⅲ　　C. Ⅲ、Ⅳ　　D. Ⅰ、Ⅱ

【答案】B

【解析】假设由资产组合 A、资产组合 B 和无风险资产构成的套利组合为资产组合 C。则根据套利组合的条件有：

$$\begin{cases} W_A + W_B + W_f = 0 \\ 1.0 \times W_A + 0.8 \times W_B + 0 \times W_f = 0 \\ 0.16W_A + 0.12\ W_B + 0.06W_f > 0 \end{cases}$$

式中，W_A、W_B 和 W_f 分别表示对资产组合 A、资产组合 B 和无风险资产的权数。解得：$W_A = -0.8W_B$，$W_f = -0.2W_B$，$W_B < 0$。因此套利组合 C 应是持有空头 B、多头 A 及多头无风险资产。

七、套利定价模型的应用

套利定价模型在实践中的应用一般有两个方面：

(1)运用统计分析模型对证券的历史数据进行分析，以分离统计上显著影响证券收益的主要因素。

(2)确定影响证券收益的因素，回归证券历史数据以获得灵敏度系数，再运用公式 $E(r_i) = \lambda_0 + b_{i1}\lambda_1 + b_{i2}\lambda_2 + \cdots + b_{iN}\lambda_N$ 预测证券的收益。

八、资本资产定价模型(CAPM)与套利定价理论(APT)的比较

CAPM 与 APT 的区别主要包括：①CAPM 中，证券的风险只用某一证券相对于市场组合的 β 系数来解释，它只能告诉投资者风险的大小，却无法告诉投资者风险来自何处。而在 APT 中，证券的风险由多个因素共同来解释。②CAPM 假定了投资者对待风险的类型，即属于风险回避者，而套利定价理论并没有对投资者的风险偏好做出规定，因此套利定价理论的适用性增强了。③CAPM 建立在均值方差均衡的基础上，APT 建立在无套利理论的基础上。④CAPM 为静态定价模型(单期)，没有考虑投资者未来收入变化，健康状况以及退休年龄对投资行为的影响，而 APT 是动态定价模型。⑤CAPM 中的组合为只有在理论上存在的市场投资组合，而 APT 中的投资组合是一个充分分散化的投资组合，在实践中可以构造。

第四节　证券投资理论

【大纲要求】

掌握证券组合的含义；熟悉证券组合可行域和有效边界的含义；熟悉证券组合可行域和有效边界的一般图形；熟悉有效证券组合的含义和特征；熟悉最优证券组合的含义和选择原理。

熟悉战略性资产配置、战术性资产配置和动态资产配置。

【要点详解】

一、证券组合

证券组合是指个人或机构投资者所持有的各种有价证券的总称，通常包括各种类型的债券、股票及存款单等。

证券组合的分类如表 2－8 所示。

表 2－8　证券组合的分类

类别	特点
避税型证券组合	通常投资于市政债券，免税
收入型证券组合	追求基本收益(即利息、股息收益)的最大化
增长型证券组合	以资本升值(即未来价格上升带来的价差收益)为目标，投资风险较大
收入和增长混合型证券组合	在基本收入与资本增长之间寻求均衡

续表

类别	特点
货币市场型证券组合	由各种货币市场工具构成
国际型证券组合	投资于海外不同国家
指数化型证券组合	①模拟某种市场指数，以求获得市场平均的收益水平。 ②根据模拟指数的不同，指数化型证券组合可以分为两类：a. 模拟内涵广大的市场指数；b. 模拟某种专业化的指数，如道·琼斯公用事业指数

二、证券组合可行域和有效边界

1. 证券组合的可行域

证券组合的可行域表示了所有可能的证券组合。

2. 证券组合的有效边界

有效边界描述了一项投资组合的风险与回报之间的关系，在以风险为横轴，预期回报率为纵轴的坐标上显示为一条曲线，所有落在这条曲线上的风险回报组合都是在一定风险或最低风险下可以获得的最大回报。

三、证券组合可行域和有效边界的一般图形

1. 证券组合的可行域

(1)两种证券组合的可行域

①完全正相关下的组合线，如图 2-4 所示。

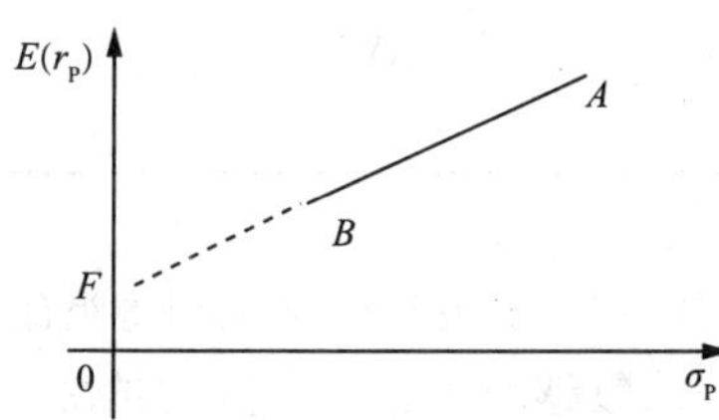

图 2-4　$\rho_{AB}=1$ 时的组合线

假定不允许卖空，即 $x_A \geq 0$，$x_B \geq 0$，则：

$$E(r_P)=x_A E(r_A)+(1-x_A)E(r_B)$$

$$\sigma_P = x_A\sigma_A+(1-x_A)\sigma_B$$

②完全负相关下的组合线，如图 2-5 所示。

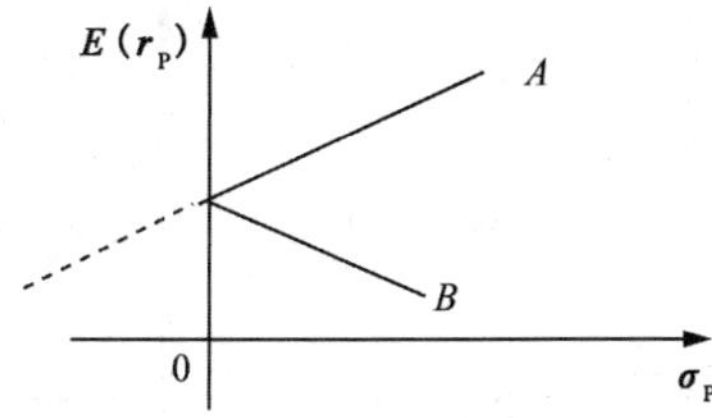

图 2-5　$\rho_{AB}=-1$ 时的组合线

在完全负相关的情况下，按适当比例买入证券 A 和证券 B 可以形成一个无风险组合，得到一个稳定的收益率。无风险收益率为：

$$E(r_P)=\frac{\sigma_B E(r_A)+\sigma_A E(r_B)}{\sigma_B+\sigma_A}$$

③不相关情形下的组合线，如图 2－6 所示。

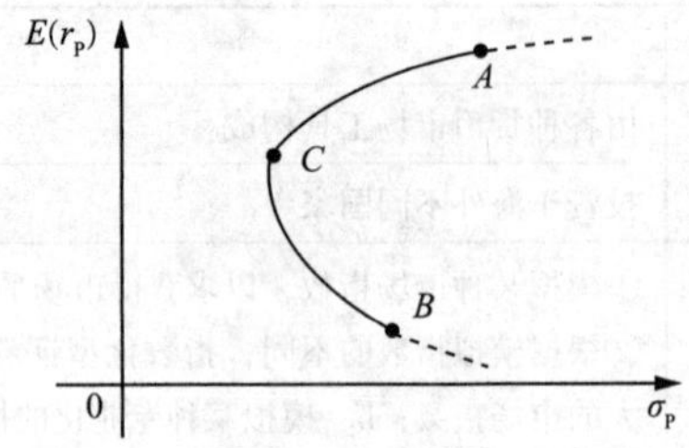

图 2－6 $\rho_{AB}=0$ 时的组合线

图 2－6 中，C 点为最小方差组合。组合线上介于 A 与 B 之间的点代表的组合由同时买入证券 A 和 B 构成，越靠近 A 点，买入证券 A 越多，买入证券 B 越少。

④组合线的一般情形，如图 2－7 所示。

相关系数决定结合线在 A 与 B 点之间的弯曲程度。随着 ρ_{AB} 的增大，弯曲程度将降低。当 $\rho_{AB}=1$ 时，弯曲程度最小，呈直线；当 $\rho_{AB}=-1$ 时，弯曲程度最大，呈折线；不相关是一种中间状态，比正完全相关弯曲程度大，比负完全相关弯曲程度小。

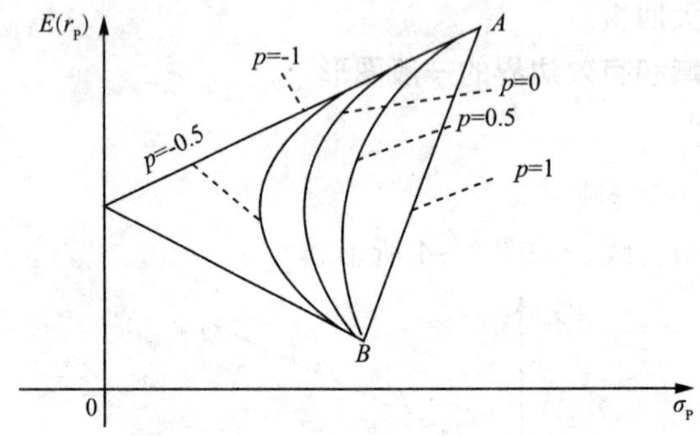

图 2－7 相关系数不同的证券组合

从组合线的形状来看，相关系数越小，在不卖空的情况下，证券组合的风险越小，特别是负完全相关的情况下，可获得无风险组合。在不卖空的情况下，组合降低风险的程度由证券间的关联程度决定。

(2) 多种证券组合的可行域

当由多种证券(不少于三种证券)构造证券组合时，组合可行域是所有合法证券组合构成的 $E-\sigma$ 坐标系中的一个区域，其形状如图 2－8 和图 2－9 所示。

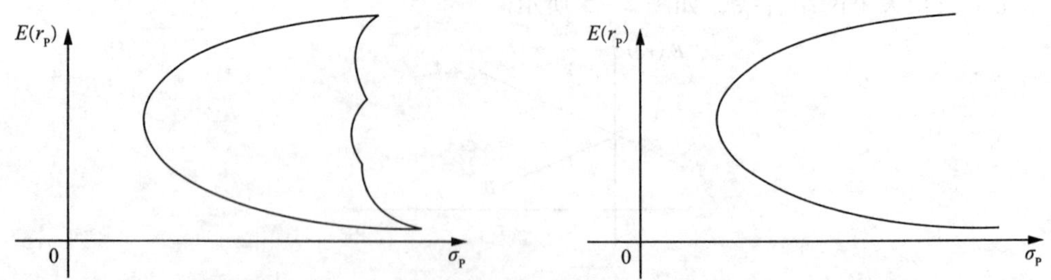

图 2－8 不允许卖空时组合的可行域

图 2－9 允许卖空时组合的可行域

可行域满足一个共同的特点：左边界必然向外凸或呈线性，即不会出现凹陷。

2. 证券组合的有效边界

有效边界是指相同的收益率方差中期望收益率高的组合或相同期望收益率中方差较小的

组合构成的边界。有效边界是可行域的上边界部分(图2-10中粗实线部分)。A点是一个特殊的位置，它是上边界和下边界的交汇点，这一点所代表的组合在所有可行组合中方差最小，因而被称为最小方差组合。

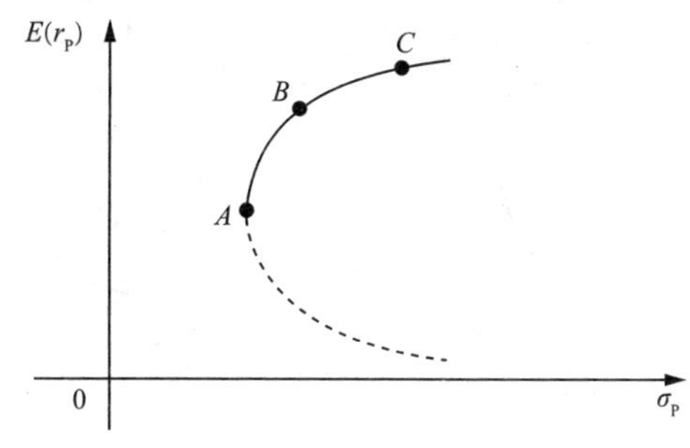

图2-10　有效边界

四、有效证券组合的含义和特征

1. 含义

按照投资者的共同偏好规则，排除投资组合中那些被所有投资者都认为差的组合，把排除后余下的这些组合称为有效证券组合。

2. 特征

有效组合是有效边界上的点所对应的证券组合。有效组合特征如下：

(1)在期望收益率水平相同的组合中，其方差(从而标准差)是最小的；

(2)在方差(从而给定了标准差)水平相同的组合中，其期望收益率是最高的。

五、最优证券组合的含义和选择原理

1. 投资者的个人偏好与无差异曲线

一个特定的投资者，任意给定一个证券组合，根据他对风险的态度，可以得到一系列满意程度相同(无差异)的证券组合，这些组合恰好在期望收益率-标准差坐标系上形成一条曲线，得到的这条曲线就被视为该投资者的一条无差异曲线。

无差异曲线的特点包括：

(1)无差异曲线是由左至右向上弯曲的曲线；

(2)每个投资者的无差异曲线形成密布整个平面又互不相交的曲线簇；

(3)同一条无差异曲线上的组合给投资者带来的满意程度相同；

(4)不同无差异曲线上的组合给投资者带来的满意程度不同；

(5)无差异曲线的位置越高，其上的投资组合带来的满意程度就越高；

(6)无差异曲线向上弯曲的程度大小反映投资者承受风险的能力强弱。

无差异曲线可以用来对投资者行为进行分析，以比较不同投资者的风险偏好。

如图2-11是不同偏好的投资者的无差异曲线。图(a)的投资者对风险毫不在意，只关心期望收益率；图(b)的投资者只关心风险，风险越小越好，对期望收益率毫不在意；图(c)和图(d)表明一般的风险态度，图(c)的投资者比图(d)的投资者相对保守一些，相同的风险状态下，前者对风险的增加要求更多的风险补偿，反映在无差异曲线上，前者的无差异曲线更陡峭一些。

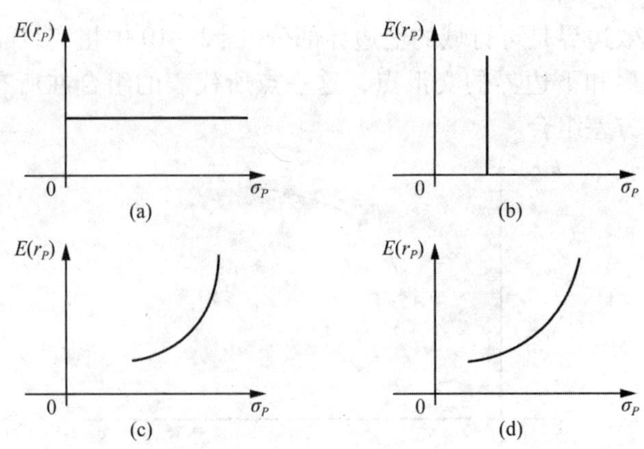

图 2－11　不同投资者的风险偏好

【真题 2.9】关于无差异曲线，下列说法正确的是(　　)。

Ⅰ. 无差异曲线向右上方倾斜　　Ⅱ. 无差异曲线之间不相交

Ⅲ. 无差异曲线向右下方倾斜　　Ⅳ. 无差异曲线之间相交

A. Ⅰ、Ⅱ　　B. Ⅰ、Ⅳ　　C. Ⅱ、Ⅲ　　D. Ⅲ、Ⅳ

【答案】A

【解析】无差异曲线都具有如下六个特点：①无差异曲线是由左至右向上弯曲的曲线；②每个投资者的无差异曲线形成密布整个平面又互不相交的曲线簇；③同一条无差异曲线上的组合给投资者带来的满意程度相同；④不同无差异曲线上的组合给投资者带来的满意程度不同；⑤无差异曲线的位置越高，其上的投资组合给投资者带来的满意程度就越高；⑥无差异曲线向上弯曲的程度大小反映投资者承受风险的能力强弱。

2. 最优证券组合的含义

最优证券组合是使投资者最满意的有效组合，它是无差异曲线簇与有效边界的切点所表示的组合。

由于每个投资者的无差异曲线的形状往往不一致，最终所找到的各自的最优投资者组合往往也是不一样的。

3. 最优证券组合的选择原理

投资者需要在有效边界(根据共同偏好规则确定)上找到一个具有下述特征的有效组合：相对于其他有效组合，该组合所在的无差异曲线位置最高(投资者满意程度最高)。即无差异曲线簇(表示投资者的偏好)与有效边界的切点所表示的组合。

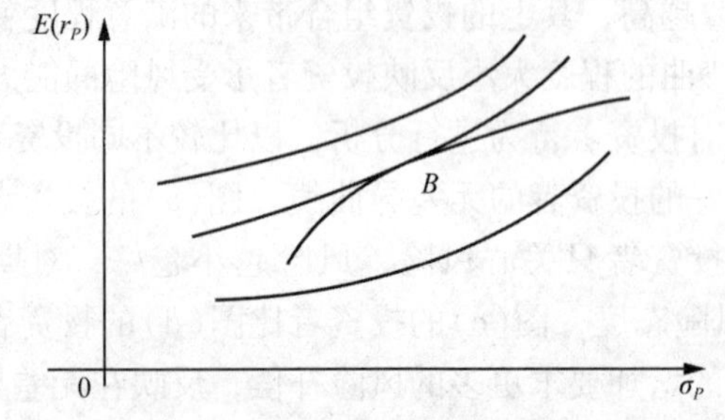

图 2－12　投资者的最优证券组合

如图 2－12 所示，投资者按照他的无差异曲线簇将选择有效边界上 B 点所代表的证券组合作为他的最佳组合，因为 B 点使其在所有有效组合中获得的满意程度最大，其他有效边界上的点都落在 B 下方的无差异曲线上。不同投资者的无差异曲线簇可获得各自的最佳证券组合，一个只关心风险的投资者将选取最小方差组合作为最佳组合。

【真题 2.10】关于最优证券组合，下列说法正确的是(　　)。

Ⅰ. 最优证券组合是在有效边界的基础上结合投资者个人的偏好得出的结果

Ⅱ. 投资者偏好通过无差异曲线来反映，其位置越靠下满意度越高

Ⅲ. 最优证券组合是无差异曲线簇与有效边界的切点所表示的组合

Ⅳ. 最优证券组合所在的无差异曲线的位置最低

A. Ⅰ、Ⅱ、Ⅳ　　B. Ⅲ、Ⅳ　　C. Ⅰ、Ⅲ　　D. Ⅰ、Ⅲ、Ⅳ

【答案】C

【解析】Ⅱ项，投资者偏好通过无差异曲线来反映，无差异曲线位置越靠上，其满意程度越高；Ⅳ项，最优证券组合相对于其他有效组合，该组合所在的无差异曲线位置最高。

六、资产配置

1. 资产配置的概念

资产配置是指根据投资需求将投资资金在不同资产类别之间进行分配，通常是将资产在低风险、低收益证券与高风险、高收益证券之间进行分配。

在现代投资管理体制下，投资一般分为规划、实施和优化管理三个阶段。投资规划即资产配置，它是资产组合管理决策制定步骤中最重要的环节。

2. 资产配置的主要类型

(1)根据投资决策的灵活性不同，分为主动型策略与被动型策略。

①主动型投资策略。假设前提是市场有效性存在瑕疵，有可供选择的套利机会。它要求投资者根据市场情况变动对投资组合进行积极调整，并通过灵活的投资操作获取超额收益，通常将战胜市场作为基本目标。根据板块轮动、市场风格转换调整投资组合就是一种常见的主动型投资策略。

②被动型投资策略。指根据事先确定的投资组合构成及调整规则进行投资，不根据对市场环境的变化主动地实施调整。其理论依据主要是市场有效性假说，如果所有证券价格均充分反映了可获得的信息，则买入并持有证券，被动接受市场变化而不进行调整，更有可能获取市场收益，并避免了过多的交易成本和误判市场走势造成的损失。

在现实中，主动策略和被动策略是相对而言的。通常将指数化投资策略视为被动投资策略的代表，但由此发展而来的各种指数增强型或指数优化型策略已经带有了主动投资的成分。

(2)按照策略适用期限的不同，分为战略性投资策略和战术性投资策略。

①战略性投资策略。也称为“战略性资产配置策略”或者长期资产配置策略，是指着眼较长投资期限，追求收益与风险最佳匹配的投资策略。因其着眼长期，故不会随市场行情的短期变化而轻易变动。常见的长期投资策略包括：

a. 买入持有策略。确定恰当的资产组合，并在诸如 3 ~ 5 年的适当持有时间内保持这种组合。买入持有策略是一种典型的被动型投资策略，通常与价值型投资相联系，具有最小的交易成本和管理费用，但不能反映环境的变化。

b. 固定比例策略。保持投资组合中各类资产占总市值的比例固定不变。在各类资产的

市场表现出现变化时应进行相应调整，买入下跌的资产，卖出上涨的资产。

c. 投资组合保险策略。是一大类投资策略的总称，这些策略的共性是强调投资人对最大风险损失的保障。其中，固定比例投资组合保险策略最具代表性。其基本做法是将资产分为风险较高和较低(通常采用无风险资产，例如国债)两种，首先确定投资者所能承受的整个资产组合的市值底线，然后以总市值减去市值底线得到安全边际，将这个安全边际乘以事先确定的乘数就得到风险性资产的投资额。市场情况变化时，需要相应调整风险资产的权重。

②战术性投资策略。也称为“战术性资产配置策略”，通常是一些基于对市场前景预测的短期主动型投资策略。常见的战术性投资策略包括：

a. 交易型策略。根据市场交易中经常出现的规律性现象，制定某种获利策略。代表性策略包括均值－回归策略、动量策略或趋势策略。

均值－回归策略通常假定证券价格或收益率走势存在一个正常值或均值，高于或低于此均值时会发生反向变动，投资者可以依据该规律进行低买高卖。

动量策略也称“惯性策略”，其基本原理是“强者恒强”，投资者买入所谓“赢家组合”(即历史表现优于大盘的组合)，试图获取惯性高收益。

趋势策略与动量策略的操作思路类似，只不过动量策略更侧重量化分析，而趋势策略往往会与技术分析相联系。

b. 多－空组合策略，有时也称为“成对交易策略”，通常需要买入某个看好的资产或资产组合，同时卖空另外一个看淡的资产或资产组合，试图抵消市场风险而获取单个证券的阿尔法收益差额。

c. 事件驱动型策略。根据不同的特殊事件制定相应的灵活投资策略。

(3)根据投资品种的不同，分为股票投资策略、债券投资策略、另类产品投资策略等

①股票投资策略

a. 按照投资风格划分，可以区分为价值型投资策略、成长性投资策略和平衡型投资策略。

b. 按收益与市场比较基准的关系划分，可以分为市场中性策略、指数化策略、指数增强型策略以及绝对收益策略。

c. 按照投资决策的层次划分，可以分为配置策略、选股策略和择时策略。

②债券投资策略

债券投资策略种类比较复杂，通常可以按照投资的主动性程度，把债券投资策略分为两类：

a. 消极投资策略，例如指数化投资策略、久期免疫策略等等。

b. 积极投资策略，例如收益曲线骑乘策略、债券互换策略等等。

③另类投资策略。通常将除股票、债券之外的其他投资品称为另类投资，例如大宗商品、房地产、艺术品等等，不同类别的投资品均有其较为专业化的投资策略。

3. 动态资产配置策略

动态资产配置是根据资本市场环境及经济条件对资产配置状态进行动态调整，从而增加投资组合价值的积极战略。

大多数动态资产配置一般具有以下共同特征：①一般是一种建立在一些分析工具基础之上的客观、量化的过程。这些分析工具包括回归分析或优化决策等。②资产配置主要受某种资产类别预期收益率客观测度的驱使，因此属于以价值为导向调整的过程。可能的驱动因素

包括以现金收益、长期债券的到期收益率为基础计算的股票预期收益，或按照股票市场股息贴现模型评估的股票股息收益变化情况等。③资产配置规则能够客观地测度出哪一种资产类别已经失去市场的注意力，并引导投资者进入不受人关注的资产类别。④资产配置一般遵循回归均衡的原则，这是动态资产配置中的主要利润机制。

【真题 2.11】大多数动态资产配置策略一般具有的共同特征包括(　　)。

Ⅰ. 一般是一种建立在一些分析工具基础之上的客观、量化的过程

Ⅱ. 资产配置主要受某种资产类别预期收益率客观测度的驱使，属于以价值为导向的调整过程

Ⅲ. 资产配置规则能够客观地测度出哪一种资产类别已经失去市场的注意力，并引导投资者进入不受人关注的类别

Ⅳ. 资产配置一般遵循回归均衡的原则

A. Ⅲ、Ⅳ　　B. Ⅰ、Ⅱ

C. Ⅰ、Ⅱ、Ⅲ、Ⅳ　　D. Ⅱ、Ⅲ、Ⅳ

【答案】C

【解析】动态资产配置是指根据资本市场环境及经济条件对资产配置状态进行动态调整，从而增加投资组合价值的积极战略。大多数动态资产配置一般具有的共同特征为题中Ⅰ、Ⅱ、Ⅲ、Ⅳ四项，其中，Ⅳ项是动态资产配置中的主要利润机制。

4. 美林投资时钟

美林时钟是美国投行美林证券提出的一个资产配置理论。根据经济增长的方向和通胀的高低，美林投资时钟将经济周期分成了四个独立的阶段，在每个时期，对应部分显示的资产和股票类型将表现优于其他，而其对角线上的资产和股票类型将表现弱于其他。经典的萧条至繁荣的经济周期从左下方开始，四个阶段顺时针推进，在此过程中债券，股票，商品和现金依次变现优于其他资产，如图 2－13 所示。

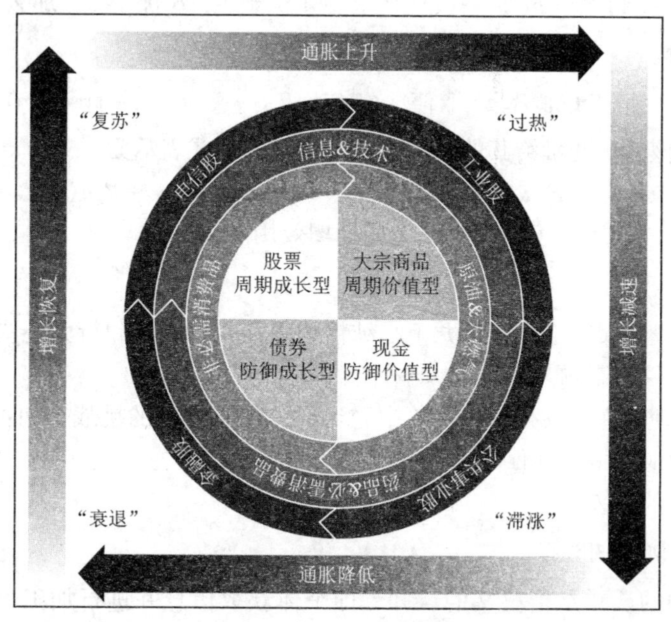

图 2－13　美林投资时钟

第五节 有效市场假说

【大纲要求】

熟悉预期效用理论；熟悉认知过程的偏差；熟悉过度自信和心理账户的概念；熟悉羊群效应；熟悉时间偏好和损失厌恶效应；了解前景理论；熟悉金融市场中的个体心理与行为偏差的概念；熟悉金融市场中的群体行为与金融泡沫；掌握金融市场泡沫的特征和规律；了解行为资产定价理论。

了解有效市场假说的概念、假设条件；了解有效市场假说与行为金融理论的联系与区别；掌握强式有效、弱式有效、半强式有效的基本特征；掌握有效市场假说在证券投资中的应用。

【要点详解】

一、预期效用理论

1. 定义

预期效用理论又称期望效用函数理论，是在公理化假设的基础上，运用逻辑和数学工具，建立的不确定条件下对理性人选择进行分析的框架。

2. 假设

预期效用理论建立在决策主体偏好理性的一系列严格的公理化假定体系基础之上，这些假设包括：

(1)优势性，如果期望 A 至少在一个方面优于期望 B 并且在其它方面都不亚于 B，那么 A 优于 B；

(2)恒定性(独立性)，各个期望的优先顺序不依赖于它们的描述方式；

(3)传递性，对于效用函数 u，只要 $u(A)>u(B)$，那么 A 就优于 B；反过来，只要 A 优于 B，那么就有 $u(A)>u(B)$，一般地，只要 A 优于 B，B 优于 C，那么 A 就优于 C。

3. 期望效用函数

如果某个随机变量 X 以概率 P_i 取值 $x_i(i=1,2,\cdots,n)$，并且某人在取得 x_i 时的效用为 $u(x_i)$，那么，该随机变量给其的效用可以用下面的公式表示为：

$$U(X)=E[u(X)]=P_1u(x_1)+P_2u(x_2)+\cdots+P_nu(x_n)$$

其中，$E[u(X)]$表示关于随机变量 X 的期望效用。

4. 缺陷

(1)理性人假设。实际上投资者并不是纯粹的理性人，决策和行为还受到其复杂的心理机制和其他外部条件的影响。

(2)预期效用理论在一系列选择实验中受到了一些“悖论”的挑战。如：同结果效应、同比率效应、反射效应、概率性保险、孤立效应、偏好反转等。

二、认知过程的偏差

1. 判断与决策中的认知过程

认知心理学中的认知是指狭义的认知，即个体获取信息并进行加工、贮存和提取的过程。认知过程是个体认知活动的信息加工过程。认知心理学将认知过程看成是一个由信息的获得、编码、贮存、提取和使用等一系列连续的认知操作阶段所组成的按一定程序进行信息加工的系统。

由于有限注意力和认知偏差的存在，认知过程是不完美的。有限注意力是指人们在接收信息时，会把与自己不相干的信息或无用的信息滤掉，只让有用的信息进入大脑，以减轻大脑的负担。其结果是，只有重要的信息才会被接收，有用的信息会被保留，没用的信息则会衰减。认知偏差是指由于人们在认知过程中使用将复杂问题简化的战略，或是忽略掉重要的信息从而使认知出现偏差。认知偏差主要包括启发式偏差和框定偏差两大类。

2. 启发式偏差

人们在解决问题时应用的策略一般有两类：算法和启发式。算法是解决问题的一套规则，它精确的指明解题的步骤。启发式是凭借经验的解题方法，是一种思考上的捷径，是解决问题的简单、通常是笼统的规律或策略，也称为经验法则或拇指法则。人们在解决问题的时候，特别是复杂问题，主要是应用启发式。

启发式主要有四种方法：代表性启发法、可得性启发法、锚定与调整启发法、情感启发法。这四种方法既可以得出正确的推理结果，也有可能导致错误的结论。

(1)代表性启发法

代表性启发法是指人们倾向于根据样本是否代表(或类似)总体来判断其出现的概率的推理过程。人们在不确定的情况下，会关注一个事物与另一个事物的相似性，以推断第二个事物与第一个事物的相似之处。人们假定将来的模式会与过去相似并寻求熟悉的模式来做判断，并且不考虑这种模式产生的原因或重复的概率。代表性启发法是一种很有用的启发法，但很多情况下会导致出现严重的偏误。

①忽视结果的先验概率

对代表性没有影响但对概率有很大影响的因素之一就是结果的先验概率，也称基础比率。看下面的例子：受试者被告知某个人是随机地从总数是100人的样本中挑出的，其中70人是工程师，30人是教师。该人30岁，已婚，没有小孩。他的能力和激情都很高，在其领域有望非常成功，深受同事们的喜欢。那么，该人的身份最有可能是什么呢？实验中的被试者判断该人是工程师的概率是0.5，忽视了先前论述中的在总数中工程师的比率是0.7。该实验表明，当给出没有价值的证据时，先验概率容易被忽视。

②对样本规模的不敏感：小数定律

代表性启发法容易导致忽略样本大小。当判断一组数据由一特殊模型得出的可能性时，人们不考虑样本的大小，以为小样本和大样本一样都具有代表性，这种认为小样本可以反映总体现象的观点被称为“小数定律”，即人们错误地认为小样本和大样本有相同类型的概率分布。

③对偶然性的误解：赌徒谬误

人们认为，一个由随机过程产生的事件的结果代表了该过程的本质特征。局部代表性观念的一个结果是“赌徒谬误”。赌徒谬误是指，对于那些具有确定概率的机会，人们会错误地受到当前经历的影响而给予错误的判断。例如，抛一个相同的硬币8次都是头像，那么第9次抛得反面的可能性有多大呢？大多数人都会认为头像出现的次数已经够多了，第9次抛得反面的可能性应该大于50%。

④对均值回归的误解

在随机过程中，变量可能按随机游走分布，或者符合均值回归的趋势，均值回归变量遵守自我矫正过程。但人们往往作出“非回归预测”，即忽略事情的发展趋势存在回归的倾向。

⑤有效性幻觉

有效性幻觉是指在预测结果与输入信息之间形成的没有根据的自信。当输入变量非常多并且相互关联时，人们容易对这种多余的、相互关联的、可能并不能提高预测准确性的变量的预测会变得很有信心，然而这种信心很有可能只是一种有效性幻觉而已。

(2)可得性启发法

可得性启发法是指，人们倾向于根据客体或事件在知觉或记忆中的可得性程度来评估其相对频率，容易知觉到的或回想起的客体或事件被判定为更常出现。很多时候，人们只是简单地根据信息获取的难易程度来确定事件发生的可能性。可得性启发法可能引致的偏差包括由于事件的可获取性而导致的偏差、由于搜索效率而导致的偏差、意向偏差和虚幻的相互作用。

(3)锚定与调整启发法

锚定效应是指当人们需要对某个事件做定量估测时，会将某些特定数值作为起始值，起始值像锚一样制约着估测值。调整策略是指以最初的信息为参照来调整对事件的估计。

锚定与调整导致的偏差包括调整不足引起的偏差、对联合和分离事件评估时的偏差。调整不足的例子如价格粘性。对联合和分离事件评估时的偏差是指，人们倾向于高估联合事件的概率，并低估分离事件的概率。

(4)情感启发法

情感启发法是指依赖于直觉和本能对不确定性事件进行判断与决策的倾向。情感启发法是一种进行评价和判断的线索，使得个人的决策行为受自身经验、情感和立场的影响，往往带有明显的选择性特征，使得决策判断偏离客观性。

3. 框定偏差

当人们形成认知时，人们所面对的背景、对事物的描述和表现方式都会影响到人们对事物的认知和判断。框定是指用事物的形式来描述决策问题。框定依赖则指判断与决定将在很大程度上取决于问题所表现出来的特殊的框定。由框定依赖导致的认知与判断的偏差即为框定偏差，指人们的判断与决策依赖于所面临的决策问题的形式，即尽管问题的本质相同但因形式的不同也会导致人们做出不同的决策。

框定依赖的类型如表2－9所示。

表2－9　框定依赖的类型

类型	说明
对比效应	在认知心理学中，人们把某一特定感受器因同时或先后受到性质不同或相反的刺激物的作用，引起感受性发生变化的现象，称为对比效应
首因效应	指个体在社会认知过程中，最先输入的信息对客体以后的认知产生的影响作用，也称为“第一印象”作用，或“先入为主”效应
近因效应	指在总体印象形成过程中，新近获得的信息比原来获得的信息影响更大的现象
晕轮效应	又称“光环效应”或“成见效应”，通常表现在一个人对另一个人或事物的某种印象决定了对他的总体看法，而看不准对方的真实品质，形成一种好的或坏的成见(错觉)
稀释效应	拥有更多的信息有时候确会有所帮助，但同时中性和非相关信息容易削弱人们对问题实质的判断，掌握与问题非相关的信息会产生稀释相关信息的作用，导致相关信息的有效性减弱

三、过度自信和心理账户的概念

1. 过度自信

过度自信是指人们过于相信自己的判断能力，高估成功的概率，把成功归功于自己的能力，而低估运气、机遇和外部力量在其中的作用的认知偏差。过度自信会引发控制力幻觉、过度交易、事后聪明偏差等效应。控制力幻觉是指，人们经常会相信他们对某件无法控制的事情有影响力，造成这种幻觉的主要因素包括选择性、过去的结果、任务熟悉程度等。事后聪明偏差是指，人们经常在不确定性的结果出现后，把已经发生的事情视为相对必然和明显的，而没有意识到对结果的回顾会影响人们的判断。

投资者是过度自信的，尤其对其自身知识的准确性过度自信，从而系统性地低估某类信息并高估其他信息。过度自信对金融市场上的交易量、市场效率、波动性、投资者期望效用等有影响。

2. 心理账户

心理账户是指人们在心里无意识地把财富划归不同的账户进行管理，运用不同的记账方式和心理运算规则。其存在使投资者在做决策时往往违背一些简单的经济运行法则，做出许多非理性的投资或消费行为。

人们通过三种心理账户对面对的选择得失进行评价：

(1)最小账户，仅仅与可选方案间的差异有关，而与各个方案的共同特性无关；

(2)局部账户，描述的是可选方案的结果与参考水平之间的关系，这个参考水平由决策的背景决定；

(3)综合账户，从更广的类别对可选方案的得失进行评价。

心理账户会引起赌场资金效应和沉没成本效应。

赌场资金效应是指赢钱的赌徒更乐意参与新的赌博。他们认为自己是在用“赢钱账户”，即从赌场赢来的钱而不是自己的钱来赌博，因此变得更愿意冒险了。类似地，股市上涨后，人们会认为其是用“资本利得账户”中的资金来进行投资的，因此风险容忍度更高，并用更低的利率折现未来的现金流，因此进一步推升了股价。

沉没成本效应是指如果人们已为某种商品或劳务支付过成本，那么便会增加该商品或劳务的使用频率，个人通常不愿意去接受先前投入的资金被浪费掉的事实。

四、羊群效应

1. 含义

羊群效应是指投资者在交易过程中存在学习与模仿现象，从而导致他们在一段时间内出现相同的交易行为。

2. 产生原因

羊群行为是一个很复杂的现象，其形成有许多原因，其中包括人类的从众本能、人群间沟通产生的传染、信息不确定、信息成本过大、对报酬和声誉的需要、对集体的忠诚、社会中存在禁止偏离群体共同行为的机制(如社会准则、法律和宗教)、组内成员面对同一公共信息集合(如经纪交易所、受欢迎的投资专家的推荐)、羊群中的人具有同一偏好等。

五、时间偏好、证实偏差与损失厌恶效应

1. 时间偏好

时间偏好是指人们在现在消费与未来消费之间的偏好，就是人们对现在的满意程度与对

将来的满意程度的比值。人们越不喜欢现在，时间偏好就越低。社会中所有人的时间偏好称作纯利率。

2. 证实偏差

证实偏差是指人们有一种寻找支持某个假设的证据的倾向。一旦形成一个信念较强的假设或设想，人们有时会把一些附加证据错误地解释为对他们有利，不再关注那些否定该设想的新信息。

证实偏差产生的原因包括：

(1)信念坚持。人们会坚持他们的假设，即使这个假设和新数据相矛盾。

(2)锚定往往也是导致证实偏差的心理因素之一。心理学证据揭示了这样的现象：人们倾向于把证据理解为支持初始假设的附加证据。

(3)证据的模糊性、对资料的选择性收集或审查也是导致证实偏差的重要原因。

证实偏差是金融市场上正反馈机制形成的推动力之一。在金融市场上，当整个市场处于繁荣的上升期，即使有各种各样的证据表明市场已经被严重的高估，人们依然会倾向于忽略这些负面的信息，而对正面信息赋予更高的权重，加上与生俱来的贪婪与恐惧，人们会乐观地不断推动市场，以至于市场价格越来越偏离其基础价值。

【真题 2.12】“当形成一种股市将持续上涨的信念时，投资者往往会对有利的信息或证据特别敏感或容易接受，而对不利的信息或证据视而不见”可以来解释(　　)这个行为金融概念。

A. 框定偏差　　B. 心理账户　　C. 证实偏差　　D. 过度自信

【答案】C

【解析】证实偏差是指当人确立了某一个信念或观念时，在收集信息和分析信息的过程中，产生的一种寻找支持这个信念的证据的倾向。或者说他们会很容易接受支持这个信念的信息，而忽略否定这个信念的信息，甚至还会花费更多的时间和认知资源贬低与他们看法相左的观点。

3. 损失厌恶

损失厌恶是指人们在面对收益和损失的决策时表现出不对称性。人们面对同样数量的收益和损失时，损失会使他们产生更大的情绪波动。期望理论认为，损失厌恶反映了人们的风险偏好并不是一致的，面对收益，人们表现为风险厌恶；面对损失，人们则表现为风险寻求。由于损失厌恶的存在，投资者倾向于过长时间地持有账面上已产生投资亏损的股票，而过早地卖出账面上已产生盈利的股票。因为投资者赢利时，面对确定的收益和不确定的未来走势，为了避免价格下跌而带来的后悔，倾向于风险规避而获利了结；当投资者出现亏损时，面对确定的损失和不确定的未来走势，为避免立即兑现损失而带来的后悔，倾向于风险寻求而继续持有股票。

损失厌恶将导致禀赋效应与短视的损失厌恶。

(1)禀赋效应

禀赋效应是指人们放弃其所拥有的一个物品所感受的痛苦，要大于一个原本不属于他的物品所带来的喜悦，由此导致在定价方面，同样一种物品，如果人们原本拥有，那么卖价会高；如果人们原本没有拥有，那么卖价会低。禀赋效应反映了人们有避免失去禀赋的倾向，使个人产生安于现状的偏差，即投资者在作决定时愿意维持原有的状态，而不愿意将其财富做新的改变。

禀赋效应会导致交易惰性。由于禀赋效应的存在，投资者对于其自身所持有的股票，需要市场更高的出价才肯卖出，从而使其不愿意进行股票交易。

(2)短视的损失厌恶

短视的损失厌恶是指在股票投资中，长期收益可能会周期性地被短期损失所打断，即投资者不愿意承受短期损失带来的痛苦，从而不愿意投资那些短期波动性风险很大但长期回报率高的股票。短视的投资者把股票市场视同赌场，过分强调潜在的短期损失。

与损失厌恶类似的概念还包括后悔厌恶与模糊厌恶。后悔厌恶是指当人们作出错误的决策时，对自己的行为感到痛苦，为了避免后悔，人们常常做出一些非理性行为。模糊厌恶则是指人们在熟悉的事情和不熟悉的事情之间更喜欢熟悉的那个，而回避选择不熟悉的事情去做。人们厌恶主观或模糊的不确定性，甚至讨厌客观的不确定性。

六、前景理论

1. 定义

前景理论是指在实际生活中，人们的选择行为往往受到个人偏好、社会规范、观念习惯的影响，因而决策不一定能够实现期望收益最大化。前景理论实质上是关于不确定条件下人们的决策行为的理论，是行为金融学的重要内容。

2. 内容

(1)基本内容

①人们不仅看重财富的绝对量，更加看重的是财富的变化量。

②当人们面临条件相当的获得前景时更加倾向于实现风险规避，而面临条件相当的损失前景时更加倾向于风险趋向。

③人们对损失和获得的敏感程度是不同的，人们对损失比对获得更敏感。即财富减少产生的痛苦与等量财富增加给人带来的快乐不相等，前者要大于后者。

④前期的决策的实际结果会影响后期的风险态度和决策。前期盈利可以使人的风险偏好增强，还可以降低后期的损失；而前期的损失会加剧以后亏损的痛苦，风险厌恶程度也相应提高。

(2)引申结论

①确定性效应。指人们决策时往往对被认为是确定性的结果给予较大权重的倾向。

②反射效应。指人们面临损失时，所表现出的对不确定性损失的偏好。

③孤立效应。指投资者想等到信息发布后再进行决策的倾向。

④框定效应。指决策时如果改变对结果的描述改变参照点，会影响人们的偏好选择。

3. 价值函数

(1)数学形式

价值函数在前景理论中用来表示效用。价值函数的数学形式可以表达为：

$$V = \sum_{i=1}^{n} \pi(p_i)v(x_i)$$

式中：$v(x)$是决策者主观感受所形成的价值，即偏好情况体现为围绕参照点的价值变化而不是价值的绝对值；$\pi(p)$是决策权重，它是一种概率评价性的单调增加函数。

(2)特征

①价值的载体是财富或福利的改变而不是它们的最终状态，并以对参照点的偏离程度为标准，朝两个方向(分别是收益和损失)偏离呈反射形状，即“反射效应”。

②价值函数在参照点之上(收益区域)是凹的，表现为风险规避，即在确定性收益与非确定性收益中偏好前者；在参照点下(损失区域)是凸的，表现为风险喜好，即在确定性损失与非确定性损失中偏好后者，且对收益和损失的敏感性都是递减的。

③价值函数对财富变化的态度是损失的影响要大于收益，即收益变化的斜率小于损失变化的斜率。

4. 权重函数

(1)图形表现

决策权重 $\pi(p)$ 是客观概率 P 的一个非线性函数，是概率 P 的权重与确定性事件的权重的比率。图 2－14 表示相对于概率 P 的决策权重函数 $\pi(p)$，图中的虚线表示从 0 到 1 的客观概率 P，曲线 ABC 表示决策权重函数 $\pi(p)$。

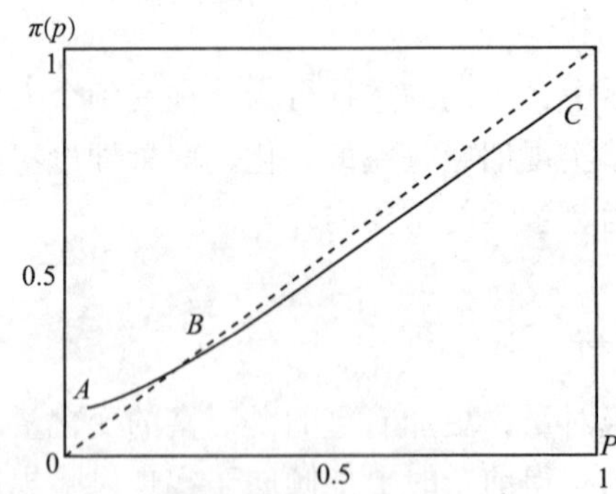

图 2－14　前景理论中假定的决策权重函数

(2)特点

①权重函数 $\pi(p)$ 是概率 P 的单调递增函数。

②小概率事件的高估及其次可加性。次可加性即当 $0<r<1$ 时，有 $\pi(rp)>r\pi(p)$。

③次确定性，即各互补概率事件的决策权重之和小于确定性事件的决策权重，即对于任意的 $0<p<1$，$\pi(p)+\pi(1-p)<1$。

④次比例性。当概率比一定时，大概率对应的决策权数比率小于小概率对应的决策权数比率，即对于任意的 $0<p$，q，$r\leqslant 1$，存在 $\pi(pq)/\pi(p)<\pi(pqr)/\pi(pr)$。

⑤极低和极高概率事件的权重主要取决于投资者的主观感觉。

七、金融市场中的个体心理与行为偏差的概念

金融市场个体投资者出现的心理和行为偏差主要有处置效应、过度交易行为、有限注意力驱动的交易、羊群行为、本土偏差和恶性增资等偏差。

1. 处置效应

处置效应指投资人在处置股票时，倾向卖出赚钱的股票、继续持有赔钱的股票，即“出赢保亏”效应。表现为投资者盈利时，倾向于风险回避而做出获利了结的行为；当投资者出现亏损时，倾向于风险寻求而继续持有股票。

2. 过度交易行为

行为金融学认为，过度交易现象的表现为：即便忽视交易成本，在这些交易中投资者的

收益也降低了。

3. 有限注意力驱动的交易

有限注意力使得人对一事物的注意必须以牺牲对另一事物的注意为代价。在投资者投资决策过程中，有限注意力会影响投资者对信息的反应，进而影响股票价格。

有限注意力的投资者对显著性的事件表现出过度反应，投资决策倾向于受到注意力等驱动交易。同时，有限注意力会造成股票收益率的联动和盈余公告后公司超额收益率的漂移。

4. 本土偏差

(1)本土偏差的表象

①投资于国内股票；

②投资于距离近的公司；

③投资于自己就职的公司。

(2)本土偏差的行为金融解释

①信息幻觉。具有强烈本地偏好的投资者可能认为它们拥有信息优势。

②熟悉性偏好与控制力幻觉。熟悉性偏差认为，人们喜欢在自己比较熟悉的环境下行动，投资者购买本国、本地以及本公司的股票是因为他们对这些公司更熟悉，虽然这种熟悉同公司的基本面信息没有关系。

5. 恶性增资

面对进退两难困境，决策者往往会倾向于继续投入资源，提升原方案的承诺，而且表现出越来越强的“自我坚持”的行为倾向，从而导致更深的陷入。对沉没成本的眷顾导致经理人在投资决策失误时产生“承诺升级”或称“恶性增资”，即当向一个项目投入大量资源(如资金和时间)后发现完成该项目取得收益的可能性很小，在明确而客观的信息表明应放弃该项目的情况下，管理者仍然继续投入额外资源。

行为金融用“损失厌恶”“过度自信”“证实偏差”来解释恶性增资。

八、金融市场中的群体行为与金融泡沫

1. 金融泡沫

金融泡沫是指一种或一系列的金融资产经历连续上涨后，市场价格大于实际价格的经济现象。其产生的根源是过度的投资引起资产价格的过度膨胀，导致经济的虚假繁荣。

2. 个体行为偏差与金融泡沫

(1)有限注意导致金融泡沫

投资者因为有限注意而关注上涨的股票，由此可能形成正反馈机制，促使价格进一步上涨，又引起其他投资者的注意，导致股价严重超过基本价值，就可能导致股市泡沫的产生。

(2)信息层叠导致金融泡沫

投资者都观察他人的信息和公共信息而忽略自己的私人信息，私人信息没有贡献到公共信息中去，公共信息池中的信息难以得到更新，就可能导致股票价格严重偏离其基本价值，导致金融泡沫。

3. 机构投资行为与金融泡沫

(1)声誉效应导致金融泡沫。声誉效应的核心观点是，与一个另类但可能成功的策略相比，人们更愿意表现出羊群行为成为群体失败中的一员。

(2)“共同承担责备效应”的存在导致了羊群行为。决策者具有与别人趋同的愿望，以推卸决策错误的责任。

4. 委托代理中的风险转嫁导致金融泡沫

代理人可以享受资产价格(收益)上升带来的全部好处，但只承担有限责任，投资代理人可以通过申请破产保护等方式将超过一定限度的损失转嫁给投资委托人——资金的贷出方，即代理投资内生的风险转嫁问题。

当市场上有相当一部分投资决策者是投资代理人时，内生的风险转嫁激励会使风险资产的均衡价格超过基本价值，均衡价格与基本价值的差即成为资产的价格泡沫。

5. 社会因素对金融泡沫的推动

共享信息机制限制了自由思想的交流，使得群体行为发生收敛，可能产生羊群行为，推动金融泡沫。在影响羊群行为的众多社会因素中，社会互动是核心内容。

九、金融市场泡沫的特征和规律

金融市场泡沫主要具有乐观的预期、大量盲从投资者的涌入、庞氏骗局和股票齐涨四大特征。

(1)乐观的预期

包括对未来走势的乐观估计、媒体的乐观报道、机构的乐观预测，证实偏差，放大正面的、积极的、乐观的新闻，而对负面的、消极的信息视而不见，对负面的预测不屑一顾，对背道而驰的论调感到愤慨等情况。

(2)大量盲从投资者的涌入

社会的不同阶层纷纷被股市吸引，工人、牧民、司机、买菜的老太太、擦皮鞋的小童等大多数投资者都把股票投资作为投机的工具，社会都陷入炒股风潮。

(3)庞氏骗局

庞氏骗局是对金融领域投资诈骗的称呼，即利用新投资人的钱来向老投资者支付利息和短期回报，以制造赚钱的假象进而骗取更多的投资。

当市场处于周期顶端时，人们完全处于过度乐观、过度自信和贪婪之中，人们很容易相信市场能够创造奇迹，利用泡沫环境中人们的过度乐观设置庞氏骗局极易取得成功，所以在市场顶部往往伴随着各种各样的庞氏骗局，这些庞氏骗局能够继续吹大泡沫。

(4)股票齐涨

不论公司经营业绩、财务状况如何，大多数公司股票价格跟随市场行情而上涨，有股价明显高估的现象。股票市场泡沫通常表现为高波动率、高市盈率和高成交量的特征。

【真题 2.13】下列各项中，可以强化金融泡沫形成的有(　　)。

Ⅰ. 跨境资金转出　　Ⅱ. 紧缩性货币政策

Ⅲ. 羊群效应的存在　　Ⅳ. 投资者自信程度的增加

A. Ⅱ、Ⅳ　　B. Ⅰ、Ⅱ　　C. Ⅰ、Ⅲ、Ⅳ　　D. Ⅲ、Ⅳ

【答案】D

【解析】金融泡沫是指一种或一系列的金融资产经历连续上涨后，市场价格大于实际价格的经济现象。其产生的根源是过度的投资引起资产价格的过度膨胀，导致经济的虚假繁荣。金融市场泡沫主要具有乐观的预期、大量盲从投资者的涌入、庞氏骗局和股票齐涨四大特征。

十、行为资产定价理论

行为资产定价模型(BAPM)是谢弗林和斯塔曼在1994年挑战资本资产定价模型的基础上提出来的。是对现代资本资产定价模型(CAPM)的扩展。BAPM模型与CAPM的不同之处表现为:

(1)在BAPM模型中，投资者被划分为两类:

①信息交易者。信息交易者是“理性投资者”，他们通常支持现代CAPM模型，在避免出现认识性错误的同时具有均值方差偏好。

②噪声交易者。噪声交易者通常跳出CAPM模型，不仅易犯认识性错误，而且没有严格的均值方差偏好。

当信息交易者占据交易的主体地位时，市场是有效率的；而当噪声交易者占据交易的主体地位时，市场是无效率的。

(2)在BAPM模型中，证券的预期收益是由其“行为贝塔”决定的，行为资产组合(行为贝塔组合)中成长型股票的比例要比市场组合中的高。因此，在BAPM中，虽然均值方差有效组合会随时间而改变，但是资本市场组合的问题仍然存在。

(3)BAPM包括功利主义考虑(如产品成本，替代品价格)和价值表达考虑(如个人品位，特殊偏好)。

(4)BAPM模型既有限度的接受了市场有效性观点，也秉承了行为金融学所奉行的有限理性、有限控制力和有限自利观点。

十一、有效市场假说的概念、假设条件

1. 有效市场假说的提出

美国芝加哥大学著名教授尤金·法玛1965年在《商业学刊》上发表的一篇题为《股票市场价格行为》的论文，并于1970年深化和提出“有效市场理论”。

2. 有效市场假说概念

证券在任一时点的价格都是对与证券相关的所有信息做出的即时、充分的反映称为有效市场假说，它将资本市场划分为弱式有效市场、半强式有效市场和强式有效市场三种形式。

3. 有效市场假说特征

(1)将资本市场划分为弱式有效市场、半强式有效市场和强式有效市场三种形式。

(2)证券的价格能充分反映该证券的所有可获得的信息，即“信息有效”。

(3)证券的价格能够根据最新信息迅速做出调整。

4. 有效市场假说的假设条件

(1)理性人假设。即经济行为人为完全意义上的理性人。

(2)完全信息假设。即所有投资者都可获得与证券相关的所有信息。

(3)投资者均为风险厌恶者假设。即所有投资者都是厌恶风险的。但是，现实中，并非所有的投资者都是保守型的，也有部分投资者是激进型的，他们偏好风险。

十二、有效市场假说与行为金融理论的联系与区别

1. 联系

(1)行为金融理论对有效市场假说理论基础的修正。

①行为金融学理论认为“理性人”假说很难成立。

②行为金融理论认为随机交易假设不成立。许多投资者倾向于在相同的时间买卖相同的

证券。该行为产生的“羊群行为”，使资产价格进一步偏离其价值。

③对于有效套利者假设很难成立。

(2)行为金融学对有效市场假说的创新。

①行为金融理论对有效市场假说的范式转换。

有效市场假说的范式基础是以人的决策基于理性预期、风险回避、效用最大化以及相机抉择等为假设前提，认为市场是有效的，理性的投资者总能抓住每一个由非理性投资者创造的套利机会淘汰非理性投资者，继而用均值—方差的风险测量方法最终确立投资者的最优决策。

行为金融理论的范式认为，实际决策过程不能很好地遵从于最优决策模型。因此，不但需要讨论如何做出最优决策，而且需要建立一套能够正确反映投资者实际决策行为和市场运用状况的描述性模型来研究投资者行为。行为金融理论范式认为人的行为心理决策具有重要作用。

②行为金融理论对有效市场假说的理论创新。

行为组合理论是在现代资产组合理论的基础上发展起来的，在现实中投资者实际构建的资产组合是基于对不同资产的风险程度的认识及投资目的所形成的一种金字塔状的行为资产组合，主要包括行为组合理论与行为资产定价模型、BSV 与 DHS。BSV 和 DHS 模型主要解释反应过度与反应不足。

③行为金融理论对有效市场假说的方法变革。

行为金融理论认为，决策者能够根据决策的性质和环境的不同选择过程或技术；决策者更趋向于满意原则而不是最佳原则等。行为金融理论总结出了投资者行为心理决策中的一些特点，如回避损失、心理会计、过度自信、控制幻觉、锚定效应、羊群效应等。行为金融理论通过对投资者行为心理决策的分析，成功解释了反应过度、反应不足、动量效应、季节效应、小公司现象等各种异常现象。

2. 区别

(1)有效市场假说的核心命题是投资者的理性决策。投资者的理性决策具有如下特征：

①偏好的稳定性和一致性；

②手段的一致性；

③追求效用最大化。

(2)行为金融理论认为投资者的决策过程并不符合理性人的假设。人在现实中的选择经常违背新古典提出的完备性、传递性等“公理”，包括：

①缺乏完整的、统一的、能够对所有可能选择进行排序的效用函数，人们的“偏好”经常发生颠倒，只能找出所有备用选择的一部分而不是全部。

②人们对选择后果，不确定未来事件的概率也无从估计并使之保持一致性。

十三、强式有效、弱式有效、半强式有效的基本特征

(1)弱式有效市场假设认为，当前的股票价格已经充分反映了全部历史价格信息和交易信息，如历史价格走势、成交量等，因此试图通过分析历史价格数据预测未来股价的走势，期望从过去价格数据中获益将是徒劳的。也就是说，如果市场是弱式有效的，那么投资分析中的技术分析方法将不再有效。

(2)半强式有效市场假设认为，当前的股票价格已经充分反映了与公司前景有关的全部公开信息。公开信息除包括历史价格信息外，还包括公司的公开信息、竞争对手的公开信息、经济以及行业的公开信息等。因此，试图通过分析公开信息是不可能取得超额收益的。这样，半强式有效市场假设又进一步否定了基本分析存在的基础。

(3)强式有效市场假设认为，当前股票价格反映了全部信息的影响，全部信息不但包括历史价格信息、全部公开信息，而且还包括私人信息以及未公开的内幕信息等。这是一个极端的假设，是对任何内幕信息的价值持否定态度。

三种市场有效性的层次关系如图 2 – 15 所示。

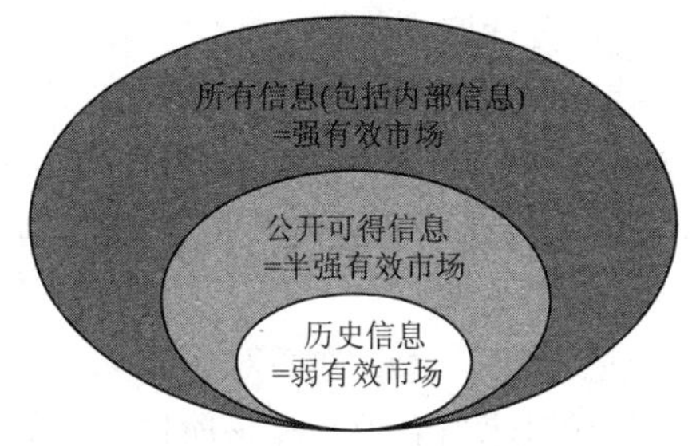

图 2 – 15　市场有效性的三个层次

【真题 2. 14】下列有关有效市场假说的说法，正确的有(　　)。

Ⅰ. 弱有效市场假定认为股票价格反映了全部公开可得信息

Ⅱ. 半强有效市场假定认为股票价格反映了以往全部价格信息

Ⅲ. 强有效市场假定认为股票价格反映了包括内幕信息在内的全部相关信息

Ⅳ. 市场弱有效意味着技术分析毫无可取之处

A. Ⅰ、Ⅱ、Ⅲ、Ⅳ　　B. Ⅰ、Ⅱ、Ⅲ

C. Ⅰ、Ⅱ　　D. Ⅲ、Ⅳ

【答案】D

【解析】在弱式有效市场上，证券的价格充分反映了过去的价格和交易信息，即历史信息；在半强式有效市场上，证券的价格反映了包括历史信息在内的所有公开发表的信息，即公开可得信息；在强式有效市场上，证券的价格反映了与证券相关的所有公开的和不公开的信息。技术分析以否定弱式有效市场为前提，只要市场达到弱有效，技术分析将毫无可取之处。

十四、有效市场假说在证券投资中的应用

对市场有效性的看法，直接影响投资策略的选取。如果认为市场是有效的，那么就没有必要浪费时间和精力进行积极的投资管理，而应采取消极的投资管理策略，有效市场理论也就成为指数基金产生的哲学基础。如果认为市场是无效的，那么积极的投资管理就有其重要的价值。即使在有效市场中，不同投资者的风险偏好不同，仍需要选择适合自己的最优组合，而有效的证券选择仍有利于风险的分散，因此资产组合管理仍有其存在的价值。

1. 高度有效的市场

所有投资者都不可能获得超额收益。此时投资策略是：与市场同步，取得和市场一致的投资收益。具体做法是：按照市场综合价格指数组织投资。

2. 弱式有效的市场

提前掌握大量消息或内部消息的投资者就可以比其他投资者更准确地识别证券的价值。此时的策略是：设法得到第一手的有效信息，确定价格被高估或者低估的证券，并作卖出或者买进的处理。

【本章练习】

一、选择题

1. 如果两种证券组合具有相同的收益率方差和不同的期望收益率，那么投资者选择期望收益率高的组合；如果两种证券组合具有相同的期望收益率和不同的收益率方差，那么投资者会选择方差较小的组合，这种选择原则为(　　)。

A. 有效组合规则　B. 共同偏好规则　C. 风险厌恶规则　D. 有效投资组合规则

2. 赵先生今年32岁，妻子30岁，儿子两岁。家庭年收入10万元，支出6万元，有存款20万元，有购房计划。从家庭生命周期和赵先生的生涯规划来看，为其家庭的规划架构重点应是(　　)。

A. 赵先生的生涯阶段属于稳定期，这个时期对于未来的生涯规划应该有明确的方向，是否专项管理岗位，是否可以自行创业当老板，在该阶段都应该定案

B. 赵先生的生涯阶段属于成长期，应该既在职进修充实自己，同时拟定职业生涯计划，确定往后的工作方向，目标是使家庭收入稳定增加

C. 赵先生的家庭处在家庭成熟期，在支出方面子女教育抚养负担将逐渐增加，但同时随着收入的提高也应增加储蓄额，来应对此时多数家庭会有的购房计划和购车计划

D. 赵先生的家庭处在家庭形成期，年轻可承受较高的投资风险

3. 假定年利率为10%，每半年计息一次，则有效年利率为(　　)。

A. 11%　B. 10%　C. 5%　D. 10.25%

4. 某校准备设立永久性奖学金，每年计划颁发36000元资金，若年复利率为12%，该校现在应向银行存入(　　)元本金。

A. 450000　B. 300000　C. 350000　D. 360000

5. 某企业拟建立一项基金计划，每年初投入10万元，若利率为10%，5年后该项基金本利和将为(　　)元。

A. 671561　B. 564100　C. 871600　D. 610500

6. 资本资产定价模型中的一个重要假设是投资者根据(　　)选择证券。

A. 是否配股　B. 证券的流通性

C. 证券的风险与收益　D. 是否分红派息

7. 当(　　)时，投资者将选择高β值的证券组合。

A. 市场组合的实际预期收益率小于无风险利率

B. 市场组合的实际预期收益率等于无风险利率

C. 预期市场行情上升

D. 预期市场行情下跌

8. 现代组合理论表明，投资者根据个人偏好选择的最优证券组合P恰好位于无风险证券F与切点证券组合T的组合线上。下列说法正确的是(　　)。

A. 如果P位于F与T之间，表明他卖空T

B. 如果P位于T的右侧，表明他卖空F

C. 投资者卖空F越多，P的位置越靠近T

D. 投资者卖空T越多，P的位置越靠近F

9. 在无风险收益率为5%、市场期望收益率为12%的条件下：A证券的期望收益率为10%，β系数为1.1；B证券的期望收益率为17%，β系数为1.2，那么投资者可以买进哪一

个证券？(　　)

A. A 证券　　B. B 证券

C. A 证券或 B 证券　　D. A 证券和 B 证券

10. 套利定价理论(APT)是描述(　　)但又有别于 CAPM 的均衡模型。

A. 利用价格的不均衡进行套利　　B. 资产的合理定价

C. 在一定价格水平下如何套利　　D. 套利的成本

11. 某投资者拥有一个三种股票组成的投资组合，三种股票的市值均为 500 万元，投资组合的总价值为 1500 万元，假定这三种股票均符合单因素模型，其预期收益率 $E(r_i)$ 分别为 16%、20% 和 13%，其对该因素的敏感度(b_i)分别为 0.9、3.1、1.9，若投资者按照下列数据修改投资组合，可以提高预期收益率的组合是(　　)。

A. 0.1；0.083；-0.183　　B. 0.2；0.3；-0.5

C. 0.1；0.07；-0.07　　D. 0.3；0.4；-0.7

12. 假定不允许卖空，当两个证券完全正相关时，这两种证券在均值-标准差坐标系中的结合线为(　　)。

A. 双曲线　　B. 椭圆　　C. 直线　　D. 射线

13. 以下关于战略性投资策略的说法，正确的有(　　)。

A. 常见的战略性投资策略包括买入持有策略、多-空组合策略和投资组合保险策略

B. 战略性投资策略和战术性投资策略的划分是基于投资品种不同

C. 战略性投资策略是基于对市场前景预测的短期主动型投资策略

D. 战略性投资策略不会在短期内轻易变动

14. 经济学里经常用“羊群效应”来描述经济个体的(　　)心理。

A. 从众跟风　　B. 恐慌　　C. 易于冲动　　D. 犹豫不决

15. 有效市场假说是(　　)证券投资策略的理论依据。

A. 交易型　　B. 被动型　　C. 积极型　　D. 投资组合保险

二、组合型选择题

1. 家庭生命周期中家庭成熟期阶段会产生的财务状况有(　　)。

Ⅰ. 收入增加而支出稳定，在子女上学前储蓄逐步增加

Ⅱ. 支出随成员固定而趋于稳定，但子女上大学后学杂费用负担重

Ⅲ. 可积累的资产达到巅峰，要逐步降低投资风险

Ⅳ. 收入达到巅峰，支出相对较低

A. Ⅰ、Ⅱ　　B. Ⅲ、Ⅳ　　C. Ⅰ、Ⅱ、Ⅲ　　D. Ⅱ、Ⅲ、Ⅳ

2. 关于货币的时间价值，下列表述正确的有(　　)。

Ⅰ. 现值与终值成正比例关系

Ⅱ. 折现率越高，复利现值系数就越小

Ⅲ. 现值等于终值除以复利终值系数

Ⅳ. 复利终值系数等于复利现值系数的倒数

A. Ⅰ、Ⅲ　　B. Ⅰ、Ⅱ、Ⅳ　　C. Ⅱ、Ⅳ　　D. Ⅰ、Ⅱ、Ⅲ、Ⅳ

3. 关于计息次数和现值、终值的关系，下列说法正确的有(　　)。

Ⅰ. 一年中计息次数越多，其终值就越大

Ⅱ. 一年中计息次数越多，其现值就越小

Ⅲ．一年中计息次数越多，其终值就越小

Ⅳ．一年中计息次数越多，其现值就越大

A．Ⅰ、Ⅱ　　B．Ⅱ、Ⅲ　　C．Ⅰ、Ⅳ　　D．Ⅲ、Ⅳ

4．下列关于年金的表述，正确的有（　　）。

Ⅰ．年金是指一定期间内每期相等金额的收付款项

Ⅱ．向租房者每月收取的固定租金属于年金形式

Ⅲ．等额本息分期偿还贷款属于年金形式

Ⅳ．退休后每月固定从社保部门领取的等额养老金属于年金形式

A．Ⅰ、Ⅱ、Ⅲ　　B．Ⅰ、Ⅱ、Ⅳ　　C．Ⅱ、Ⅲ、Ⅳ　　D．Ⅰ、Ⅱ、Ⅲ、Ⅳ

5．用资本资产定价模型计算出来的单个证券的期望收益率（　　）。

Ⅰ．应与市场预期收益率相同

Ⅱ．可被用作资产估值

Ⅲ．可被视为必要收益率

Ⅳ．与无风险利率无关

A．Ⅰ、Ⅱ　　B．Ⅱ、Ⅲ　　C．Ⅰ、Ⅲ　　D．Ⅲ、Ⅳ

6．某投资者打算购买A、B、C三只股票，该投资者通过证券分析得出三只股票的分析数据：(1)股票A的收益率期望值等于0.05，贝塔系数等于0.6；(2)股票B的收益率期望值等于0.12，贝塔系数等于1.2；(3)股票C的收益率期望值等于0.08，贝塔系数等于0.8。据此决定在股票A上的投资比例为0.2、在股票B上的投资比例为0.5，在股票C上的投资比例为0.3，那么（　　）。

Ⅰ．在期望收益率$-\beta$系数平面上，该投资者的组合优于股票C

Ⅱ．该投资者的组合β系数等于0.96

Ⅲ．该投资者的组合预期收益率大于股票C的预期收益率

Ⅳ．该投资者的组合预期收益小于股票C的预期收益率

A．Ⅰ、Ⅲ　　B．Ⅱ、Ⅲ　　C．Ⅰ、Ⅳ　　D．Ⅱ、Ⅳ

7．下列关于证券市场线的叙述正确的有（　　）。

Ⅰ．证券市场线是用标准差作为风险衡量指标

Ⅱ．如果某证券的价格被低估，则该证券会在证券市场线的上方

Ⅲ．如果某证券的价格被低估，则该证券会在证券市场线的下方

Ⅳ．证券市场线说明只有系统风险才是决定期望收益率的因素

A．Ⅰ、Ⅱ　　B．Ⅱ、Ⅳ　　C．Ⅰ、Ⅲ　　D．Ⅲ、Ⅳ

8．套利定价模型表明（　　）。

Ⅰ．市场均衡状态下，证券或组合的期望收益率完全由它所承担的因素风险决定

Ⅱ．期望收益率跟因素风险的关系，可由期望收益率的因素风险敏感性的线性函数所反映

Ⅲ．承担相同因素风险的证券或组合应该具有不同的期望收益率

Ⅳ．承担不同因素风险的证券或组合都应该具有相同的期望收益率

A．Ⅰ、Ⅱ　　B．Ⅰ、Ⅲ、Ⅳ　　C．Ⅱ、Ⅲ　　D．Ⅱ、Ⅲ、Ⅳ

9．关于最优证券组合，以下论述正确的有（　　）。

Ⅰ．最优证券组合是在有效边界的基础上结合投资者个人的偏好得出的结果

Ⅱ．投资者的偏好通过其无差异曲线来反映，无差异曲线位置越靠下，其满意程度越高

Ⅲ. 最优证券组合就是相对于其他有效组合，该组合所在的无差异曲线的位置最低

Ⅳ. 最优证券组合恰恰是无差异曲线簇与有效边界的切点所表示的组合

A. Ⅰ、Ⅱ　B. Ⅱ、Ⅲ　C. Ⅰ、Ⅳ　D. Ⅱ、Ⅳ

10. 关于可行域，下列说法正确的有(　　)。

Ⅰ. 可供选择的证券有两种以上，可能的投资组合便不再局限于一条曲线上，而是坐标系中的一个区域

Ⅱ. 如果在允许卖空的情况下，可行域是一个无限的区域

Ⅲ. 可行域的左边界可能向外凸或呈线性，也可能出现凹陷

Ⅳ. 证券组合的可行域表示了所有可能的证券组合，它为投资者提供了一切可行的组合投资机会

A. Ⅱ、Ⅲ　B. Ⅰ、Ⅱ、Ⅳ　C. Ⅰ、Ⅳ　D. Ⅱ、Ⅲ、Ⅳ

11. 按照策略适用期限的不同，证券投资策略分为(　　)。

Ⅰ. 主动型策略　Ⅱ. 战略性投资策略

Ⅲ. 战术性投资策略　Ⅳ. 股票投资策略

A. Ⅰ、Ⅱ、Ⅲ　B. Ⅱ、Ⅲ　C. Ⅰ、Ⅲ、Ⅳ　D. Ⅲ、Ⅳ

12. 为防止金融泡沫，必须通过有效的(　　)来控制金融机构的经营风险。

Ⅰ. 外部监管　Ⅱ. 内部自律　Ⅲ. 行业互律　Ⅳ. 个人反省

A. Ⅰ、Ⅱ、Ⅲ　B. Ⅰ、Ⅱ、Ⅳ　C. Ⅱ、Ⅲ、Ⅳ　D. Ⅰ、Ⅲ、Ⅳ

13. 金融市场个体投资者出现的心理和行为偏差主要有(　　)。

Ⅰ. 处置效应　Ⅱ. 羊群行为　Ⅲ. 过度交易行为　Ⅳ. 本土偏差

A. Ⅰ、Ⅱ　B. Ⅰ、Ⅱ、Ⅳ　C. Ⅱ、Ⅲ　D. Ⅰ、Ⅱ、Ⅲ、Ⅳ

14. 关于利率和年金现值与终值的关系，下列说法不正确的有(　　)。

Ⅰ. 在不考虑其他条件的情况下，利率与年金终值反方向变化

Ⅱ. 在不考虑其他条件的情况下，利率与年金现值同方向变化

Ⅲ. 在不考虑其他条件的情况下，利率与年金现值反方向变化

Ⅳ. 在不考虑其他条件的情况下，利率与年金终值同方向变化

A. Ⅲ、Ⅳ　B. Ⅰ、Ⅱ　C. Ⅱ、Ⅳ　D. Ⅰ、Ⅲ

15. 下列关于有效市场理论的表述，正确的有(　　)。

Ⅰ. 如果有效市场理论成立，则应采取积极的投资管理策略，从相关信息中获利

Ⅱ. 有效市场理论认为，证券在任一时点的价格均对所有相关信息做出了反应，而新信息是不可预测的，因此，股票价格的变化也就不可预测

Ⅲ. 如果有效市场理论成立，则应采取消极的投资管理策略，积极的投资管理策略只是浪费时间和精力

Ⅳ. 有效市场理论认为，证券在任一时点的价格均对所有相关信息做出了反应，因此，股票价格的变化也可以预测

A. Ⅰ、Ⅳ　B. Ⅱ、Ⅲ　C. Ⅰ、Ⅱ　D. Ⅲ、Ⅳ

【答案及解析】

一、选择题

1. **【答案】**B

【解析】大量的事实表明，投资者喜好收益而厌恶风险，因而人们在投资决策时希望收

益越大越好，风险越小越好，这种态度反映在证券组合的选择上，就是在收益相同的情况下，选择风险小的组合；在风险相同的情况下，选择收益大的组合，这一规则就称作共同偏好规则。

2.【答案】B

【解析】成长期是从子女幼儿期到子女经济独立，该阶段子女教育金需求增加，购房、购车贷款仍保持较高需求，成员收入稳定，家庭风险承受能力进一步提升。赵先生的家庭特征为儿子两岁，处在从子女出生到完成学业阶段，家庭收入稳定增加，故其生涯阶段属于成长期。

3.【答案】D

【解析】有效年利率 $EAR=\left(1+\frac{r}{m}\right)^m-1=\left(1+\frac{10\%}{2}\right)^2-1=10.25\%$。其中，$r$ 是指名义年利率，EAR 是指有效年利率，m 指一年内复利次数。

4.【答案】B

【解析】永续年金是指在无限期内，时间间隔相同、不间断、金额相等、方向相同的一系列现金流。根据永续年金现值的计算公式，可得：$PV=C/r=36000/12\%=300000$（元）。

5.【答案】A

【解析】根据公式，可得：期初年金终值 $FV=(C/r)\times[(1+r)^t-1]\times(1+r)=(100000/0.1)\times[(1+0.1)^5-1]\times(1+0.1)=671561$（元）。

6.【答案】C

【解析】资本资产定价模型是建立在若干假设条件基础上的。这些假设条件可概括为如下三项：①投资者都依据期望收益率评价证券组合的收益水平，依据方差（或标准差）评价证券组合的风险水平，选择最优证券组合；②投资者对证券的收益、风险及证券间的关联性具有完全相同的预期；③资本市场没有摩擦。

7.【答案】C

【解析】证券市场线表明，β 系数反映证券或组合对市场变化的敏感性，因此，当有很大把握预测牛市到来时，应选择那些高 β 系数的证券或组合。这些高 β 系数的证券将成倍放大市场收益率，带来较高的收益。相反，在熊市到来之际，应选择那些低 β 系数的证券或组合，以减少因市场下跌而造成的损失。

8.【答案】B

【解析】如图 2-16 所示，如果 P 位于 F 与 T 之间，表明该投资者将全部资产投资于无风险证券 F 和证券组合 T；如果 P 位于 T 的右侧，表明他将卖空 F，并将获得的资金与原有资金一起全部投资到风险证券组合 T 上。投资者卖空 F 越多，P 的位置越远离 T。

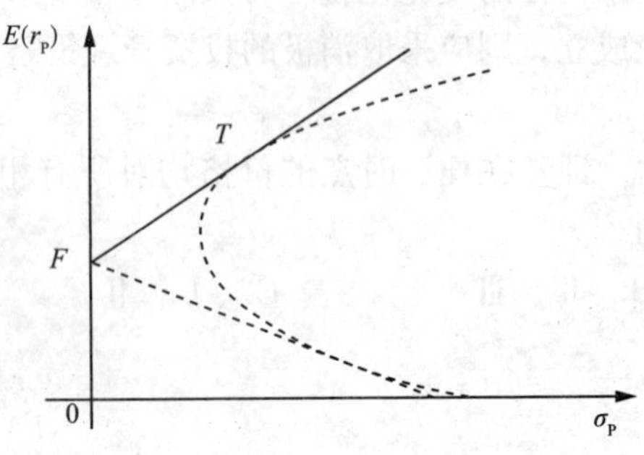

图 2-16　存在无风险证券时的有效边界

9. 【答案】B

【解析】根据 CAPM 模型，A 证券：5% +（12% −5%）×1.1 = 12.7%，因为 12.7% > 10%，所以 A 证券价格被高估，应卖出；B 证券：5% +（12% −5%）×1.2 = 13.4%，因为 13.4% <17%，所以 B 证券价格被低估，应买进。

10. 【答案】B

【解析】套利定价理论（APT）由罗斯于20 世纪70 年代中期建立，是描述资产合理定价但又有别于 CAPM 的均衡模型。

11. 【答案】A

【解析】令三种股票市值比重分别为 w_1、w_2 和 w_3。根据套利组合的条件有：

$$w_1 + w_2 + w_3 = 0$$

$$0.9w_1 + 3.1w_2 + 1.9w_3 = 0$$

上述两个方程有三个变量，故有多种解。令 $w_1 = 0.1$，则可解出 $w_2 = 0.083$，$w_3 = -0.183$。为了检验这个解能否提高预期收益率，把该解用式 $w_1E(r_1) + w_2E(r_2) + \cdots + w_NE(r_N) > 0$ 检验，可得 $0.1 \times 0.16 + 0.083 \times 0.2 - 0.183 \times 0.13 = 0.881\%$，由于 0.881% 为正数，因此可以通过卖出第三种股票 274.5 万元（= −0.183 ×1500）同时买入第一种股票 150 万元（=0.1 ×1500）和第二种股票 124.5 万元（= 0.083 × 1500）就能使投资组合的预期收益率提高 0.881%。BCD 三项均不满足套利组合的三个条件。

12. 【答案】C

【解析】A 与 B 完全正相关，即相关系数 $\rho_{AB} = 1$，此时 A 与 B 之间是线性关系，因此，由证券 A 与证券 B 构成的结合线是连接这两点的直线。

13. 【答案】D

【解析】A 项，常见的长期投资策略包括买入持有策略、固定比例策略和投资组合保险策略；B 项，证券投资策略按照策略适用期限的不同，分为战略性投资策略和战术性投资策略；C 项，战术性投资策略通常是一些基于对市场前景预测的短期主动型投资策略。

14. 【答案】A

【解析】“羊群效应”，又称“从众效应”，是个人的观念或行为由于真实的或想像的群体的影响或压力，而向与多数人相一致的方向变化的现象。表现为对特定的或临时的情境中的优势观念和行为方式的采纳（随潮）以及对长期性的占优势地位的观念和行为方式的接受（顺应风俗习惯）。人们会追随大众所同意的，将自己的意见默认否定，且不会主观上思考事件的意义。

15. 【答案】B

【解析】被动型策略是指根据事先确定的投资组合构成及调整规则进行投资，不根据对市场环境的变化主动地实施调整。其理论依据主要是市场有效性假说，如果所有证券价格均充分反映了可获得的信息，则买入并持有证券，被动接受市场变化而不进行调整，更有可能获取市场收益，并避免了过多的交易成本和误判市场走势造成的损失。

二、组合型选择题

1. 【答案】B

【解析】家庭成熟期的特点是从子女经济独立到夫妻双方退休，其财务状况如下：①收支，收入以薪酬为主，支出随家庭成员减少而降低；②储蓄，收入处于巅峰阶段，支出相对较低，储蓄增长的最佳时期；③资产，资产达到巅峰，降低投资风险；④负债，房贷余额逐年减少，退休前结清所有大额负债。Ⅰ、Ⅱ两项为家庭成长期的财务状况。

2.【答案】D

【解析】计算多期中现值的公式为：$PV = FV \times (1+r)^{-n}$。可以看出，现值与终值正相关。其中，复利终值系数为$(1+r)^n$，折现率越高，复利终值系数就越高；复利现值系数为$(1+r)^{-n}$，折现率越高，复利现值系数越低。

3.【答案】A

【解析】名义年利率 r 与有效年利率 EAR 之间的换算公式为：

$$EAR = \left(1 + \frac{r}{m}\right)^m - 1$$

其中，r 指名义年利率；EAR 指有效年利率；m 指一年内复利次数。m 越大，EAR 越大，因此终值越大，现值越小。

4.【答案】D

【解析】年金(普通年金)是指在一定期限内，时间间隔相同、不间断、金额相等、方向相同的一系列现金流。比如，退休后每个月固定从社保部门领取的养老金就是一种年金，定期定额缴纳的房屋贷款月供、每个月进行定期定额购买基金的月投资额款、向租房者每月固定领取的租金等均可视为一种年金。年金通常用 PMT 表示。

5.【答案】B

【解析】由 CAPM 公式可知，证券预期收益率与无风险利率有关，与市场预期收益率可以不同。

6.【答案】B

【解析】该投资者的组合的预期收益率 $= 0.05 \times 0.2 + 0.12 \times 0.5 + 0.08 \times 0.3 = 0.094$；该投资者的组合 β 系数 $= 0.6 \times 0.2 + 1.2 \times 0.5 + 0.8 \times 0.3 = 0.96$。

7.【答案】B

【解析】Ⅰ项，证券市场线是用贝塔系数作为风险衡量指标，即只有系统风险才是决定期望收益率的因素；Ⅲ项，如果某证券的价格被低估，意味着该证券的期望收益率高于理论水平，则该证券会在证券市场线的上方。

8.【答案】A

【解析】套利定价模型表明：①市场均衡状态下，证券或组合的期望收益率完全由它所承担的因素风险所决定；②承担相同因素风险的证券或证券组合都应该具有相同期望收益率；③期望收益率与因素风险的关系，可由期望收益率的因素敏感性的线性函数反映。

9.【答案】C

【解析】Ⅱ项，无差异曲线位置越靠下，投资者的满意程度越低；Ⅲ项，最优证券组合相对于其他有效组合，该组合所在的无差异曲线的位置最高。

10.【答案】B

【解析】Ⅲ项，可行域的左边界必然向外凸或呈线性，不会出现凹陷。

11.【答案】B

【解析】证券投资策略按照不同的标准有不同的分类：①根据投资决策的灵活性不同，分为主动型策略与被动型策略；②按照策略适用期限的不同，分为战略性投资策略和战术性投资策略；③根据投资品种的不同，分为股票投资策略、债券投资策略、另类产品投资策略等。

12. 【答案】A

【解析】金融泡沫是指一种或一系列的金融资产在经历了一个连续的涨价之后，市场价格大于实际价格的经济现象。为防止金融泡沫，必须通过有效的外部监管、内部自律、行业互律以及社会公德来控制金融机构的经营风险。

13. 【答案】D

【解析】除Ⅰ、Ⅱ、Ⅲ、Ⅳ四项外，金融市场个体投资者出现的心理和行为偏差还包括有限注意力驱动的交易和恶性增资等偏差。

14. 【答案】B

【解析】(期末)年金现值的公式为：$PV=\frac{C}{r}\left[1-\frac{1}{(1+r)^{t}}\right]$；(期末)年金终值的公式为：$FV=\frac{C[(1+r)^{t}-1]}{r}$。因此，利率与年金现值反方向变化，与年金终值同方向变化。

15. 【答案】B

【解析】有效市场假设理论认为，证券在任一时点的价格均对所有相关信息作出了反应。股票价格的任何变化只会由新信息引起，由于新信息是不可预测的，因此股票价格的变化也就是随机变动的。如果认为市场是有效的，那么就没有必要浪费时间和精力进行积极的投资管理，而应采取消极的投资管理策略。

第三部分　专业技能

第三章　客户分析

【知识结构】

- 客户分析
  - 信息分析
    - 客户信息的分类
    - 客户信息收集方法
  - 财务分析
    - 个人资产负债表和个人现金流量表
    - 预测客户未来收入的方法
    - 预测客户未来支出的方法
  - 风险分析
    - 客户理财价值观
    - 客户风险偏好和投资风格
    - 客户风险承受能力的影响因素
    - 客户风险承受能力的评估方法
    - 客户风险特征的内容
    - 客户风险特征矩阵的编制方法
    - 客户证券投资方式和产品选择的影响因素
  - 目标分析
    - 客户证券投资需求和目标的分类和内容
    - 客户证券投资目标分析方法

第一节　信息分析

【大纲要求】

熟悉客户信息的分类；熟悉客户定量信息和定性信息的内容；熟悉客户财务信息和非财务信息的内容；掌握客户信息收集方法。

【要点详解】

一、客户信息的分类

按照不同的标准，客户信息可以分为不同的类型，如表 3－1 所示。

表 3－1　客户信息的分类

分类标准	类型	具体内容
理财规划需要	基本信息	大体包括客户的姓名、年龄、联系方式、工作单位与职务、国籍、婚姻状况、健康状况，以及重要的家庭、社会关系信息（包括需要供养父母、子女信息）
	财务信息	客户家庭的收支与资产负债状况，以及相关的财务安排（包括储蓄、投资、保险账户情况等）
	个人兴趣及人生规划和目标	包括职业和职业生涯发展，客户性格特征、风险属性、个人兴趣爱好及志向，客户的生活品质及要求，受教育程度及投资经验、人生观、财富观等

续表

分类标准	类型	具体内容
是否属于财务信息	财务信息	客户家庭收支和资产负债状况信息，是制定个人财务规划的基础和根据
	非财务信息	客户基本信息和个人兴趣、发展及预期目标，帮助进一步了解客户，对个人财务规划的制定有直接的影响
定量信息和定性信息	定量信息	①普通个人和家庭档案：姓名、身份证号码、性别、出生日期、年龄、婚姻状况、学历、就业情况、配偶及抚养赡养状况等；②有关财务顾问的信息；③资产和负债；④收入与支出；⑤保单信息；⑥雇员福利；⑦养老金规划；⑧现有投资情况；⑨其他退休收益；⑩客户的事业信息；⑪遗嘱
	定性信息	①目标陈述；②健康状况；③兴趣爱好；④就业预期；⑤风险特征；⑥投资偏好；⑦预期生活方式改变；⑧理财决策模式；⑨理财知识水平；⑩金钱观；⑪家庭关系；⑫现有和预见的经济状况；⑬其他计划假设

【真题 3.1】下列属于客户定量信息的是(　　)。

A. 金钱观　　　　B. 每月收入与支出

C. 风险偏好　　　　D. 投资经验

【答案】B

二、客户信息收集方法

1. 初级信息的收集方法

由于客户的个人和财务资料只能通过与客户沟通获得，所以也称为初级信息。从业人员与客户初次会面时，仅通过交谈的方式收集信息是不够的，通常还要采用数据调查表来帮助收集定量信息。

由于数据调查表的内容较为专业，所以可以采用从业人员提问，客户回答，然后由从业人员填写的方式来进行。如果由客户自己填写调查表，那么在开始填写之前，从业人员应对有关的项目加以解释，否则客户提供的信息很可能不符合从业人员的需要。

在收集客户信息的过程中，如果客户出于个人原因不愿意回答某些问题，从业人员就应该谨慎地了解客户产生顾虑的原因，并向客户解释该信息的重要性，以及在缺乏该信息情况下可能造成的误差。

2. 次级信息的收集方法

宏观经济信息可以由政府部门或金融机构公布的信息中获得，所以我们称为次级信息。次级信息的获得需要从业人员在平日的工作中注意收集和积累，建立专门数据库，以便随时调用。

【真题 3.2】关于客户的初级信息，下列说法正确的是(　　)。

Ⅰ. 初级信息是指客户个人和财务资料

Ⅱ. 初级信息是由政府部门或金融机构公布的宏观经济数据

Ⅲ. 初级信息靠交谈和调查问卷相结合的方式来获得

Ⅳ. 初级信息靠数据库来获得

A. Ⅰ、Ⅲ　　B. Ⅰ、Ⅳ　　C. Ⅱ、Ⅲ　　D. Ⅱ、Ⅳ

【答案】A

第二节　财务分析

【大纲要求】

熟悉个人资产负债表的项目及其内容；熟悉个人现金流量表的项目及其内容；掌握预测客户未来收入的方法；掌握预测客户未来支出的方法。

【要点详解】

一、个人资产负债表和个人现金流量表

1. 个人资产负债表和个人现金流量表的项目及其内容

个人资产负债表和个人现金流量表是分析客户所有相关财务状况的基础。

表格的结构与客户的个人基本情况有直接的关系。一般而言，已婚中青年客户的资产负债表和现金流量表的项目构成较为复杂，而单身年轻客户的资产负债表和现金流量表的项目构成较为简单，这主要是因为年轻客户尚未积累起大量的个人财富并且其支出项目也较为简单。个人资产负债表和个人现金流量表的项目及其内容如表 3 – 2 所示。

表 3 – 2　个人资产负债表和个人现金流量表的项目及其内容

项目	具体内容
个人资产负债表	①资产分类、额度及其与总资产的占比情况； ②负债分类、额度及其与总负债的占比情况； ③净资产额度
个人现金流量表	①主要收入的分类、额度及其与总收入的占比情况； ②主要支出的分类、额度及其与总支出的占比情况； ③结余额度

2. 对个人资产负债表和个人现金流量表的分析

在解读个人资产负债表时，需掌握如下的会计恒等式：净资产 = 资产 – 负债。通过分析客户的个人资产负债表，不仅可以了解客户的资产和负债信息，而且能够了解客户的资产和负债结构。当负债相对于资产来说增加速度快时，净资产减少，个人就容易出现财务危机。客户的资产负债表显示了客户全部的资产状况，正确分析客户的资产负债表是下一阶段的财务规划和投资组合的基础。

通过分析客户的现金流量表，掌握收入和支出信息后，就可以计算客户每年的盈余/赤字了。盈余/赤字的计算公式如下：盈余/赤字 = 收入 – 支出。个人现金流量表可以作为衡量个人是否合理使用其收入的工具，还可以为制定个人理财规划提供以下帮助：①有助于发现个人消费方式上的潜在问题；②有助于找到解决这些问题的方法；③有助于更有效地利用财务资源。

【真题 3.3】下列有关个人现金流量表的说法，正确的是（　　）。

Ⅰ. 计算赤字的基本关系式是：赤字 = 收入 – 支出

Ⅱ. 有助于发现个人消费方式上的潜在问题

Ⅲ. 住房租金是表中的支出项

Ⅳ. 资产负债表和现金流量表是两个相互独立的主体，二者间无关联

A. Ⅰ、Ⅲ、Ⅳ　　B. Ⅰ、Ⅱ、Ⅳ　　C. Ⅱ、Ⅲ、Ⅳ　　D. Ⅰ、Ⅱ、Ⅲ

【答案】D

【解析】Ⅳ项，向客户提供财务分析、财务规划的顾问服务时，需要掌握两类个人财务报表——资产负债表和现金流量表，两者不是相互独立的主体，有密切关联，应结合起来分析。

二、预测客户未来收入的方法

在预测客户的未来收入时，可以将收入分为常规性收入和临时性收入。其中，常规性收入是指人们可以预料的能够长期连续获得的常规性收入，包括工资、奖金、补贴、利息、股息红利等；临时性收入是指人们由于某种偶然的机会或特殊事件导致的收入，是不可预料的。

客户的收入会受到工资、奖金、利息和红利等项目变化的影响，考虑到各种因素的不确定性，理财师应该进行两种不同的收入预测：一是估计客户的收入最低时的情况，这一分析将有助于客户了解自己在经济萧条时的生活质量以及如何选择有关保障措施；二是根据客户的以往收入和宏观经济的情况对其收入变化进行合理的估计。

三、预测客户未来支出的方法

在估计客户的未来支出时，需要了解两种不同状态下的客户支出：一是满足客户基本生活的支出，二是客户期望实现的支出水平。其中“基本生活”并非指仅实现基本生存状态的生活水平，而是指在保证客户正常生活水平不变的情况下，考虑了通货膨胀后的支出数额预测。而有很多客户在维持现有消费水平的基础上，都期望能够进一步提高生活质量，所以，从业人员要根据客户的要求制定出客户期望实现的支出水平。

第三节 风险分析

【大纲要求】

了解客户理财价值观；了解客户风险偏好的主要类型；熟悉客户风险承受能力的影响因素；掌握客户风险承受能力的评估方法；熟悉客户风险特征的内容；掌握客户风险特征矩阵的编制方法；了解投资渠道偏好、知识结构、生活方式、个人性格等对客户证券投资方式和产品选择的影响。

【要点详解】

一、客户理财价值观

理财价值观决定了理财目标，从而影响到理财行为。在实际业务操作过程中，客户的理财价值观并不是一成不变的，它受到多种因素的影响，因此，客户的理财目标和理财行为都处于动态调整过程中。

1. 理财价值观的含义

理财价值观是价值观的一种，它对个人理财方式的选择起着决定作用。价值观因人而异，没有对错标准，同样理财价值观也因人而异。理财价值观就是投资者对不同理财目标的优先顺序的主观评价。人在成长的过程中，受到社会环境、家庭环境、教育水平等方面的影响，以及受个人的经历的影响，逐渐形成了自己独特的价值观。理财规划师的责任不在于改变投资者的价值观，而是让投资者了解在不同价值观下的财务特征和理财方式。

2. 义务性支出和选择性支出

一般而言，投资者在理财过程中会产生两种支出：义务性支出和选择性支出。

义务性支出也称为强制性支出，是收入中必须优先满足的支出。义务性支出包括三项：

①日常生活基本开销；②已有负债的本利偿还支出；③已有保险的续期保费支出。

收入中除去义务性支出的部分就是选择性支出，选择性支出也称为任意性支出，不同价值观的投资者由于对不同理财目标实现后带来的效用有不同的主观评价，因此，对于任意性支出的顺序选择会有所不同。对此，理财规划师必须有清晰的认识，以便为投资者提供优质的服务。

二、客户风险偏好和投资风格

1. 客户风险态度分类

按照客户对风险的态度，可以把客户划分为：风险厌恶型、风险偏好型及风险中立型三类，如表3－3所示。

表3－3　客户风险偏好的主要类型

主要类型	特点
风险厌恶型	对待风险态度消极，不愿为增加收益而承担风险，非常注重资金安全，极力回避风险
风险偏好型	对待风险投资较为积极，愿意为获取高收益而承担高风险，重视风险分析和规避，不因风险的存在而放弃投资机会
风险中立型	介于风险厌恶型和风险偏好型投资者之间，期望获得较高收益，但对于高风险也望而生畏

风险厌恶型投资者以安全性高的储蓄、国债、保险等为主；风险偏好型投资者遵循组合设计、设置风险止损点，防止投资失败影响家庭整体财务；风险中立型投资者以储蓄、理财及债券为主，结合高收益的股票、基金和信托投资，优化组合模型，均衡收益与风险。

2. 风险偏好与财富效用函数

客户的风险偏好可通过财富效用函数表示出来。不同风险偏好的财富效用函数如图3－1所示。风险厌恶型客户的效用函数一般被假设为凹性，效用随货币收益增加，但增加率递减；风险中立型客户的财富效用函数是一条直线；风险偏好型客户的财富效用函数为下凸函数，表示投资者喜欢财富越多越好，财富增加为投资者带来的边际效用递增。

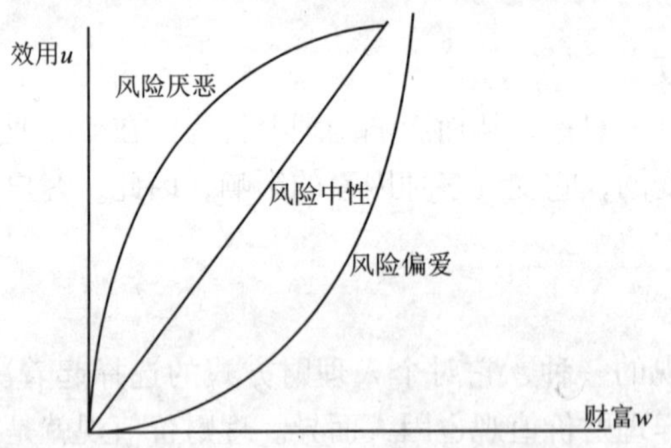

图3－1　不同风险偏好的财富效用函数

3. 根据风险偏好的客户分级

在实际理财业务过程中，可以按照人们的主观风险偏好类型和程度将投资者的理财风格分为五种类型：保守型、稳健型、平衡型、成长型和进取型，具体如表3－4所示。

表3-4　根据风险偏好的客户分级

类型	特点	投资对象
保守型	步入退休阶段的老年人群，低收入家庭，家庭成员较多、社会负担较重的大家庭，以及性格保守的投资者，往往对投资风险的承受能力很低，选择一项产品或投资工具首要考虑是否能够保本，然后才考虑追求收益	国债、存款、保本型理财产品、货币与债券基金等低风险低收益的产品
稳健型	总体来说已经偏向保守，对风险的关注更甚于对收益的关心，往往以临近退休的中老年人士为主	更愿意选择风险较低而不是收益较高的产品，喜欢选择既保本又有较高收益机会的结构性理财产品
平衡型	既不厌恶风险也不追求风险，对任何投资都比较理性，往往会仔细分析不同的投资市场、工具与产品，从中寻找风险适中、收益适中的产品，获得社会平均水平的收益，同时承受社会平均风险	往往选择房产、黄金、基金等投资工具
成长型	一般是有一定的资产基础、一定的知识水平、风险承受能力较高的人士，他们愿意承受一定的风险，追求较高的投资收益，但是又不会像进取型的人士那样过度冒险投资那些具有高度风险的投资工具	往往选择开放式股票基金、大型蓝筹股票等适合长期持有，既可以有较高收益、风险也较低的产品
进取型	相对比较年轻、有专业知识技能、敢于冒险、社会负担较轻的人士，追求更高的收益和资产的快速增值，操作手法往往比较大胆	股票、期权、期货、外汇、股权、艺术品等高风险、高收益的产品与投资工具

三、客户风险承受能力的影响因素

客户风险承受能力的影响因素包括年龄，受教育情况，收入、职业和财富规模，资金的投资期限，理财目标的弹性，主观风险偏好及其他影响因素。具体如表3-5所示。

表3-5　客户风险承受能力的影响因素

影响因素	说明
年龄	一般而言，客户年龄越大，所能承受的风险越低
受教育情况	一般地，风险承受能力随着受教育程度的增加而增加
收入、职业和财富规模	①一般而言，收入水平与风险承受能力正相关。 ②职业与收入密切相关。高收入者工作繁忙，压力大，无暇顾及个人理财问题，但对个人理财有较强的需求；中等收入者收入较为稳定，对消费理财和投资理财有一定兴趣，多厌恶风险；低收入者消费较为谨慎，注重收支的合理安排，对储蓄存款的搭配感兴趣。 ③绝对风险承受能力由一个人投入到风险资产的财富金额来衡量，而相对风险承受能力由一个人投入到风险资产的财富比例来衡量。一般地，绝对风险承受能力随财富的增加而增加，因为投资者将更多的财富用来投资，而相对风险承受能力则与财富多寡没有必然的直接联系
资金的投资期限	如果用于投资的一项资金可以长时间持续进行投资而无须考虑短时间内变现，那么这项投资可承受的风险能力就较强。相反，如果一项投资要准备随时变现，就要选择更安全、流动性更好的产品，那么这项投资可承受的风险能力就较弱
理财目标的弹性	理财目标的弹性越大，可承受的风险也越高。若理财目标时间短且完全无弹性，则采取存款以保本保息是最佳选择
主观风险偏好	个人的性格、阅历、胆识、意愿等主观因素所决定的个人态度，直接决定了一个人对不同风险程度的产品的选择与决策
其他影响因素	客户的性别、家庭情况和就业状况等都会影响到其风险承受能力

【真题3.4】下列对于评估客户投资风险承受能力的表述正确的是(　　)。

Ⅰ. 已退休客户，应该建议其投资保守型产品

Ⅱ. 年龄与投资风险承受能力完全无关

Ⅲ. 理财目标的弹性越大，越无法承担高风险

Ⅳ. 资金需动用的时间离现在越近，越不能承担风险

A. Ⅰ、Ⅲ　　B. Ⅰ、Ⅳ　　C. Ⅱ、Ⅲ　　D. Ⅰ、Ⅱ、Ⅳ

【答案】B

【解析】Ⅱ项，一般而言，客户年龄越大，所能够承受的投资风险越低；Ⅲ项，客户理财目标的弹性越大，其可承受的风险也越高。

四、客户风险承受能力的评估方法

1. 常见的评估方法

(1)定性方法和定量方法

定性分析主要是通过与客户面对面的交谈来基本判断客户的风险属性。由于定性分析仅仅是凭金融理财师的直觉，没有严格的量化关系，而且受金融理财师的经验、技巧以及风险偏好的影响，不同的金融理财师可能得出差别较大的结论，因此，我们在采用定性分析的同时还需要采用定量分析，综合运用两种方法以确定投资者的实际风险承受能力。

定性分析主要是通过对投资者年龄、财富、工作状况、教育程度、家庭状况、性别等方面的信息进行分析，从而大致确定投资者的风险承受能力。

定量分析方法通常采用有组织的形式，如通过设计风险承受能力问卷调查表来收集客户的必要信息，进而将观察结果转化为某种形式的数值，进行分析，来判断客户的风险承受能力。一般而言，设计问卷调查表必须遵循三个原则：①所设计的问卷调查表必须通俗易懂，尽量避免专业词汇；②问卷调查表不能有影响投资者独立判断的信息；③问卷调查表问题在逻辑上前后需要保持一致。

(2)客户投资目标

金融理财师首先必须帮助客户明确自己的投资目标。如果客户最关心本金的安全性和流动性，则该客户很可能是风险厌恶者；如果客户的主要目标是高收益，则该客户很可能是风险追求者。

(3)对投资产品的偏好

衡量客户风险承受能力最直接的办法是让客户回答自己所偏好的投资产品，也可以让客户将投资产品从最喜欢到最不喜欢排序，或者给每一种产品进行评级，不同级别代表客户的风险偏好程度。

(4)概率和收益的权衡

①确定/不确定性偏好法。向客户展示两项选择，其一是确定收益，其二是可能收益，让客户二选一。例如，(A)1000 元的确定收益，(B)50% 的概率得 2000 元。风险厌恶者会选择(A)，风险追求者倾向于选择(B)。

②最低成功概率法。设计一个两项选择题，一个选项是无风险收益，另一个选项是有风险的，但潜在收益较高，同时列示 5 个成功概率，即 10%、30%、50%、70% 和 90%，问被调查者在多大的成功概率下认为两个选项是无区别的。所选的成功概率越高，说明其风险厌恶程度越高。

③最低收益法。要求投资者就可能的收益而不是收益概率作出选择。比如，一项投资有一半的可能损失 1/3 净资产，有一半的可能得到一笔收益。你愿意承担此项风险的最低要求

收益是多少。要求的收益越高，说明其风险厌恶程度越高。

2. 评估内容

根据银监会的相关规定，结合各行实际情况，中国银行业协会综合考虑了客户使用的易读性与便利性等因素，制定了《商业银行理财客户风险评估问卷基本模板》。该模板涵盖了客户财务状况、投资经验、投资风格、投资目标和风险承受能力五大模块。

3. 客户风险承受能力评估的相关规定

(1)确定客户风险承受能力评级，由低到高至少包括五级，并可根据实际情况进一步细分。

(2)在客户首次购买理财产品前在银行网点进行风险承受能力评估。

(3)定期或不定期地采用当面或网上银行方式对客户进行风险承受能力持续评估。

(4)制定统一的客户风险承受能力评估书。商业银行应当在客户风险承受能力评估书中明确提示，如客户发生可能影响其自身风险承受能力的情形，再次购买理财产品时应当主动要求商业银行对其进行风险承受能力评估。

(5)为私人银行客户和高资产净值客户提供理财产品销售服务应当按照规定进行客户风险承受能力评估。

高资产净值客户是满足下列条件之一的商业银行客户：

①单笔认购理财产品不少于100万元人民币的自然人；

②认购理财产品时，个人或家庭金融净资产总计超过100万元人民币，且能提供相关证明的自然人；

③个人收入在最近三年每年超过20万元人民币或者家庭合计收入在最近三年内每年超过30万元人民币，且能提供相关证明的自然人。

(6)商业银行分支机构理财产品销售部门负责人或经授权的业务主管人员应当定期对已完成的客户风险承受能力评估书进行审核。

(7)商业银行应当建立客户风险承受能力评估信息管理系统，用于测评、记录和留存客户风险承受能力评估内容和结果。

五、客户风险特征的内容

风险是对预期的不确定性，是可以被度量的。同样的风险在不同的主体那里会有不同的感受，因此每个客户对待风险的态度都是不一样的。客户的风险特征是进行理财顾问服务要考虑的重要因素之一。

客户风险特征可以由三个方面构成，如表3-6所示。

表3-6 客户风险特征的内容

风险特征构成	具体内容
风险偏好	①反映客户主观上对风险的基本态度； ②影响因素多且复杂，与客户所处的文化氛围、成长环境有密切关系
风险认知度	①反映客户对风险的主观评价； ②人们对风险的认知度往往取决于他的知识水平和生活经验； ③不同的人对同一风险的认知度是不同的
实际风险承受能力	①反映风险在客观上对客户的影响程度； ②同一风险对不同人的影响不一样

六、客户风险特征矩阵的编制方法

客户风险特征可以用客户风险承受能力和风险承受态度两个指标来分析。

1. 风险承受能力评估

风险承受能力总分(100 分) = 年龄因素分数 + 其他因素分数。

(1)年龄因素：总分 50 分，25 岁以下者 50 分，每多一岁减 1 分，75 岁以上 0 分。

(2)其他因素：总分 50 分。如表 3 – 7 所示。

表 3 – 7　风险承受能力其他因素评估表

分数	10 分	8 分	6 分	4 分	2 分
就业状况	公教人员	上班族	佣金收入者	自营事业者	失业
家庭负担	未婚	双薪无子女	双薪有子女	单薪有子女	单薪养三代
置业状况	投资不动产	自宅无房贷	房贷 < 50%	房贷 > 50%	无自宅
投资经验	10 年以上	6 ~ 10 年	2 ~ 5 年	1 年以上	无
投资知识	有专业执照	财经专业毕业	自修有心得	懂一些	一片空白

注：总分为 100 分，最低为 10 分，得分越低者表示风险承受能力越低。可以定位为 5 个等级：20 分以下为低风险承受能力；20 ~ 39 分为中低风险承受能力；40 ~ 59 分为中等风险承受能力；60 ~ 79 分为中高风险承受能力；80 分以上为高风险承受能力。

2. 风险承受态度评估

风险承受态度评估 = 对本金损失的容忍程度 + 其他心理因素。

(1)对本金损失的容忍程度：总分 50 分，不能容忍任何损失为 0 分，每增加 1 个百分点加 2 分，可容忍 25% 以上损失者为满分 50 分。

(2)其他心理因素，总分 50 分。如表 3 – 8 所示。

表 3 – 8　其他心理因素评估表

分数	10 分	8 分	6 分	4 分	2 分
首要考虑因素	赚短差价	长期利得	年现金收益	抗通货膨胀保值	保本保息
过去投资绩效	只赚不赔	赚多赔少	损益两平	赚少赔多	只赔不赚
赔钱心理状态	学习经验	照常过日子	影响情绪小	影响情绪大	难以成眠
目前主要投资市场	期货	股票	房地产	债券	存款
未来回避投资市场	无	期货	股票	房地产	债券

注：总分为 100 分，最低 8 分。得分越低者表示风险承受态度越低。可以定位为 5 个等级：20 分以下为低风险承受态度；20 ~ 39 分为中低风险承受态度；40 ~ 59 分为中等风险承受态度；60 ~ 79 分为中高风险承受态度；80 分以上为高风险承受态度。

3. 风险特征矩阵

表 3 – 9 列出的风险矩阵中的投资组合是一般情况下的参考建议，从业人员在实际理财业务中，为客户进行投资组合设计时，除了考虑客户风险特征外，还要考虑其他因素，如利率趋势、当时市场状况、客户投资目标等因素。

表 3-9　风险矩阵

单位：%

风险矩阵	风险能力	低能力	中低能力	中能力	中高能力	高能力
风险态度	工具	0~19 分	20~39 分	40~59 分	60~79 分	80~100 分
低态度 0~19 分	货币	70	50	40	20	10
	债券	30	40	40	50	50
	股票	0	10	20	30	40
中低态度 20~39 分	货币	40	30	20	10	10
	债券	50	50	50	50	40
	股票	10	20	30	40	50
中态度 40~59 分	货币	40	30	10	0	0
	债券	30	30	40	40	30
	股票	30	40	50	60	70
中高态度 60~79 分	货币	20	0	0	0	0
	债券	40	50	40	30	20
	股票	40	50	60	70	80
高态度 80~100 分	货币	0	0	0	0	0
	债券	50	40	30	20	10
	股票	50	60	70	80	90

【真题 3.5】关于客户风险特征矩阵，下列说法正确的是（　　）。

A. 其中风险能力因素被划分为低能力、中低能力、中高能力、高能力四个类型

B. 综合了两方面的因素，即风险能力和损失容忍度

C. 风险矩阵根据两方面因素的评级，共产生 16 种可能的投资建议

D. 其投资工具主要是货币、债券、股票

【答案】D

【解析】风险矩阵综合了风险承受能力和风险承受态度两方面的因素。其中，风险承受能力被划分为低风险承受能力、中低风险承受能力、中等风险承受能力、中高风险承受能力和高风险承受能力五种类型，风险承受态度也被划分为五种类型。因此，根据两方面因素的评级，共产生 25 种可能的投资建议。风险特征矩阵中的投资工具主要是货币、债券和股票。

七、客户证券投资方式和产品选择的影响因素

除了风险特征外，还有许多其他的理财特征会对客户证券投资方式和产品选择产生很大的影响。

1. 投资渠道偏好

投资渠道偏好是指客户由于个人的知识、经验、工作或社会关系等原因而对某类投资渠道有特别的喜好或厌恶。在给客户提供财务建议的时候要客观分析并向客户作准确解释，在此基础上要充分尊重客户的偏好，而绝不能够用自己的偏好影响客户的财务安排。

2. 知识结构

客户个人的知识结构尤其是对理财知识的了解程度和主动获取信息的方式对于选择投资渠道、产品和投资方式会产生影响。

3. 生活方式（生活、工作习惯）

客户个人不同的生活、工作习惯对理财方式的选择也很重要，如工作繁忙的职业经理人很难有时间去盯盘炒股。

4. 个人性格

客户个人的性格是个人主观意愿的习惯性表现，会对理财的方式和方法产生影响。比如有些客户不喜欢别人越俎代庖。

第四节 目标分析

【大纲要求】

熟悉客户证券投资需求和目标的分类；熟悉客户证券投资目标的内容；掌握客户证券投资目标分析方法。

【要点详解】

一、客户证券投资需求和目标的分类和内容

1. 客户证券投资需求

（1）证券投资的作用

对客户而言，证券投资有如下作用：

①提供了筹集资金的重要渠道；

②有利于调节资金投向，提高资金使用效率，从而引导资源合理流动，实现资源的优化配置；

③有利于改善企业经营管理，提高企业经济效益和社会知名度，促进企业的行为合理化。

（2）客户的证券投资需求分类

①收入保护（如预防失去工作能力而造成生活困难等）；

②资产保护（如财产保险等）；

③客户死亡情况下的债务减免；

④投资目标与风险预测之间的矛盾。

2. 客户证券投资目标

客户提出的所期望达到的目标按时间长短可以划分为：

（1）短期目标（如休假、购新车、存款等）；

（2）中期目标（如子女教育储蓄、按揭购房等）；

（3）长期目标（如退休安排、遗产安排）。

在确定客户的目标与需求的过程中，由于客户对于投资产品和投资风险的认识不足，很有可能会提出一些不切实际的要求。针对这个问题，必须加强与客户的沟通，增加客户对投资产品和投资风险的认识，在确保客户理解的基础上，共同确定一个合理的目标。

二、客户证券投资目标分析方法

结合客户理财需求、目标及产品市场风险情况等确定个人理财目标，表 3－10 可作参考。

表 3-10 客户证券投资目标分析方法

时间阶段	目标	迫切性(低/中/高)	目标达到日期	所需资本来源	备注
短期	税务负担最小化				
	筹集紧急备用金				
	减少债务				
	投资股票市场				
	控制开支预算				
	其他短期目标				
中期	筹集汽车、住房资金				
	寿险、财险和个人债务				
	提高保险保障				
	启动个人生意				
	其他中期目标				
长期	建立退休基金				
	子女教育基金				
	有效地为继承人分配不动产				
	其他长期目标				

【本章练习】

一、选择题

1. 下列不属于客户财务信息的是(　　)。

A. 财务状况未来发展趋势　　B. 当期收入状况

C. 当期财务安排　　D. 投资风险偏好

2. 客户信息可以分为定量信息和定性信息，以下对应正确的是(　　)。

A. 消费支出情况——定性信息　　B. 风险偏好——定性信息

C. 家庭基本信息——定量信息　　D. 投资经验——定量信息

3. 在考虑客户的财务状况时，下列财务行为不影响其净资产的是(　　)。

A. 工资水平提高　　B. 年终奖金增加　　C. 自费出国旅游　　D. 分期贷款买房

4. 以下符合对风险偏好型客户理财规划描述的是(　　)。

A. 投资工具以安全性高的储蓄、国债、保险等为主

B. 投资应遵循组合设计、设置风险止损点，防止投资失败影响家庭整体财务状况

C. 投资应以储蓄、理财产品和债券为主，结合高收益的股票、基金和信托投资，优化组合模型，使收益与风险均衡化

D. 不在乎风险，不因风险的存在而放弃投资机会

5. 对于个人风险承受能力评估方法中的定性方法和定量方法，下列说法正确的是(　　)。

A. 定量评估方法不需要对所搜集的信息予以量化

B. 定量评估方法主要通过面对面的交谈来搜索客户的必要信息

C. 定性评估方法通常采用有组织的形式(如调查问卷)来搜集信息

D. 定性评估方法主要通过面对面的交谈来搜集客户的必要信息，但没有严格的量化关系

6. 关于客户的风险特征，下列说法正确的是(　　)。

A. 对于相同的风险，每个客户对待的态度是一致的

B. 风险是对预期的不确定性，不可以被度量

C. 客户的风险特征即客户可能产生的最大损失

D. 客户的风险特征是进行理财顾问服务要考虑的重要因素之一

7. 下列目标中，属于客户长期目标的是(　　)。

A. 休假　　　　B. 按揭买房

C. 建立退休基金　　　　D. 购置新车

二、组合型选择题

1. 了解客户的基本信息是提供针对性投资理财建议的基础和保证，以下属于客户基本信息的有(　　)。

Ⅰ. 婚姻状况　　　　Ⅱ. 重要的家庭和社会关系

Ⅲ. 工作单位与职务　　　　Ⅳ. 个人兴趣爱好和志向

A. Ⅰ、Ⅲ　　B. Ⅰ、Ⅱ、Ⅲ　　C. Ⅱ、Ⅲ、Ⅳ　　D. Ⅰ、Ⅱ、Ⅲ、Ⅳ

2. 客户的个人理财行为影响到其个人资产负债表，下列表述正确的有(　　)。

Ⅰ. 用银行存款购买期望收益率更高的公司债券，则客户的总资产将会增加

Ⅱ. 股票市值下降后，客户的总资产将会减少

Ⅲ. 用银行存款每月偿还住房分期付款，则每月偿还后净资产将会减少

Ⅳ. 以分期付款的方式购买一处房产，客户的总资产将会增加

A. Ⅱ、Ⅲ　　B. Ⅱ、Ⅳ　　C. Ⅰ、Ⅱ、Ⅲ　　D. Ⅰ、Ⅲ、Ⅳ

3. 在客户信息收集的方法中，属于初级信息收集方法的有(　　)。

Ⅰ. 建立数据库，平时多注意收集和积累

Ⅱ. 和客户交谈

Ⅲ. 采用数据调查表

Ⅳ. 收集政府部门公布的信息

A. Ⅱ、Ⅲ　　B. Ⅱ、Ⅲ、Ⅳ　　C. Ⅰ、Ⅳ　　D. Ⅰ、Ⅱ、Ⅲ、Ⅳ

4. 风险偏好属于非常保守型的客户往往会选择(　　)等产品。

Ⅰ. 债券型基金　　　　Ⅱ. 存款

Ⅲ. 保本型理财产品　　　　Ⅳ. 股票型基金

A. Ⅰ、Ⅱ　　B. Ⅱ、Ⅲ　　C. Ⅰ、Ⅱ、Ⅲ　　D. Ⅰ、Ⅱ、Ⅲ、Ⅳ

5. 一般而言，客户的风险特征是进行理财顾问服务要考虑的重要因素之一，主要由(　　)等构成。

Ⅰ. 风险偏好　　　　Ⅱ. 风险认知度

Ⅲ. 个人性格　　　　Ⅳ. 实际风险承受能力

A. Ⅰ、Ⅳ　　B. Ⅰ、Ⅱ、Ⅳ　　C. Ⅱ、Ⅲ、Ⅳ　　D. Ⅰ、Ⅱ、Ⅲ、Ⅳ

6. 不同的人由于(　　)的不同，其投资风险承受能力不同；同一个人也可能在不同的时期，不同的年龄阶段及其他因素的变化而表现出不同的风险承受能力。

Ⅰ. 家庭财力　　Ⅱ. 学识　　Ⅲ. 收入水平　　Ⅳ. 个人投资取向

A. Ⅰ、Ⅱ、Ⅲ　　　　B. Ⅰ、Ⅲ、Ⅳ

C. Ⅱ、Ⅳ　　　　D. Ⅰ、Ⅱ、Ⅲ、Ⅳ

7. 下列选项属于个人理财的目标有(　　)。

Ⅰ. 购买心仪已久的一部跑车　　Ⅱ. 出国旅游

Ⅲ. 为孩子准备教育金　　Ⅳ. 防范风险和储备未来的养老所需

A. Ⅱ、Ⅲ　　B. Ⅲ、Ⅳ　　C. Ⅱ、Ⅲ、Ⅳ　　D. Ⅰ、Ⅱ、Ⅲ、Ⅳ

【答案及解析】

一、选择题

1. **【答案】**D

【解析】客户信息可简单分为财务信息和非财务信息两大类。财务信息主要是指客户家庭的收支与资产负债状况，以及相关的财务安排(包括储蓄、投资、保险账户情况等)。D项属于非财务信息。

2. **【答案】**B

【解析】A项，消费支出情况属于定量信息；C项，家庭基本信息属于定性信息；D项，投资经验属于定性信息。

3. **【答案】**D

【解析】净资产=资产-负债。工资水平提高和年终奖增加影响了净资产；自费出国旅游增加了负债；分期贷款增加了负债，买房则等额增加了资产。因此，分期贷款买房不影响净资产。

4. **【答案】**B

【解析】A项属于对风险厌恶型投资者理财规划的描述；C项适合风险中立型投资者；D项，风险偏好型客户愿意为获取高收益而承担高风险，重视风险分析和规避，并非不在乎风险。

5. **【答案】**D

【解析】定性分析主要是通过与客户面对面的交谈来基本判断客户的风险属性。定性分析仅仅是凭金融理财师的直觉，没有严格的量化关系。定量分析方法通常采用有组织的形式，如通过设计风险承受能力问卷调查表来收集客户的必要信息，进而将观察结果转化为某种形式的数值，进行分析，来判断客户的风险承受能力。

6. **【答案】**D

【解析】A项，风险认知度反映客户对风险的主观评价，不同的人对同一风险的认知度是不同的；B项，风险是对预期的不确定性，一般用方差或标准差度量；C项，客户的风险特征包括风险偏好、风险认知度和风险承受能力。

7. **【答案】**C

【解析】客户提出的所期望达到的目标按时间的长短可以划分为：①短期目标，如休假、购置新车、存款等；②中期目标，如子女的教育储蓄、按揭买房等；③长期目标，如退休安排、遗产安排等。

二、组合型选择题

1. **【答案】**B

【解析】客户的基本信息大体包括客户的姓名、年龄、联系方式、工作单位与职务、国籍、婚姻状况、健康状况，以及重要的家庭、社会关系信息(包括需要供养父母、子女信息)。Ⅳ项属于客户的个人兴趣及人生规划和目标方面的信息，不属于客户基本信息。

2. **【答案】**B

【解析】Ⅰ项，用银行存款购买期望收益率更高的公司债券，客户的总资产不会发生变化；Ⅲ项，用银行存款每月偿还住房分期付款，则每月偿还后总资产将会减少，总负债也会减少相同的数额，因此净资产不变。

3.【答案】A

【解析】由于客户的个人和财务材料只能通过与客户沟通获得，所以又称为初级信息。从业人员和客户初次见面时，通过交谈的方式收集信息是不够的，通常还要采用数据调查表来帮助收集定量信息。Ⅰ、Ⅳ两项，建立数据库，平时多注意收集和积累，收集政府部门公布的信息是次级信息的收集方法。

4.【答案】C

【解析】保守型客户往往对于投资风险的承受能力很低，选择一项产品或投资工具首要考虑是否能够保本，然后才考虑追求收益。因此，这类客户往往选择国债、存款、保本型理财产品、货币与债券型基金等低风险、低收益的产品。

5.【答案】B

【解析】客户的风险特征由以下三个方面构成：①风险偏好，反映客户主观上对风险的态度；②风险认知度，反映客户主观上对风险的基本度量；③实际风险承受能力，反映风险客观上对客户的影响程度。

6.【答案】D

【解析】Ⅰ项，一般而言，家庭财力与风险承受能力正相关。Ⅱ项，风险承受能力通常随着受教育程度的增加而增加。Ⅲ项，客户收入水平越高，所能承受的风险越高。Ⅳ项，个人的性格、阅历、胆识、意愿等主观因素所决定的个人态度，直接决定了一个人对不同风险程度的产品的选择与决策。

7.【答案】D

【解析】理财的根本目的是实现人生目标中的经济目标，管理人生财务风险，降低对财务状况的焦虑，进而实现财务自由。实践中，个人理财的目标可分为短期目标(休假、购车、存款等)、中期目标(子女的教育储蓄、按揭买房等)和长期目标(退休安排、遗产安排等)。

第四章　证券分析

【知识结构】

- 证券分析
  - 证券投资分析概述
    - 证券投资分析的主要方法
    - 证券投资分析应注意的问题
  - 基本分析
    - 基本分析的两种主要方法
    - 宏观经济分析的主要内容
    - 证券市场的供求关系分析
    - 证券市场传导宏观经济政策的主要途径和内在机制
    - 行业分析的主要内容
    - 行业竞争情况分析的主要内容和基本方法
    - 行业生命周期分析的主要内容和基本方法
    - 影响行业兴衰的主要因素
    - 公司分析的主要内容
    - 公司财务报表分析的主要方法
    - 主要财务比率指标分析
    - 公司杜邦分析
    - 公司调研
    - 公司分红派息
    - 证券估值在公司未来财务预测中的应用分析
    - 证券估值方法的主要类型
    - 股息贴现模型和股息增长模型等绝对估值方法
    - 市盈率和资本资产定价模型等相对估值法
    - 债券估值
    - 金融衍生工具的投资价值分析
  - 技术分析
    - 技术分析的基本假设与相关图形
    - 技术分析的趋势线
    - 技术分析的阻力位与支撑位
    - 技术分析方法的分类及其特点
    - 道式理论和艾氏波浪理论
    - 常用技术分析指标
    - 技术分析的应用前提、适用范围、局限性及应注意的问题
    - 总体、样本和统计量的含义
    - 统计推断的参数估计和假设检验
    - 常用统计软件及其应用

第一节　证券投资分析概述

【大纲要求】

熟悉证券分析方法的主要类型；了解基本分析、技术分析和量化分析的基本原理。

【要点详解】

一、证券投资分析的主要方法

证券投资分析是指人们通过各种专业分析方法，对影响证券价值或价格的各种信息进行

综合分析以判断证券价值或价格及其变动的行为，是证券投资过程中不可或缺的一个重要环节。证券投资分析的目标包括：①实现投资决策的科学性；②实现证券投资净效用最大化，即正确评估证券的投资价值，降低投资者的投资风险。其中，在风险既定的条件下投资收益率最大化和在收益率既定的条件下风险最小化是证券投资的两大具体目标。

进行证券投资分析所采用的分析方法主要有三大类：基本分析法、技术分析法、量化分析法。具体如表 4 -1 所示。

表 4 -1　证券投资分析的方法

方法	含义	说明
基本分析法	又称基本面分析法，指证券分析师根据经济学、金融学、财务管理学及投资学等基本原理，对决定证券价值及价格的基本要素进行分析，评估证券的投资价值，判断证券的合理价位，提出相应投资建议的一种分析方法	①理论基础：a. 任何一种投资对象都有内在价值，内在价值可通过对该种投资对象的现状和未来前景的分析获得；b. 市场价格和内在价值之间的差距最终会被市场所纠正，市场价格低于(或高于)内在价值之日，便是买(卖)机会到来之时 ②两大假设：a. 股票的价值决定其价格；b. 股票的价格围绕价值波动 ③主要内容：宏观经济分析、行业和区域分析、公司分析
技术分析法	仅从证券的市场行为来分析证券价格未来变化趋势的方法	①技术分析的要素：证券市场中，价格、成交量、时间和空间是技术分析的要素。这几个因素的具体情况和相互关系是正确分析的基础。 ②主要理论：K 线理论、切线理论、形态理论、技术指标理论、波浪理论和循环周期理论
量化分析法	是利用统计、数值模拟和其他定量模型进行证券市场相关研究的一种方法	具有使用大量数据、模型和电脑的显著特点，广泛应用于解决证券估值、组合构造与优化、策略制定、绩效评估、风险计量与风险管理等投资相关问题，是继传统的基本分析和技术分析之后发展起来的一种重要的证券投资分析方法

二、证券投资分析应注意的问题

在进行证券投资分析时，应当注意每种方法的适用范围及各种方法的结合使用。

基本分析法的优点主要是能够从经济和金融层面揭示证券价格决定的基本因素及这些因素对价格的影响方式和影响程度。缺点主要是对基本面数据的真实、完整性具有较强依赖，短期价格走势的预测能力较弱。

技术分析法直接选取公开的市场数据，采用图表等方法对市场走势作出直观的解释。它缺乏牢固的经济金融理论基础，对证券价格行为模式的判断有很大随意性，受到学术界的批评。

量化分析法较多采用复杂的数理模型和计算机数值模拟，能够提供较为精细化的分析结论。但它对使用者的定量分析技术有较高要求，不易为普通公众所接受。此外，量化分析法所采用的各种数理模型本身存在模型风险，一旦外部环境发生较大变化，原有模型的稳定性就会受影响。此外，量化分析法往往需要和程序化交易技术相结合，对交易系统的速度和市场数据的精确度有较高要求，这也在一定程度上限制了其应用范围。

事实上，并不存在完美的证券分析方法，任何投资分析理论或分析方法都有其适用的前提和假设。投资分析是一种兼有科学性和艺术性的专业活动，对分析人员的知识、技能和经验都提出了很高的要求。

【真题 4.1】关于证券分析方法，下列说法正确的是(　　)。

Ⅰ. 每一种分析法都有其适用范围，都有分析前提和假设

Ⅱ．当前技术分析法虽然在实际中被广泛运用，但它缺乏牢固的经济理论基础

Ⅲ．量化分析法多采用数量模型和计算机数值模拟

Ⅳ．基本面分析法对基本面数据的真实性、完整性具有很强的依赖性

A．Ⅰ、Ⅱ、Ⅲ、Ⅳ　　B．Ⅱ、Ⅲ

C．Ⅰ、Ⅱ、Ⅳ　　D．Ⅱ、Ⅲ、Ⅳ

【答案】A

【解析】证券分析师进行证券投资分析时，应注意每种方法的适用范围及各种方法的结合使用。基本分析法的缺点主要是对基本面数据的真实、完整性具有较强依赖，短期价格走势的预测能力较弱。技术分析法缺乏牢固的经济金融理论基础，对证券价格行为模式的判断有很大随意性。量化分析法较多采用复杂的数理模型和计算机数值模拟，能够提供较为精细化的分析结论。但它对使用者的定量分析技术有较高要求，不易为普通公众所接受。

第二节　基本分析

【大纲要求】

了解基本分析的两种主要方法。

了解由上而下分析法的基本原理；掌握由上而下分析法的主要步骤；熟悉由上而下分析法的主要内容。

了解由下而上分析法的基本原理；掌握由下而上分析法的主要步骤；熟悉由下而上分析法的主要内容。

熟悉宏观经济分析的主要内容；掌握证券市场的供求关系分析；熟悉证券市场传导宏观经济政策的主要途径和内在机制。

熟悉行业分析的主要内容；熟悉行业竞争情况分析的主要内容和基本方法；熟悉行业生命周期分析的主要内容和基本方法。

熟悉公司分析的主要内容；掌握公司财务报表分析的主要方法；掌握分析公司资本结构、偿债能力、盈利能力、营运能力、成长能力和现金流量等主要财务比率指标；掌握公司杜邦分析；掌握公司分红派息；掌握证券估值在公司未来财务预测中的应用分析。

熟悉证券估值方法的主要类型；掌握股息贴现模型和股息增长模型等绝对估值方法；掌握市盈率和资本资产定价模型等相对估值法。

【要点详解】

一、基本分析的两种主要方法

基本面分析是对影响证券投资的经济因素、政治因素、上市公司的业绩、财务状况等要素进行分析，以判定证券的内在投资价值，衡量其价格是否合理。

基本面分析的假设前提是股票的价值决定价格和股票的价格围绕价值波动，其优点是能揭示证券的内在价值，能够比较全面地把握证券价格的基本走势。该方法主要适用于周期相对较长的证券价格预测、相对成熟的证券市场。基本面分析的缺点主要是对基本面数据的质量依赖性较强，对短期价格走势的预测能力较弱、预测精确度不高。

1. 基本面分析的研究方法

基本面分析的研究方法主要包括：

(1)“由上而下”法

一种从宏观到行业再到公司的三步分析法。具体来讲，首先进行宏观经济分析与预测；

然后寻找未来能够代表宏观经济发展方向的朝阳行业；最后在朝阳行业中，筛选出最具有发展潜力的股份公司。

(2)“由下而上”法

努力去寻找最好的股份公司，确定其股票最佳的购买价格，而不管公司处于什么行业，宏观经济发展如何。该方法直接从个股入手，通过对个股的价值进行分析研究，从而为选股提供依据。

2. 基本面分析的基本框架

基本面分析的基本框架为：

(1)宏观分析

宏观分析主要探讨各经济指标和经济政策对证券价格的影响。经济指标分为3类：先行性指标、同步性指标、滞后性指标。

①先行性指标。这类指标可以对将来的经济状况提供预示性的信息，如利率水平、货币供给、消费者预期、主要生产资料价格、企业投资规模等。

②同步性指标。这类指标的变化基本上与总体经济活动的转变同步，如个人收入、企业工资支出、GDP、社会商品销售额等。

③滞后性指标。这类指标的变化一般滞后于国民经济的变化，如失业率、库存量、银行未收回贷款规模等。

(2)行业分析

行业分析是介于宏观分析与公司分析之间的中观层次的分析，主要分析行业所属的不同市场类型、所处的不同生命周期以及行业业绩对证券价格的影响。行业的发展状况对该行业上市公司影响巨大，行业地位不同会导致公司的投资价值有明显差异。从某种意义上说，投资某家上市公司实际上就是以某个行业为投资对象。

行业分析的主要任务包括：解释行业本身所处的发展阶段及其在国民经济中的地位，分析影响行业发展的各种因素以及判断对行业影响的力度，预测并引导行业的未来发展趋势，判断行业投资价值，揭示行业投资风险，从而为政府部门、投资者及其他机构提供决策依据或投资依据。

(3)公司分析

公司分析是基本分析的重点。公司分析侧重对公司的竞争能力、盈利能力、经营管理能力、发展潜力、财务状况、经营业绩以及潜在风险等进行分析，借此评估和预测证券的投资价值、价格及其未来变化的趋势。

3. 基本面分析的逻辑

运用基本面分析的方法进行股票投资，其基本逻辑是：从表面上看，股票价格是所有投资者进行“买进”与“卖出”交易操作后形成的“数字结果”。而从本质上讲，股票价格综合反映了所有投资者对上市公司未来价值的判断与预期。而宏观经济环境的好坏，所在行业发展前景的大小，以及公司本身成长潜力与盈利能力的高低等因素是决定上市公司未来价值的根本性因素，是决定其股票价格最终走势的根本性与趋势性力量。通过对宏观经济、行业发展与公司质地等因素进行综合、全面与系统的分析与研究，投资者可以找到那些具有相对价值的投资标的。基本面分析主要适用于“选股”，即：选出能够进行长期价值投资的上市公司。

【真题4.2】基本分析中由上而下分析法的分析流程是(　　)。

A. 宏观经济分析→行业分析→公司分析

B. 区域分析→产业分析→宏观分析

C. 行业分析→宏观分析→公司分析

D. 公司估值→公司财务分析

【答案】A

二、宏观经济分析的主要内容

1. 宏观经济运行分析

(1)宏观经济运行对证券市场的影响

宏观经济因素是影响证券市场长期走势的惟一因素。宏观经济运行对证券市场的影响主要表现在以下方面：

①企业经济效益

企业经济效益是影响公司生存、发展最基本的因素。如果宏观经济运行趋好，企业总体盈利水平提高，证券市场的市值上涨；如果政府采取强有力的宏观调控政策，紧缩银根，企业的投资和经营会受到影响，盈利下降，证券市场市值就可能缩水。

②居民收入水平

在经济周期处于上升阶段或在提高居民收入政策的作用下，居民收入水平提高将会在一定程度上拉动消费需求，从而增加相关企业的经济效益；居民收入水平的提高也会直接促进证券市场投资需求的提高。

③投资者对股价的预期

当宏观经济趋好时，投资者预期公司效益和自身的收入水平会上升，证券市场人气旺盛，推动市场平均价格走高；反之，则会令投资者对证券市场的信心下降。

④资金成本

当国家经济政策发生变化时(如采取调整利率水平、实施消费信贷政策、征收利息税等政策)，居民、单位的资金持有成本也将随之变化。

【真题 4.3】宏观经济运行对证券市场的影响主要表现在(　　)。

Ⅰ. 企业经济效益　　Ⅱ. 居民收入水平

Ⅲ. 投资者对股价的预期　　Ⅳ. 资金成本

A. Ⅰ、Ⅱ　　B. Ⅰ、Ⅲ

C. Ⅱ、Ⅲ、Ⅳ　　D. Ⅰ、Ⅱ、Ⅲ、Ⅳ

【答案】D

【解析】宏观经济因素是影响证券市场长期走势的惟一因素。宏观经济运行对证券市场的影响主要表现在以下方面：①企业经济效益；②居民收入水平；③投资者对股价的预期；④资金成本。

(2)宏观经济变动与证券市场波动的关系

①国内生产总值变动

从长期看，在上市公司的行业结构与该国产业结构基本一致的情况下，股票平均价格的变动与 GDP 的变化趋势是相吻合的，但不能简单地认为 GDP 增长，证券市场就必将伴之以上升的走势，实际走势有时恰恰相反，必须将 GDP 与经济形势结合起来进行考察。不同经济形势下 GDP 变化对证券市场的影响总结在表 4－2 中。

表 4－2　不同经济形势下 GDP 变化对证券市场的影响

GDP 变化	对证券市场的影响
持续、稳定、高速的 GDP 增长	证券市场将基于下述原因而呈现上升走势：①伴随总体经济成长，上市公司利润持续上升，股息不断增长，企业经营环境不断改善，产销两旺，投资风险也越来越小，从而公司的股票和债券全面得到升值，促使价格上扬；②人们对经济形势形成了良好的预期，投资积极性得以提高，从而增加了对证券的需求，促使证券价格上涨；③随着 GDP 的持续增长，国民收入和个人收入都不断得到提高，收入增加也将增加证券投资的需求，从而导致证券价格上涨
高通货膨胀下的 GDP 增长	经济中的各种矛盾会突出表现出来，企业经营将面临困境，居民实际收入也将降低，因而失衡的经济增长必将导致证券市场行情下跌
宏观调控下的 GDP 减速增长	如果调控目标得以顺利实现，GDP 仍以适当的速度增长而未导致 GDP 的负增长或低增长，证券市场亦将反映这种好的形势而呈平稳渐升的态势
转折性的 GDP 变动	①GDP 负增长速度逐渐减缓并呈现向正增长转变的趋势时，证券市场走势也将由下跌转为上升；②GDP 由低速增长转向高速增长时，证券市场亦将伴之以快速上涨之势

②经济周期变动

经济周期是一个连续不断的过程，表现为扩张和收缩的交替出现。人们对于经济形势的预期较全面地反映了人们对经济发展过程中表现出的有关信息的感受。这种预期又必然反映到投资者的投资行为中，从而影响证券市场的价格。

③通货变动

a. 通货膨胀对证券市场的影响

若通货膨胀是温和的、稳定的，对股价的影响较小，能增加债券的必要收益率，使债券价格下跌；

若通货膨胀在可容忍范围内，而经济处于景气（扩张）阶段，产量、就业持续增长，则股价也将持续上升；

若通货膨胀是严重的，将严重扭曲经济，加速货币贬值，这时人们将会通过购买房屋、囤积商品等进行保值；

政府往往不会长期容忍通货膨胀存在，因而必然会使用某些宏观经济政策工具来抑制通货膨胀，这些政策必然对经济运行造成影响；

通货膨胀时期，相对价格变化引致财富和收入的再分配，因而某些公司可能从中获利，而另一些公司可能蒙受损失；

通货膨胀不仅产生经济影响，还可能产生社会影响，并影响投资者的心理和预期，从而对股价产生影响；

通货膨胀使得各种商品价格具有更大的不确定性，也使得企业未来经营状况具有更大的不确定性，从而增加证券投资的风险；

通货膨胀对企业的微观影响表现为：通货膨胀之初，税收效应、负债效应、存货效应和波纹效应等都有可能刺激股价上涨。但长期严重的通货膨胀必然恶化经济环境、社会环境，股价将受大环境影响而下跌。

b. 通货紧缩对证券市场的影响

通货紧缩带来的经济负增长，使得股票、债券及房地产等资产价格大幅下降，银行资产状况严重恶化。经济危机与金融萧条的出现反过来又影响投资者对证券市场走势的信心。

2. 宏观经济政策分析

(1)财政政策

①财政政策的手段和种类

财政政策的手段包括：国家预算、税收、国债、财政补贴、财政管理体制、转移支付制度等。

财政政策包括扩张性财政政策、紧缩性财政政策和中性财政政策。减少税收、降低税率、扩大减免税范围，扩大财政支出、加大财政赤字，减少国债发行(或回购部分短期国债)，增加财政补贴均属于扩张性财政政策。

②财政政策对证券市场的影响

总的来说，紧缩财政政策将使得证券市场走弱，因为这预示未来经济将减速增长或走向衰退；扩张性财政政策则刺激经济发展，证券市场将走强，因为这预示未来经济将加速增长或进入繁荣阶段。

(2)货币政策

①货币政策工具

a. 一般性货币政策工具

包括公开市场操作、存款准备金和再贴现。一般性货币政策工具主要是从总量上对货币供应量和信贷规模进行调节，多属于间接调控工具。

b. 选择性货币政策工具

包括贷款规模控制、特种存款、对金融企业窗口指导等。选择性货币政策工具影响证券市场整体走势和结构性，多属于直接调控工具。

现阶段，中国的货币政策工具主要有公开市场操作、存款准备金、再贷款与再贴现、常备借贷便利、利率政策、汇率政策、道义劝告和窗口指导等。

②货币政策对证券市场的影响

a. 利率

通常，利率下降，股票价格上升；利率上升，股票价格下降。

b. 公开市场业务

宽松的货币政策使货币供给量增加，利率下调，资金成本降低，生产扩张，利润增加，推动股票价格上涨；反之，股票价格将下跌。

c. 货币供应量

中央银行通过再贴现政策和法定存款准备金率调节货币供应量，影响资金供求，进而影响证券市场。如果央行下调法定存款准备金率或降低再贴现率，则社会信用扩大，证券行情趋于上涨。

(3)汇率

通常来讲，汇率制度主要有四种：自由浮动汇率制度、有管理的浮动汇率制度、目标区间管理和固定汇率制度。

①汇率上升，本币贬值，本国产品竞争力增强，出口型企业的收益增加，其债券股票价格将上涨；相反，进口型企业成本增加，利润减少，股票债券价格下跌。

②汇率上升，本币贬值，资本流出本国，本国证券市场需求减少，证券市场价格下跌。

③汇率上升，本币表示的进口商品价格提高，国内物价水平上涨，导致通货膨胀。为稳定汇率，政府抛售外汇，本币供应量减少，证券市场价格下跌，直到汇率均衡，而反面效应

可能使证券价格回升。若政府同时抛售外汇和回购国债，会引起国债市场价格上涨。

(4)收入政策

①概述

收入政策是国家为实现宏观调控总目标和总任务在分配方面制定的原则和方针。和财政政策、货币政策相比，收入政策具有更高层次的调节功能，制约着财政政策和货币政策的作用方向和作用力度，而且收入政策最终也要通过财政政策和货币政策来实现。

②收入政策目标

a. 收入总量目标。着眼于近期的宏观经济总量平衡，根据供求不平衡的两种状况分别选择分配政策和超分配政策。

b. 收入政策的结构目标。着眼于中长期的产业结构优化和经济与社会协调发展，着重处理积累与消费、公共消费与个人消费、各种收入的比例、个人收入差距等关系。

③收入政策的形式

a. 工资与物价管制或冻结。即在某个时期内，由政府颁布法令对工资和物价实行管制，甚至实行硬性冻结。

b. 劝说。即政府劝阻工会与资本家把工资与物价的提高限制在一定的范围之内。

c. 工资—物价指导线，即由政府根据长期劳动生产率来确定工资和物价的增长限度，要求把工资—物价增长限制在劳动生产率平均增长幅度内。

④收入政策对证券市场的影响

民间金融资产的增大、社会总积累向社会分配的趋向，将导致储蓄、证券市场需求增加，促进证券市场规模的扩大和价格水平的逐步提高。

收入总量调控通过财政政策和货币政策的传导影响证券市场。

三、证券市场的供求关系分析

1. 证券市场的供给方和需求方

(1)供给方

证券市场的供给主体是公司(企业)、政府与政府机构以及金融机构。政府与政府机构包括中央政府、地方政府以及中央政府直属机构，其为债券产品的主要供给方。金融机构是证券市场的发行和供给主体，发行股票和债券。

(2)需求方

证券投资者是证券市场的需求主体，同时也是市场资金的供给者。

2. 证券市场供给的决定因素与变动特点

(1)上市公司质量：直接或间接影响证券市场的供给。最根本因素是上市公司质量与经济效益状况。

(2)上市公司数量：直接决定证券市场供给。影响公司数量的因素主要包括：①宏观经济环境；②制度因素；③市场因素。

【真题4.4】证券市场供给的决定因素包括(　　)。

Ⅰ. 宏观经济环境　Ⅱ. 发行上市制度　Ⅲ. 市场设立制度　Ⅳ. 市场准入制度

A. Ⅰ、Ⅱ、Ⅲ　B. Ⅰ、Ⅱ、Ⅳ　C. Ⅰ、Ⅲ、Ⅳ　D. Ⅱ、Ⅲ、Ⅳ

【答案】A

【解析】证券市场供给的主体是上市公司，上市公司的质量和数量是证券市场供给方的主要影响因素。影响公司数量的主要因素包括：宏观经济环境、制度因素、市场因素。其中，影响证券市场供给的制度因素主要有发行上市制度、市场设立制度和股权流通制度三大因素。

3. 证券市场需求的决定因素与变动特点

(1)宏观经济环境

若宏观经济运行良好，证券市场资金的有效供给量增加；否则，资金供应量会减少。

(2)政策因素

具体政策包括融资融券政策、市场准入政策、金融监管政策、货币与财政政策等。

(3)居民金融资产结构的调整

随着居民金融资产结构逐步调整，股票与基金投资的比例将逐渐提高，从而为证券市场带来大量的增量资金，使得我国证券市场的资金供应量增加。

(4)机构投资者的培育和壮大

我国证券市场机构投资者现已形成以券商、证券投资基金、保险公司、信托公司、财务公司、社会保障基金、企业法人、QFII 以及私募投资机构等为主体的多元化格局。

(5)资本市场的逐步对外开放

资本市场的投资性开放包括两方面的含义：融资的开放和投资的开放。

4. 影响我国证券市场供求关系的基本制度变革

(1)股权分置改革

股权分置是指由于特殊历史原因，我国 A 股上市公司内部形成的两种不同性质的股票(非流通股和社会流通股)，并且表现出不同股、不同价、不同权特征的特殊市场制度与结构。中国证监会 2005 年 9 月 4 日颁布了《上市公司股权分置改革管理办法》。这一正式法律文件的出台，标志着股权分置改革从试点阶段开始转为积极稳妥地全面铺开的新阶段。

股权分置改革对沪、深证券市场产生深刻、积极的影响，具体包括：

①不同股东之间的利益行为机制在股改后趋于一致化。

②股权分置改革有利于上市公司定价机制的统一，市场的资源配置功能和价值发现功能进一步得到优化。

③股权分置改革完成后，股东之间形成了共同的利益平台，大股东违规行为将被利益牵制，理性化行为趋于突出。

④股权分置改革有利于公司的治理结构的进一步梳理，建立和完善上市公司管理层的激励和约束机制。

⑤股权分置改革后上市公司整体目标趋于一致，即争取上市公司资产市值的最大化。激励机制也将从侧重于短期激励转向长期激励为主。

⑥股权分置改革之后金融创新进一步活跃，上市公司重组并购行为增多。

⑦股权分置改革之后市场上受限股到期解禁，市场供给增加，流动性增强。

股改之后，市场上逐渐受到受限股到期解禁流通所产生的压力。受限股有三大类：第一类是股改所产生的受限股，第二类是“新老划断”后新的 IPO 公司产生的受限股，第三类是上市公司再融资(如增发等)产生的受限股。

(2)《证券法》和《公司法》的重新修订

2005 年 10 月 27 日，第十届全国人大会议审议通过了修订的《中华人民共和国证券法》和《中华人民共和国公司法》(以下简称“两法”)。修订后的两法于 2006 年 1 月 1 日开始施行，标志着中国证券市场法制建设迈入一个新的历史阶段。两法修订的主要内容和基本精神如下：

①积极稳妥推进市场创新；

②切实加大对投资者的保护力度；

③完善上市公司治理和监管；

④促进证券公司的规范和发展；

⑤完善证券发行、上市制度。

2013 年 12 月 28 日，第十二届全国人民代表大会常务委员会第六次会议通过《全国人民代表大会常务委员会关于修改〈中华人民共和国海洋环境保护法〉等七部法律的决定》，对《中华人民共和国公司法》进行了第三次修正，于 2014 年 3 月 1 日起实施。

2014 年 8 月 31 日，第十二届全国人民代表大会常务委员会第十次会议通过《全国人民代表大会常务委员会关于修改〈中华人民共和国保险法〉等五部法律的决定》，对《中华人民共和国证券法》进行了第三次修正。

(3)融资融券业务

融资融券业务是指向客户出借资金供其买入上市证券或者出借上市证券供其卖出，并收取担保物的经营活动。融资融券交易有券商对投资者的融资、融券及金融机构对券商的融资、融券四种形式。

2015 年 6 月 3 日，中国证券监督管理委员会第 96 次主席办公会议审议通过《证券公司融资融券业务管理办法》，自 2015 年 7 月 1 号起施行。

①融资融券业务推出对证券市场的积极影响

a. 融资融券业务特别是融券的推出在我国证券市场形成做空机制。

b. 融资融券业务将增加资金和证券的供给，增强证券市场的流动性和连续性，活跃交易，大大提高证券市场的效率。

c. 融资融券业务的推出将连通资本市场和货币市场，促进资本市场和货币市场之间资源的合理有效配置，增加资本市场资金供给，提高了全社会的资金整体配置效率。

d. 融券的推出有利于投资者利用衍生工具的交易进行避险和套利，提高市场效率。

e. 融资融券有利于提高监管的有效性。

②融资融券业务推出对证券市场的消极影响

a. 融资融券业务对标的证券具有助涨助跌的作用。

b. 融资融券业务的推出使得证券交易更容易被操纵。

c. 融资融券业务实行保证金制度，使得现货市场、期货市场波动增加，可能会对金融体系的稳定性带来一定威胁。

四、证券市场传导宏观经济政策的主要途径和内在机制

1. 证券市场传导货币政策的主要途径和内在机制

我国货币政策的传导机制，经历了从直接传导转变为直接传导、间接传导的双重传导，并逐步过渡到以间接传导为主的阶段。

(1)传统体制下的直接传导机制(如图4-1所示)

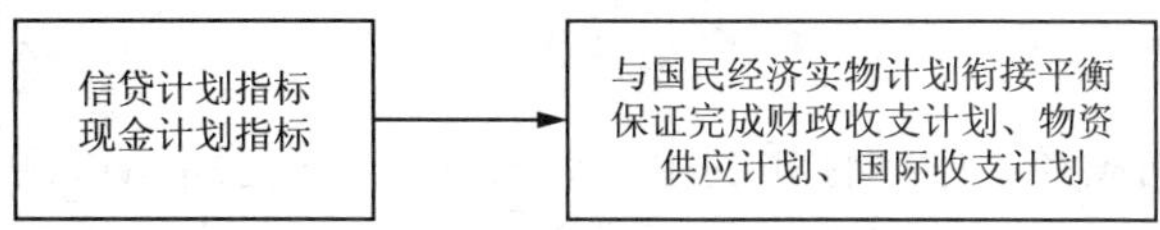

图4-1　传统体制下的直接传导机制

传统体制下的直接传导机制有如下特点：

①时滞短，方式简单，作用效应快；

②信贷、现金计划从属于实物分配计划，中央银行无法主动对经济进行调控；

③缺乏中间变量，政策灵活性不足，会造成经济较大的波动；

④企业对银行依赖性强。

(2)改革以来的双重传导机制(如图4-2所示)

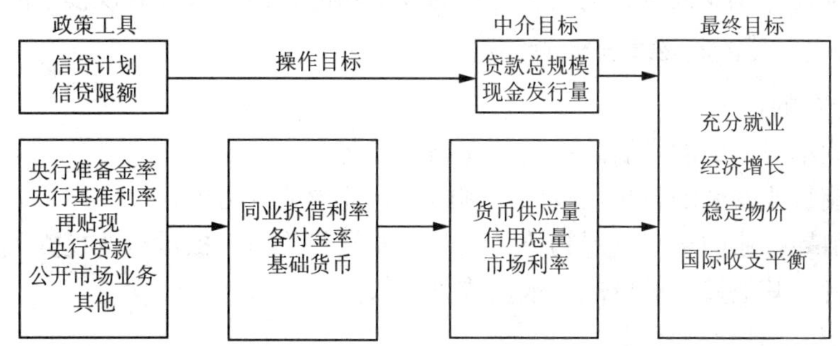

图4-2　双重传导机制

①第一环节。运用货币政策工具影响操作目标——同业拆借利率、备付金率和基础货币，主要调控金融市场的资金融通成本和各金融机构的贷款能力。

②中间环节。操作目标的变动影响到货币供应量、信用总量、市场利率。

③最后环节。货币供应量的变动影响到最终目标的变动。

(3)货币政策传导途径

货币政策传导途径一般有三个基本环节：

①从中央银行到商业银行等金融机构和金融市场。

②从商业银行等金融机构和金融市场到企业、居民等非金融部门的各类经济行为主体。

③从非金融部门经济行为主体到社会各经济变量，包括总支出量、总产出量、物价、就业等。

2. 证券市场传导财政政策的主要途径和内在机制

按政府是否采取行动，财政政策的传导机制分为以下两种情况：

(1)“自动稳定器”传导机制

“自动稳定器”的财政政策是指经济失衡时，政府不需要采取任何行动，财政政策工具就会自动发挥作用，减缓经济的衰退或者膨胀。主要包括超额累进所得税和对个人的转移支付。

(2)“相机抉择”传导机制

“相机抉择”财政政策是指多数总供求失衡时，政府根据不同的情况相机决定采取不同的财政政策手段，影响企业和居民的可支配收入，调节社会总需求。

五、行业分析的主要内容

1. 行业的含义

行业，是指从事国民经济中同性质的生产或其他经济社会活动的经营单位和个体等构成的组织结构体系。行业与产业有差别，主要是适用范围不一样。产业作为经济学的专门术语，有更严格的使用条件。

产业一般具有三个特点：①规模性，即产业的企业数量、产品或服务的产出量达到一定的规模。②职业化，即形成了专门从事这一产业活动的职业人员。③社会功能性，即这一产业在社会经济活动中承担一定的角色，而且是不可缺少的。行业虽然也拥有职业人员，也具有特定的社会功能，但一般没有规模上的约定。证券分析师关注的往往都是具有相当规模的行业，特别是含有上市公司的行业，所以业内一直约定俗成地把行业分析与产业分析视为同义语。

行业虽然也拥有职业人员，也具有特定的社会功能，但一般没有规模上的约定。

2. 行业分析与宏观分析、公司分析的关系

(1)行业分析的任务

①解释行业本身所处的发展阶段及其在国民经济中的地位；

②分析影响行业发展的各种因素以及判断对行业影响的力度；

③预测并引导行业的未来发展趋势，判断行业投资价值，揭示行业投资风险，从而为政府部门、投资者及其他机构提供决策依据或投资依据。

(2)行业分析的地位及意义

行业经济是宏观经济的构成部分，宏观经济活动是行业经济活动的总和。行业经济活动是介于宏观经济活动和微观经济活动中的经济层面，是中观经济分析的主要对象之一。行业分析是对上市公司进行分析的前提，也是连接宏观经济分析和上市公司分析的桥梁，是基本分析的重要环节。行业分析和公司分析是相辅相成的。一方面，上市公司的投资价值可能会因为所处行业的不同而产生差异；另一方面，同一行业内的上市公司也会千差万别。

3. 行业划分的方法

(1)道・琼斯分类法

道・琼斯分类法是在 19 世纪末为选取在纽约证券交易所上市的有代表性的股票而对各公司进行的分类，是证券指数统计中最常用的分类法之一。它将大多数股票分为三类：工业、运输业和公用事业。

(2)标准行业分类法

标准行业分类法是联合国经济和社会事务统计局建议各国采用的行业划分方法，它把国民经济划分为 10 个门类，对每个门类再划分为大类、中类、小类。

4. 行业分析的主要内容

行业分析是指依据经济学原理，综合运用计量经济学、统计学等分析工具对行业要素进一步分析，以发现行业运行的内在经济规律，从而预测未来行业发展的趋势。行业分析的主要内容包括：基本状况分析、一般特征分析以及行业结构分析。

(1)基本状况分析

基本状况分析包括行业概述、行业发展的历史回顾、现状与格局分析、行业发展趋势分析、行业的市场容量、销售增长率现状及趋势预测，行业的毛利率，净资产收益率现状及发展趋势预测等。

(2)一般特征分析

①行业的市场结构分析

行业的市场结构分为四种：完全竞争、垄断竞争、寡头垄断、完全垄断，其特点如表 4－3 所示。

表 4－3　四种行业市场类型的特点

市场类型	厂商数目	产品差别程度	对价格控制的程度	进出一个行业的难易程度	接近哪种商品市场
完全竞争	很多	完全无差别	没有	很容易	初级产品(如农产品)
垄断竞争	很多	有差别	有一些	比较容易	制成品(如纺织、服装等轻工业产品)
寡头垄断	几个	有差别或无差别	相当程度	比较困难	①资本密集型、技术密集型产品，如钢铁、汽车等重工业；②少数储量集中的矿产品如石油等
完全垄断	唯一	唯一的产品，且无相近的替代品	很大程度，但经常受到管制	很困难，几乎不可能	①公用事业(如发电厂、煤气公司、自来水公司和邮电通信等)；②某些资本、技术高度密集型或稀有金属矿藏的开采等

在分析行业的市场结构时，通常会使用到行业集中度。行业集中度又称“行业集中率”或“市场集中度”，是指某行业相关市场内前 N 家最大的企业所占市场份额(产值、产量、销售额、销售量、职工人数、资产总额等)的总和。行业集中度(CR)一般以某一行业排名前 4 位的企业的销售额(或生产量等数值)占行业总的销售额的比例来度量，表示为 CR4，CR4 越大，说明这一行业的集中度越高，市场越趋向于垄断；反之，集中度越低，市场越趋向于竞争。集中度是衡量行业市场结构的一个重要指标。

②行业的经济周期分析

根据各行业变动与国民经济总体周期变动之间的关系，可将行业分为增长型行业、周期型行业和防守型行业，具体如表 4－4 所示。

表 4－4　行业的经济周期分析

行业类型	与经济周期的关系	代表行业
增长型行业	运行状态与经济活动总水平的周期及其振幅并不紧密相关。这些行业收入增长的速率并不会总是随着经济周期的变动而出现同步变动，因为它们主要依靠技术的进步、新产品推出及更优质的服务，从而使其经常呈现出增长形态	计算机等高增长行业
周期型行业	运行状态与经济周期紧密相关。当经济处于上升时期，这些行业会紧随其扩张；当经济衰退时，这些行业也相应衰落，且该类型行业收益的变化幅度往往会在一定程度上夸大经济的周期性	消费品业、耐用品制造业及其他需求收入弹性较高的行业
防守型行业	经营状况在经济周期的上升和下降阶段都很稳定。这种运动形态的存在是因为该类型行业的产品需求相对稳定，需求弹性小，经济周期处于衰退阶段对这种行业的影响也比较小	食品业和公用事业

【真题 4.5】各行业变动时，往往呈现出明显的、可测的增长或衰退的格局，这些变动与国民经济总体的周期变动是有关系的，据此，可以将行业分为(　　)。

Ⅰ. 增长型行业　　Ⅱ. 周期型行业　　Ⅲ. 防守型行业　　Ⅳ. 衰退型行业

A. Ⅱ、Ⅲ、Ⅳ　　B. Ⅰ、Ⅱ、Ⅲ

C. Ⅰ、Ⅱ、Ⅲ、Ⅳ　　D. Ⅰ、Ⅳ

【答案】B

【解析】各行业变动时，往往呈现出明显的、可测的增长或衰退的格局。这些变动与国民经济总体的周期变动是有关系的，但关系密切的程度又不一样。据此，可以将行业分为三类：增长型行业、周期型行业和防守型行业。

③行业生命周期模型

行业生命周期模型，如图 4-3 所示。

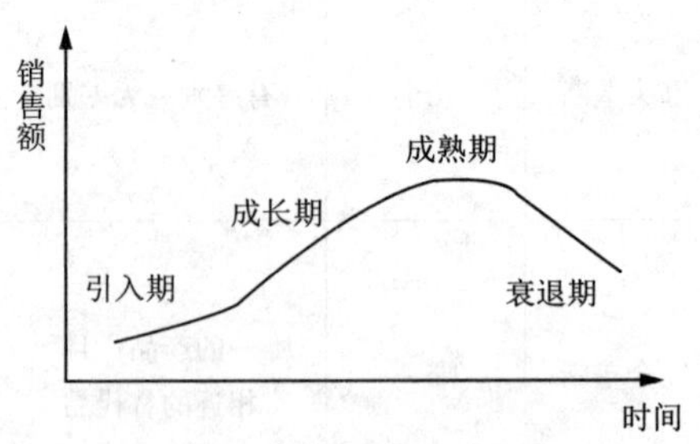

图 4-3　行业生命周期模型

(3)行业结构分析

①产业组织分析 SCP 理论

产业组织分析 SCP 理论是指通过构建系统化的市场结构-市场行为-市场绩效的分析框架，来研究产业内部市场结构，主体市场行为，整个产业的市场绩效的理论。该理论着重突出市场结构的作用，认为市场结构是决定市场行为和市场绩效的关键因素，决定企业在市场中的行为，企业市场行为又决定经济绩效。

行业结构分析的内容主要有：各产品、各地区、各消费群的容量及结构变化。

②波特五力模型分析

美国学者迈克尔·波特认为在一个行业中，存在着潜在的进入者、购买者、供应者、替代品和行业中现有竞争者五种基本的竞争力量，如图 4-4 所示。

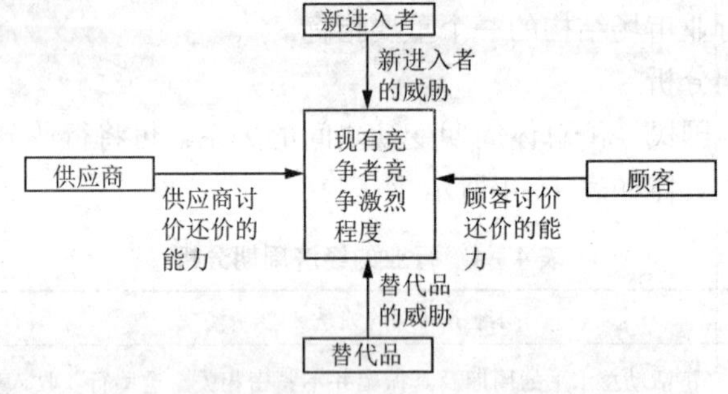

图 4-4　波特五力模型

六、行业竞争情况分析的主要内容和基本方法

1. 产业价值链

价值链理论是由美国教授迈克尔·波特提出的。他认为一般企业都可以视为一个由管理、设计、采购、生产、销售、交货等一系列创造价值的活动所组成的链条式集合体，企业内部各业务单元的联系构成了企业的价值链。根据企业与相应供应方和需求方的关系，将企业价值链分别向其前、后延伸就形成了产业价值链。

2. 行业竞争结构

迈克尔·波特认为，一个行业激烈竞争的局面源于其内在的竞争结构。一个行业内存在着潜在入侵者、替代产品、供方、需方以及行业内现有竞争者五种基本竞争力量。

七、行业生命周期分析的主要内容和基本方法

通常，每个行业都要经历一个由成长到衰退的发展演变过程，这个过程便称为行业的生命周期，一般地可分为幼稚期、成长期、成熟期和衰退期。

1. 幼稚期

较少的投资公司投资这个新兴的行业，并且创业公司的开发和研究费用较高，产品市场需求较少，销售收入较低。这类企业适合投机者和创业投资者投资。

幼稚期后期，行业生产技术趋于成熟、生产成本有所降低，市场需求不断扩大，新行业逐渐从高风险、低收益的幼稚期步入高风险、高收益的成长期。

2. 成长期

行业的成长即行业的扩大再生产。成长能力主要表现为区域的横向渗透能力、生产能力，规模的扩张能力和自身组织结构的变革能力。这个时期的行业增长非常迅猛，部分优势企业脱颖而出，投资于这些企业的投资者往往获得极高的投资回报，所以成长期阶段有时被称为投资机会时期。

一个行业的成长能力主要由以下几个因素决定：

(1)需求弹性。需求弹性往往和行业成长能力正相关。

(2)生产技术。行业的技术进步快，生产率上升快，创新能力强，成长能力强。

(3)产业关联度。产业关联度往往与成长能力正相关。

(4)市场容量与潜力。行业的市场容量和市场潜力大，其成长空间就大。

(5)行业在空间的转移活动。行业停止在空间的转移活动表示行业成长达到市场需求的边界，成长期随之进入尾声。

(6)产业组织变化活动。行业的成长伴随行业中企业向大型化、集团化的方向发展。

这一阶段期企业的利润增长非常快，竞争风险也很大，被兼并率与破产率相当高。

3. 成熟期

(1)行业成熟的表现

①技术上的成熟；②产品的成熟；③产业组织上的成熟；④生产工艺的成熟。

(2)成熟期行业的特点

①企业地位显赫、规模空前，产品普及程度高；

②处于产业支柱地位，其生产产值、要素份额、利税份额在国民经济中占有较高比例；

③行业市场需求接近饱和，生产能力也趋于饱和，出现买方市场。

行业成熟期，行业增长速度下降到适度的水平，甚至增长可能会完全停止，产出下降。行业利润处于较高的水平，但由于较稳定的市场结构、新企业不易进入，风险较低。

4. 衰退期

(1)行业衰退的种类

①行业衰退可以分为自然衰退和偶然衰退：前者是一种自然状态下到来的衰退；后者是指在偶然的外部因素作用下，提前或者延后发生的衰退。

②行业衰退可以分为绝对衰退和相对衰退：前者是指行业本身内在的衰退规律起作用而发生的规模萎缩、功能衰退、产品老化；后者是指行业因结构性原因或者无形原因引起行业地位和功能发生衰减的状况，而并不一定是行业实体发生了绝对的萎缩。

(2)衰退期的特点

衰退期出现在较长的稳定期之后。由于大量替代品的出现，原行业产品的市场需求开始不断减少，销售量不断下降，并且一些厂商开始向其他更盈利的行业转移资金，厂商数量减少、利润水平停滞不前甚至逐渐下降，萧条景象出现。整个行业进入衰退期。

可从公司数量、产品价格、利润、风险对行业生命周期进行分析，如图 4 -5 所示。

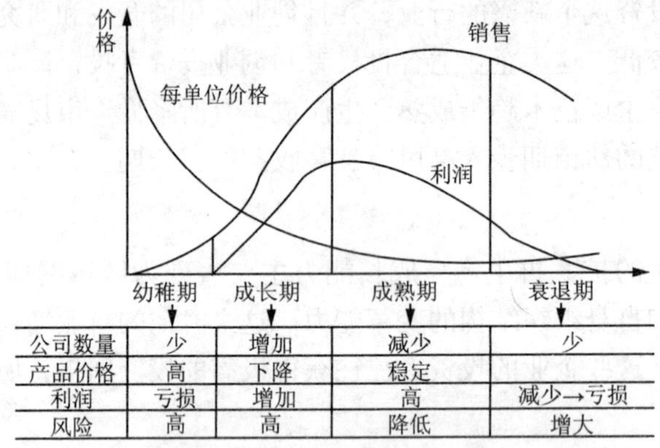

	幼稚期	成长期	成熟期	衰退期
公司数量	少	增加	减少	少
产品价格	高	下降	稳定	
利润	亏损	增加	高	减少→亏损
风险	高	高	降低	增大

图 4 -5　行业生命周期分析

一些典型的行业所处的生命周期阶段如图 4 -6 所示。

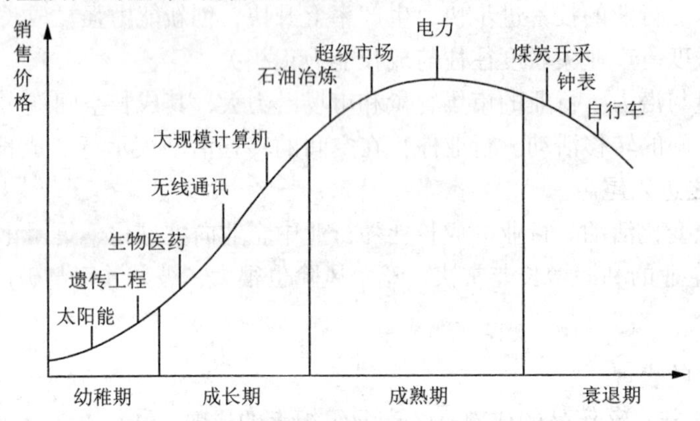

图 4 -6　典型行业生命周期图示

分析师具体判断一个行业实际的生命周期阶段时，一般考虑以下几个方面：

(1)产出增长率。成长期，产出增长率较高；成熟期以后降低；衰退期，行业低速运行或出现负增长。

(2)行业规模。行业的市场容量经历“小—大—小”的进程，行业的资产总规模则出现“小—大—萎缩”的阶段。

(3)技术进步和技术成熟程度。行业的创新能力由强增长到逐步衰减，技术成熟程度经历“低—高—老化”的阶段。

(4)利润率水平。通常经历“低—高—稳定—低—严重亏损”的阶段。

(5)从业人员的职业化水平和工资福利收入水平。通常会经历“低—高—低”的阶段。

(6)开工率。行业处在成长或成熟期间，长时期开工充足体现了景气状态。衰退期一般体现为开工不足。

(7)资本进退。成熟期之前，企业数量及资本量的进入量大于退出量；成熟期，表现为均衡；衰退期，表现为退出量超过进入量，行业规模萎缩，企业转产、倒闭时常发生。

【真题4.6】下列各项中，某行业(　　)的出现一般表明该行业进入了衰退期。

Ⅰ. 产品价格不断下降　　Ⅱ. 公司经营风险加大

Ⅲ. 公司的利润减少并出现亏损　　Ⅳ. 公司数量不断减少

A. Ⅰ、Ⅱ、Ⅲ　　B. Ⅰ、Ⅱ、Ⅳ　　C. Ⅱ、Ⅲ、Ⅳ　　D. Ⅰ、Ⅱ、Ⅲ、Ⅳ

【答案】C

八、影响行业兴衰的主要因素

一个行业的兴衰会受到技术进步、产业政策、产业组织创新、社会习惯改变和经济全球化等因素的影响而发生变化。

1. 技术进步

技术进步使新兴行业能够很快地超过并代替旧行业，或严重地威胁原有行业的生存，未来优势行业将伴随新的技术创新而到来。

2. 产业政策

产业政策是国家干预或参与经济的一种形式，是国家(政府)系统设计的有关产业发展的政策目标和政策措施的总和。一般认为，产业政策可以包括产业结构政策、产业组织政策、产业技术政策和产业布局政策等部分。其中，产业结构政策与产业组织政策是产业政策的核心。

3. 产业组织创新

产业组织是指同一产业内企业的组织形态和企业间的关系，包括市场结构、市场行为、市场绩效三方面内容。产业组织创新是指同一产业内企业的组织形态和企业间关系的创新。

产业组织创新的直接效应包括实现规模经济、专业化分工与协作、提高产业集中度、促进技术进步和有效竞争等；间接影响包括创造产业增长机会、促进产业增长实现、构筑产业赶超效应、适应产业经济增长等多项功效。

4. 社会习惯改变

随着人们生活水平和受教育程度的提高，消费心理、消费习惯、文明程度和社会责任感会逐渐改变，从而引起对某些商品的需求变化并进一步影响行业的兴衰。

5. 经济全球化

经济全球化是指商品、服务、生产要素与信息跨国界流动的规模与形式不断增加，通过国际分工，在世界市场范围内提高资源配置效率，从而使各国经济相互依赖程度有日益加深的趋势。导致经济全球化的直接原因是国际直接投资与贸易环境出现了新变化。

经济全球化对各国产业发展的重大影响包括：①经济全球化导致产业的全球性转移，发达国家将低端制造技术加速向发展中国家进行产业化转移。②国际分工出现重要变化，体现为国际分工的基础出现了重要变化以及国际分工的模式出现了重要变化。③经济全球化导致贸易理论与国际直接投资理论一体化。

九、公司分析的主要内容

1. 基本分析

(1)公司行业地位分析

行业地位分析的目的是判断公司在所处行业中的竞争地位，如是否为领导企业，在价格上是否具有影响力，是否有竞争优势等。在大多数行业中，无论其行业平均盈利能力如何，总有一些企业比其他企业具有更强的获利能力。企业的行业地位决定了其盈利能力是高于还是低于行业平均水平，决定了其在行业内的竞争地位。衡量公司行业竞争地位的主要指标是产品的市场占有率。

(2)公司经济区位分析

上市公司的投资价值与区位经济的发展密切相关，对上市公司进行区位分析，就是将上市公司的价值分析与区位经济的发展联系起来，以便分析上市公司未来发展的前景，确定上市公司的投资价值。公司经济区位分析可以从区位内政府的产业政策、自然条件与基础条件及经济特色的角度进行分析。

(3)公司产品竞争能力分析

可以从公司产品的市场占有情况、成本优势、技术优势、质量优势、品牌战略进行分析。

(4)公司经营能力分析

主要从公司法人治理结构的健全性、公司经理层素质的高低、公司从业人员素质和创新能力进行分析。

(5)公司盈利能力和公司成长性分析

包括公司盈利预测、公司经营战略、公司规模变动特征及扩张潜力。

(6)公司偿债能力分析

通常包括短期偿债能力分析和长期偿债能力分析。

2. 财务分析

财务分析包括公司主要的财务报表分析、公司财务比率分析、会计报表附注分析和财务状况综合分析。

3. 重大事项分析

重大事项包括《上市公司信息披露管理办法》规定的重大事件、公司的资产重组、公司的关联交易、会计政策和税收政策的变化。

十、公司财务报表分析的主要方法

财务报表分析的方法包括比较分析法和因素分析法。进一步细分，比较分析法与因素分析法这两类分析方法又各自包含了不同种类的具体方法，如财务比率分析、结构百分比分析、趋势分析、差额分析、指标分解、连环替代、定基替代等等。

1. 财务报表的比较分析法

比较分析法是指对两个或几个有关的可比数据进行对比，揭示财务指标的差异和变动关系。最常用的有以下三种：

(1)对公司不同时期的财务报表比较分析。可以对公司持续经营能力、财务状况变动趋势、盈利能力作出分析，从一个较长的时期来动态地分析公司状况。

(2)单个年度的财务比率分析。是指对公司一个财务年度内的财务报表各项目之间进行比较，计算比率，判断年度内偿债能力、经营效率、资产管理效率、盈利能力等情况。

(3)与同行业其他公司之间的财务指标比较分析。可以了解公司各种指标的优劣，在群体中判断个体。使用本方法时常选用行业平均水平或行业标准水平。

2. 财务报表的因素分析法

因素分析法是指依据分析指标和影响因素的关系，从数量上确定各因素对财务指标的影响程度。

十一、主要财务比率指标分析

1. 公司资本结构指标

资本结构是指企业各种资本的价值构成及其比例关系，反映了企业一定时期的筹资组合。公司资本结构指标的计算公式和意义如表4－5所示。

表4－5　公司资本结构指标的计算公式和意义

指标种类	计算公式	意义
股东权益比率	$\frac{\text{股东权益总额}}{\text{资产总额}} \times 100\%$	反映企业基本财务结构是否稳定
长期负债比率	$\frac{\text{长期负债}}{\text{资产总额}} \times 100\%$	反映企业总体债务状况
股东权益与固定资产比率	$\frac{\text{股东权益总额}}{\text{固定资产总额}} \times 100\%$	反映公司财务结构稳定性

2. 偿债能力指标

(1)短期偿债能力

短期偿债能力是指企业以流动资产对流动负债及时足额偿还的保证程度，是衡量企业当前财务能力，特别是流动资产变现能力的重要指标。其主要包括流动比率、速动比率和现金比率。

①流动比率

流动比率是流动资产除以流动负债的比值。其计算公式为：

$$\text{流动比率} = \frac{\text{流动资产}}{\text{流动负债}}$$

流动比率可以反映短期偿债能力。流动比率是个相对数，排除了公司规模不同的影响，更适合公司间以及同一公司不同历史时期的比较。

一般认为，生产型公司合理的最低流动比率是2。流动比率只有和同行业平均流动比率、本公司历史的流动比率进行比较，才能知道这个比率是高还是低。一般情况下，营业周期、流动资产中的应收账款数额和存货的周转速度是影响流动比率的主要因素。

②速动比率

速动比率，也被称为酸性测试比率，是从流动资产中扣除存货部分，再除以流动负债的比值。速动比率的计算公式为：

$$\text{速动比率} = \frac{\text{速冻资产}}{\text{流动负债}} = \frac{\text{流动资产} - \text{存货}}{\text{流动负债}}$$

在计算速动比率时，要把存货从流动资产中剔除的主要原因是：①在流动资产中，存货的变现能力最差；②由于某种原因，部分存货可能已损失报废，还没处理；③部分存货已抵押给某债权人；④存货估价还存在着成本与当前市价相差悬殊的问题。

通常认为正常的速动比率为1，低于1的速动比率被认为是短期偿债能力偏低。影响速动比率可信度的重要因素是应收账款的变现能力。

③现金比率

现金比率的计算公式如下：

$$现金比率=\frac{速动资产-应收账款}{流动负债}$$

该指标越大，表明企业经营活动产生的净流量越多，越能保障企业按时偿还到期债务。

(2)长期偿债能力

长期偿债能力是指公司偿付到期长期债务的能力，通常以反映债务与资产、净资产的关系的负债比率来衡量。负债比率主要包括：资产负债率、产权比率、有形资产净值债务率、已获利息倍数、长期债务与营运资金比率等。

①资产负债率

资产负债率是负债总额除以资产总额的百分比。其计算公式如下：

$$资产负债率=\frac{负债总额}{资产总额}\times 100\%$$

资产负债率反映债权人所提供的资本占全部资本的比例，也被称为举债经营比率。

②产权比率

产权比率是负债总额与股东权益总额之间的比率，也称为债务股权比率。其计算公式如下：

$$产权比率=\frac{负债总额}{股东权益}\times 100\%$$

产权比率反映由债权人提供的资本与股东提供的资本的相对关系，反映公司基本财务结构是否稳定。产权比率高，是高风险、高报酬的财务结构；产权比率低，是低风险、低报酬的财务结构。

③有形资产净值债务率

有形资产净值债务率是公司负债总额与有形资产净值的百分比。有形资产净值是股东权益减去无形资产净值后的净值，即股东具有所有权的有形资产的净值。其计算公式为：

$$有形资产净值债务率=\frac{负债总额}{股东权益-无形资产净值}\times 100\%$$

有形资产净值债务率指标实质上是产权比率指标的延伸，其更为谨慎、保守地反映了公司清算时债权人投入的资本受到股东权益的保障程度。从长期偿债能力来讲，有形资产净值债务率越低越好。

④已获利息倍数

已获利息倍数指标是指公司经营业务收益与利息费用的比率，用以衡量偿付借款利息的能力，也称利息保障倍数。其计算公式如下：

$$已获利息倍数=\frac{税息前利润}{利息费用}(倍)$$

已获利息倍数指标反映公司经营收益为所需支付的债务利息的多少倍。只要已获利息倍数足够大，公司就有充足的能力偿付利息；否则相反。

3. 盈利能力指标

盈利能力是指公司赚取利润的能力。

公司盈利能力指标的计算公式和意义如表 4 – 6 所示。

表 4 – 6 盈利能力指标的计算公式和意义

指标种类	计算公式	意义
营业净利率	$\frac{净利润}{营业收入}\times 100\%$	反映单位营业收入带来的净利润
营业毛利率	$\frac{营业收入-营业成本}{营业收入}\times 100\%$	反映单位营业收入扣除营业成本后，可以用于各项期间费用和形成盈利的比例
资产净利率	$\frac{净利润}{平均资产总额}\times 100\%$	反映公司资产利用的综合效果
净资产收益率	$\frac{净利润}{净资产}\times 100\%$	反映公司所有者权益的投资报酬率

4. **营运能力指标**

营运能力是指公司经营管理中利用资金运营的能力，主要表现为资产管理和资产利用的效率，通常用公司资产管理比率来衡量。

营运能力指标的计算公式和意义如表 4 – 7 所示。

表 4 – 7 营运能力指标的公式和意义

指标种类	计算公式	意义
存货周转率	$\frac{营业成本}{平均存货}$(次)	反映年度内存货周转的平均次数，衡量存货管理水平，公司的变现能力
存货周转天数	$\frac{360}{存货周转率}$(天)	反映存货转换成现金平均需要的时间
应收账款周转率	$\frac{营业收入}{平均应收账款}$(次)	反映年度内应收账款转为现金的平均次数，衡量应收账款流动的速度
应收账款周转天数	$\frac{360}{应收账款周转率}$(天)	表示公司从取得应收账款的权利到收回款项转换为现金所需要的时间
流动资产周转率	$\frac{营业收入}{平均流动资产}$(次)	反映流动资产的周转速度
总资产周转率	$\frac{营业收入}{平均资产总额}$(次)	反映资产总额的周转速度

5. **成长能力指标**

成长能力是指企业的长远扩展能力。成长能力指标的计算公式和意义如表 4 – 8 所示。

表 4 – 8 成长能力指标的计算公式和意义

指标种类	计算公式	意义
主营业务增长率	$\frac{本期主营业务收入-上期}{上期主营业务收入}$	衡量公司的成长性
主营利润增长率	$\frac{本期主营业务利润-上期}{上期主营业务利润}$	一般来说，主营利润稳定增长且占利润总额的比例呈增长趋势的公司正处在成长期

续表

指标种类	计算公式	意义
净利润增长率	$\frac{\text{本年净利润}-\text{上年净利润}}{\text{上年净利润}}$	比率较大，表明公司经营业绩越突出，市场竞争能力越强，否则反之
股本比重	$\frac{\text{股本(注册资金)}}{\text{股东权益总额}}$	反映企业扩展能力大小
固定资产比重	$\frac{\text{固定资产总额}}{\text{资产总额}}$	衡量企业的生产能力，增产潜能
利润保留率	$\frac{\text{税后利润}-\text{应发股利}}{\text{税后利润}}$	反映企业税后利润的留存程度，扩展能力和补亏能力。该比率越大，企业扩展能力越大，否则相反
再投资率	$\frac{\text{税后利润}-\text{应付利润}}{\text{股东权益}}$	该比率越大，说明企业在本期获利大，今后的扩展能力强，否则相反

6. 现金流量指标

现金流量分析是在现金流量表出现以后发展起来的，其方法体系不完善，一致性也不充分。现金流量分析需要结合现金流量表、资产负债表及利润表。现金流量指标的计算公式和意义如表 4 –9 所示。

表 4 –9　现金流量指标的公式和意义

指标种类		计算公式	意义
流动性指标	现金到期债务比	$\frac{\text{经营现金净流量}}{\text{本期到期的债务}}$	反映公司偿还债务的能力
	现金债务总额比	$\frac{\text{经营现金净流量}}{\text{债务总额}}$	比值越高，表明公司承担债务的能力越强，是评估企业中长期偿债能力的重要指标
	现金流动负债比	$\frac{\text{经营现金净流量}}{\text{流动负债}}$	比值越高，表明公司承担债务的能力越强，反映企业当期偿付短期负债的能力
获取现金能力指标	营业现金比率	$\frac{\text{经营现金净流量}}{\text{营业收入}}$	反映单位营业收入得到的净现金，数值越大越好
	全部资产现金回收率	$\frac{\text{经营现金净流量}}{\text{资产总额}}\times 100\%$	反映公司资产产生现金的能力
	每股营业现金净流量	$\frac{\text{经营现金净流量}}{\text{普通股股数}}\times 100\%$	反映公司最大的分派股利能力，超过此限度，要借款分红
财务弹性指标	现金股利保障倍数	$\frac{\text{每股营业现金净流量}}{\text{每股现金股利}}$(倍)	比率越大，说明支付现金股利的能力越强
	现金满足投资比率	$\frac{\text{近5年经营活动现金净流量}}{\text{近5年资本支出}+\text{存货增加}+\text{现金股利}}$	比率越大，表明资金自给率越高。达到 1，表明公司可以用经营活动获取的现金扩充所需资金
收益质量指标	营运指数	$\frac{\text{经营现金净流量}}{\text{经营所得现金}}$	营运指数小于 1，说明收益质量不够好

【**真题 4.7**】下列属于流动性比率/指标的是(　　)。

Ⅰ. 现金头寸指标　　Ⅱ. 大额负债依赖度

Ⅲ．贷款总额与总资产的比率　　　　Ⅳ．总资产报酬率

Ⅴ．易变负债与总资产的比率

A．Ⅰ、Ⅱ、Ⅲ　　　　B．Ⅰ、Ⅱ、Ⅲ、Ⅴ

C．Ⅰ、Ⅳ、Ⅴ　　　　D．Ⅲ、Ⅳ、Ⅴ

【答案】B

【解析】流动性风险管理常用的比率/指标包括：①现金头寸指标；②核心存款指标；③贷款总额与总资产的比率；④贷款总额与核心存款的比率；⑤流动资产与总资产的比率；⑥易变负债与总资产的比率；⑦大额负债依赖度。Ⅳ项属于盈利能力比率。

十二、公司杜邦分析

1．杜邦分析法的含义

杜邦分析法是指利用几种主要的财务比率之间的关系来评价公司盈利能力和股东权益回报水平，从财务角度评价企业绩效的方法。

2．杜邦分析法的特点

杜邦模型最显著的特点是将若干个用以评价企业经营效率和财务状况的比率按其内在联系有机地结合起来，形成一个完整的指标体系，并最终通过权益收益率来综合反映。

3．杜邦分析法的应用

(1)使财务比率分析的层次更清晰、条理更突出，方便报表分析者全面仔细地了解企业的经营和盈利状况。

(2)有助于企业管理层更加明晰决定权益基本收益率的因素，销售净利润与债务比率、总资产周转率间的关系，明晰的考察公司资产管理效率和是否最大化股东投资回报。

4．杜邦分析法的基本思路

(1)权益净利率：杜邦分析系统的核心。

(2)资产净利率：资产净利率取决于销售净利率和总资产周转率的高低。

(3)权益乘数：反映公司经营活动利用财务杠杆的程度。资产负债率越高，权益乘数越大，则公司负债程度越高，杠杆利益越多，风险也越高；否则相反。

5．财务指标关系

财务指标的关系可表示为：

净资产收益率＝资产净利率(净利润/总资产)×权益乘数(总资产/总权益资本)

其中，资产净利率＝销售净利率(净利润/营业总收入)×资产周转率(营业总收入/总资产)；因此，净资产收益率(ROE)＝销售净利率(NPM)×资产周转率(AU，资产利用率)×权益乘数(EM)。

【真题 4.8】根据杜邦分析体系，下列哪些措施可以提高净资产收益率？(　　)

Ⅰ．提高营业利润率　　　　Ⅱ．加快总资产周转率

Ⅲ．增加股东权益　　　　Ⅳ．增加负债

A．Ⅰ、Ⅲ　　B．Ⅰ、Ⅱ、Ⅳ　　C．Ⅱ、Ⅳ　　D．Ⅰ、Ⅱ、Ⅲ、Ⅳ

【答案】B

【解析】杜邦分析法中的几种主要的财务指标关系为：净资产收益率＝销售净利率(净利润/营业总收入)×资产周转率(营业总收入/总资产)×权益乘数(总资产/总权益资本)。Ⅲ

项，增加股东权益会使权益乘数减小，净资产收益率降低。

6. 局限性

(1)过分重视短期财务结果，忽略企业长期的价值创造。

(2)无法分析顾客、供应商、雇员、技术创新等对企业经营业绩的影响。

(3)不能解决无形资产的估值问题。

十三、公司调研

1. 公司调研的内容

公司调研的内容主要包括：①公司基本情况，包括重大股权变动、重大重组、主要股东及相关利益人情况、历史沿革及独立情况、商业信用等；②业务与技术，包括行业优势与竞争、购产销环节、核心技术与研发情况等；③同业竞争与关联交易，包括关联方情况等；④高级管理人员信息，包括高级管理人员变动及持股投资情况等；⑤组织结构与内部控制；⑥财务与会计信息；⑦业务发展目标，包括发展战略、经营理念及模式、发展计划执行及实现情况、募集资金投向及使用情况等；⑧公司风险因素及其他重要事项。

2. 公司调研的流程

公司调研通常遵循以下的流程：①调研前的室内案头工作，包括资料收集和分析；②编写调研计划，计划内容包括调研目的、调研对象、调研内容、调研参与人员、调研时间、调研费用等；③实地调研，包括访谈、考察、笔录；④编写调研报告，主要包括调研成果和投资建议；⑤报告发表，报告发表应当遵循相关的法律法规。

十四、公司分红派息

1. 分红派息的含义

分红派息是指公司以税后利润弥补以前年度亏损、提取法定公积金及任意公积金后，将剩余利润以现金或股票的方式，按股东持股比例或按公司章程规定的办法进行分配的行为。

2. 交付方式

(1)支付现金。是最常见、最普通的形式。

(2)向股东送股。目的是留住资金。

(3)实物分派。即把公司的产品作为股息和红利分派给股东。

3. 四个重要日期

(1)股息宣布日，指公司董事会将分红派息的消息公布于众的时间。

(2)股权登记日，指统计确认参加本次股息红利分配的股东的日期，在此期间持有公司股票的股东方能享受股利发放。

(3)除权除息日，通常为股权登记日之后的一个工作日，本日之后(含本日)买入的股票不再享有本期股利。

(4)发放日，股息正式发放给股东的日期。

4. 一般程序

(1)董事会根据公司的盈利水平和股息政策确定股利分派方案，提交股东大会和主管机关审议；

(2)董事会根据审议的结果向社会公告分红派息方案，并规定股权登记日；

(3)发行公司所在地的股权登记机构按分红派息方案向上市公司收取红股和现金股息。

5. 送红股

送红股是上市公司按比例无偿向股民赠送一定数额的股票。沪市所送红股在股权登记日后的第一个交易日——除权日即可上市流通；深市所送红股在股权登记日后第三个交易日上市流通。

十五、证券估值在公司未来财务预测中的应用分析

1. 证券估值是证券交易的前提和基础

证券估值是指对证券价值的评估。有价证券的买卖双方根据各自掌握的信息对证券价值分别进行评估，然后才能以双方均接受的价格成交。

2. 证券估值可以成为证券交易的结果

当证券的持有者参考市场上同类或同种证券的价格来给自己持有的证券进行估价时，证券估值成为证券交易的结果。

十六、证券估值方法的主要类型

1. 绝对估值

绝对估值是指通过对证券基本财务要素的计算和处理得出该证券的绝对金额。各种基于现金流贴现的方法均属此类，如表 4－10 所示。

表 4－10　绝对估值法

模型	预期现金流	采用的贴现率
红利贴现模型	预期红利	必要回报率
企业自由现金流贴现模型	企业自由现金流	加权平均资本成本
股东现金流贴现模型	股东自由现金流	必要回报率
经济利润估值模型	经济利润	加权平均资本成本

2. 相对估值

相对估值是指运用证券的市场价格与某个财务指标之间存在的比例关系对证券进行估值，包括常见的市盈率、市净率、市销率、市值回报增长比等，如表 4－11 所示。

表 4－11　相对估值法

指标	指标简称	适用行业或企业	不适用行业或企业
市盈率	*P/E*	周期性较弱企业、一般制造业、服务业	亏损公司、周期性公司
市净率	*P/B*	周期性公司、重组型公司	重置成本变动较大的公司、固定资产较少的服务行业
市销率	*P/S*	销售收入和利润率较稳定的公司	销售不稳定的公司
经济增加值与利息折旧摊销前收入比	*EV/EBITDA*	资本密集、准垄断或具有巨额商誉的收购型公司	固定资产更新变化较快的公司
市值回报增长比	*PEG*	IT 等成长性行业	成熟行业

【真题 4.9】某公司某年度净利润 10000 万元，并已知年初与年末发行在外的普通股股数

均为50000万股，每股面值1元，每股市场价格为6元，应付普通股利7500万元，下列财务指标正确的是(　　)。

Ⅰ. 每股收益为0.2元　　Ⅱ. 市盈率为30倍

Ⅲ. 每股股利为0.15元　　Ⅳ. 股利支付率为60%

A. Ⅰ、Ⅱ、Ⅲ　　B. Ⅱ、Ⅲ

C. Ⅰ、Ⅱ、Ⅲ、Ⅳ　　D. Ⅰ、Ⅳ

【答案】A

【解析】Ⅰ项，该公司的每股收益=净利润/普通股股数=10000/50000=0.2(元)；Ⅱ项，市盈率=每股市价/每股收益=6/0.2=30(倍)；Ⅲ项，每股股利=应付普通股利/普通股股数=7500/50000=0.15(元)；Ⅳ项，股利支付率=每股股利/每股收益×100%=0.15/0.2×100%=75%。

3. 资产价值

资产价值是指根据企业资产负债表的编制原理，利用公式：权益价值=资产价值-负债价值，评估出三个因素中的两个，计算资产价值的方法。

常用方法：

(1)重置成本法，适用于可以持续经营的企业；

(2)清算价值法，适用于停止经营的企业。

4. 其他估值方法

(1)无套利定价

无套利定价指相同的商品在同一时刻只能以同样的价格出售，否则市场参与者就会低买高卖，最终使得价格趋同，其理论基础是一价定律。一价定律实现的条件包括：①两个市场间的流动和竞争必须是无障碍的；②无交易成本、无税收和无不确定性存在。

(2)风险中性定价

风险中性定价假设投资者对风险均持中性态度，不存在不同的风险偏好，采用无风险利率作为贴现率，以简化分析过程。

十七、股息贴现模型和股息增长模型等绝对估值方法

1. 股息贴现模型

(1)一般公式

$$V = \frac{D_1}{1+k} + \frac{D_2}{(1+k)^2} + \frac{D_3}{(1+k)^3} + \cdots + \frac{D_\infty}{(1+k)^\infty} = \sum_{t=1}^{\infty} \frac{D_t}{(1+k)^t}$$

式中：V为股票在期初的内在价值；D_t为时期t末以现金形式表示的每股股息；k为一定风险程度下现金流的适合贴现率，即必要收益率。

根据公式，可以引出净现值的概念。净现值(NPV)等于内在价值(V)与成本(P)之差，即：

$$NPV = V - P = \sum_{t=1}^{\infty} \frac{D_t}{(1+k)^t} - P$$

式中：P为在$t=0$时购买股票的成本。

若$NPV<0$，则所有预期的现金流入的现值之和小于投资成本，股票价格被高估，不可购买这种股票；若$NPV>0$，则所有预期的现金流入的现值之和大于投资成本，股票价格被

低估，可购买这种股票。

股息贴现模型是股票估值的一种模型，是收入资本化法运用于普通股价值分析中的模型。以适当的贴现率将股票未来预计将派发的股息折算为现值，以评估股票的价值。资本利得取决于股票的未来出售价格。由于股票的未来出售价格依赖于那时对股利的预测，对股利的预测实际上决定了资本利得，因此股息贴现模型隐含地包括了资本利得。

(2)内部收益率

内部收益率是指使得投资净现值等于零的贴现率。如果用 k^* 代表内部收益率，根据内部收益率的定义可得下式：

$$P = \sum_{t=1}^{\infty} \frac{D_t}{(1+k^*)^t}$$

内部收益率实际上是使得未来股息流贴现值恰好等于股票市场价格的贴现率。由此可以解出内部收益率 k^*。

将 k^* 与具有同等风险水平股票的必要收益率 k 相比较：若 $k^*>k$，可以考虑购买这种股票；若 $k^*<k$，则考虑不要购买这种股票。

2. 股息增长模型

(1)零增长模型

①公式

$$V=\frac{D_0}{k}$$

式中：V 为股票的内在价值；D_0 为未来每期支付的每股股息；k 为必要收益率。

②内部收益率

用证券的当前价格 P 代替 V，用 k^*(内部收益率)替换 k，可得：

$$k^*=\frac{D_0}{P}\times 100\%$$

③应用

零增长模型的应用受到相当的限制，特定情况下，可用于决定优先股的内在价值。

(2)不变增长模型

①公式

$$V=\frac{D_t}{k-g}$$

式中，V 为股票的内在价值；D_1 为下一期股利；k 为必要收益率；g 为股利增长率。股利增长率可通过公式 $g=ROE\times b$ 计算，其中，ROE 为再投资的股权收益率，b 为再投资率，$b=1-$红利分配率。

②内部收益率

用股票的市场价格 P 代替 V；其次，用 k^* 代替 k，经变换可得公式为：

$$k^*=\left(D_0\frac{1+g}{P}+g\right)\times 100\%=\left(\frac{D_1}{P}+g\right)\times 100\%$$

③应用

不变增长模型很多情况下仍然是不现实的，但作为多元增长模型的基础，仍极为重要。

(3)可变增长模型

①二元可变增长模型

假定在时间 L 以前，股息以一个速度 g_1 增长；时间 L 后，股息以速度 g_2 增长。在此假定下，构建二元可变增长模型：

$$V = \sum_{t=1}^{L} D_0 \frac{(1+g_1)^t}{(1+k)^t} + \sum_{t=L+1}^{\infty} D_L \frac{(1+g_2)^{t-L}}{(1+k)^t}$$

$$= \sum_{t=1}^{L} D_0 \frac{(1+g_1)^t}{(1+k)^t} + \frac{1}{(1+k)^L} \times \sum_{t=L+1}^{\infty} D_L \frac{(1+g_2)^{t-L}}{(1+k)^{t-L}}$$

$$= \sum_{t=1}^{L} D_0 \frac{(1+g_1)^t}{(1+k)^t} + \frac{1}{(1+k)^L} \times \frac{D_{L+1}}{k-g_2}$$

$$D_{L+1} = D_0(1+g_1)^t(1+g_2)$$

②内部收益率

用股票的市场价格 P 代替 V，k^* 代替 k，采取试错法来计算 k^*。

试错法的主要思路：先估计一个收益率水平 k^*，将其代入可变增长模型中。若计算出在此收益率水平下股票的理论价值低于股票的市场价格，则认为估计的收益率水平高于实际的内部收益率 k^*。反之，则低于实际的内部收益率 k^*。通过反复试错，将所估计的收益率水平逐步逼近实际的内部收益率水平。

③应用

阶段增长模型较为接近实际情况，可构建三阶段甚至多阶段增长模型。

十八、市盈率和资本资产定价模型等相对估值法

1. 市盈率(P/E)估值法

市盈率(P/E)又称价格收益比或本益比，是每股价格与每股收益之间的比率，其计算公式为：

$$市盈率 = \frac{每股价格}{每股收益}$$

(1)简单估计法

这一方法主要利用历史数据进行估计，包括：

①算术平均数法或中间数法

算术平均法是指将股票各年的市盈率历史数据排成序列，剔除异常数据，求取算术平均数或是中间数，用来作为对未来市盈率的预测。适用于市盈率比较稳定的股票。

②趋势调整法

趋势调整法是根据方法①求得市盈率的一个估计值，再分析市盈率时间序列的变化趋势，以画趋势线的方法求得一个增减趋势的量的关系式，最后对上面的市盈率的估计值进行修正的方法。

③回归调整法

回归调整法是根据方法①求出一个市盈率的估计值，然后对下一年的市盈率作如下预测：若本年市盈率高于估计值，就认为下一年的市盈率值将会向下调整；反之，会向上调整。

(2)市场决定法

①市场预期回报率倒数法

在不变增长模型中，进一步假设：公司利润内部保留率为固定不变的 b；再投资利润率为固定不变的 r，股票持有者的预期回报率与再投资利润率相当。

则不变增长模型变形为：

$$P_0=\frac{D_0(1+g)}{r-br}$$

$$r=k=\frac{D_0(1+g)}{(1-b)P_0}=\frac{D_1}{(1-b)P_0}=\frac{E_1}{P_0}$$

$$D_1=(1-b)E_1$$

根据上式可知，股票持有者预期的回报率恰好是市盈率的倒数。因此，可通过对各种股票市场预期回报率的分析预测市盈率。

【真题4.10】王某在20元买入某公司的股票，该股票红利分配率一直为20%，上一年每股盈利5元，预计该公司所有再投资的股权收益率为25%，假设无风险收益率为5%，市场资产组合的期望收益率为15%，股票的β系数为2，下列说法正确的是(　　)。

Ⅰ. 该公司下一期股利支付为1.5元　　Ⅱ. 当期股票内在价值为12元

Ⅲ. 该公司下一期股利支付为1.2元　　Ⅳ. 当期股票内在价值为24元

A. Ⅰ、Ⅱ　　B. Ⅰ、Ⅳ　　C. Ⅱ、Ⅲ　　D. Ⅲ、Ⅳ

【答案】D

【解析】根据资本资产定价模型可得股票的预期收益率为：$k=R_f+\beta\times(R_m-R_f)=5\%+2\times(15\%-5\%)=25\%$；再投资率$b=1-20\%=80\%$，则股利增长率$g=ROE\times b=25\%\times80\%=20\%$。该公司下一期股利支付$D_1=D_0\times(1+g)=5\times20\%\times(1+20\%)=1.2$(元)；当期股票内在价值$V_0=D_1/(k-g)=1.2/(25\%-20\%)=24$(元)。

②市场归类决定法

在有效市场的假设下，选取风险结构类似的公司求取市盈率的平均数，以此作为市盈率的估计值。

(3)回归分析法

回归分析方法是指利用回归分析的统计方法，通过考察股票价格、收益、增长、风险、货币的时间价值和股息政策等各种因素变动与市盈率之间的关系，得出能够最好解释市盈率与这些变量间线性关系的方程，进而根据这些变量的给定值对市盈率大小进行预测的分析方法。

历史上，市盈率(P/E)比率倾向于在通货膨胀率高时比较低，它反映了市场对这段期间内的盈利的评价是“低质量”的，由于通货膨胀率而被人为地扭曲。

2. 市净率估值法

市净率(P/B)又称净资产倍率，是每股市场价格与每股净资产之间的比率，其计算公式为：

市净率 = 每股价格/每股净资产

其中，每股净资产又称账面价值，指每股股票所含的实际资产价值，是支撑股票市场价格的物质基础，也代表公司解散时股东可分得的权益，通常被认为是股票价格下跌的底线。每股净资产的数额越大，表明公司内部积累越雄厚，抵御外来因素影响的能力越强。

市净率反映的是，相对于净资产，股票当前市场价格是处于较高水平还是较低水平。市净率越大，说明股价处于较高水平；反之，市净率越小，说明股价处于较低水平。

市净率与市盈率相比，前者通常用于考察股票的内在价值，多为长期投资者所重视；后者通常用于考察股票的供求状况，更为短期投资者所关注。

3. 市销率估值法

市销率(P/S)为股票价格与每股销售收入之比，其计算公式为：

市销率 = 股票价格/每股销售收入

市销率定价通常待估值股票的每股销售收入乘以可比公司市销率计算而得。对于一些成立时间不长、利润也不显著的公司股票，市销率定价有一定的合理性。

4. 市值回报增长比

市值回报增长比(PEG)即市盈率对公司利润增长率的倍数，计算公式为：

市值回报增长比 = 市盈率/增长率

当 PEG 等于 1 时，表明市场赋予这只股票的估值可以充分反映其未来业绩的成长性。如果 PEG 大于 1，则这只股票的价值就可能被高估，或市场认为这家公司的业绩成长性会高于市场的预期。

5. 资本资产定价模型

(1) 主要思想

资本资产定价模型认为只有证券或证券组合的系统性风险才能获得收益补偿，其非系统性风险将得不到收益补偿。

(2) 基本假设

资本资产定价模型是建立在一系列简化的假定条件基础上的。这些假定条件的核心是投资者同质化，同质化的假定使得理论分析大为简化。这些假定条件包括：

①市场上存在大量投资者，每个投资者的财富相对于所有投资者的财富总量而言是微不足道的。

②所有投资者的投资期限都是相同的，并且不在投资期限内对投资组合做动态的调整。

③投资者的投资范围仅限于公开市场上可以交易的资产，如股票、债券、无风险借贷安排等。

④不存在交易费用及税金。

⑤所有投资者都是理性的。他们都极力避免投资风险，都以方差来度量投资风险。

⑥所有投资者都具有同样的信息，他们对各种资产的预期收益率、风险及资产间的相关性都具有同样的判断，即对所有资产的收益率所服从的概率分布具有一致的看法。

(3) 计算公式

$$E(r_i) = r_f + \beta_i[E(r_m) - r_f]$$

式中：$E(r_i)$为资产 i 的预期回报率；r_f 为无风险利率；β_i 为资产 i 的系统性风险；$E(r_m)$为市场期望回报率；$E(r_m) - r_f$ 为市场风险溢价，即预期市场回报率与无风险回报率之差。

根据资本资产定价模型，经推导可得均衡期初价格的计算公式为：

$$均衡的期初价格 = \frac{E(股息 + 期末价格)}{1 + E(r_i)}$$

比较现行的实际市场价格与均衡的期初价格，若实际价格低于均衡价格，则该证券是廉价证券，应买入；否则，应卖出。

十九、债券估值

1. 债券估值模型

根据现金流贴现的基本原理，不含嵌入式期权的债券理论价格计算公式为：

$$P = \sum_{t=1}^{T} \frac{C_t}{(1+y_t)^t}$$

其中，P 表示债券理论价格；T 表示债券距到期日时间长短（通常按年计算）；t 表示现金流到达的时间；C 表示现金流金额；y 表示贴现率，通常为年利率。

2. 债券收益率

债券收益率的类型主要包括当期收益率、到期收益率、持有期收益率和赎回收益率等，具体如表 4－12 所示。

表 4－12　债券收益率的类型

类型	含义	计算公式
当期收益率	指债券的年利息收入与买入债券的实际价格的比率	$Y=\frac{C}{P}\times 100\%$。式中，$Y$ 表示当期收益率；C 表示每年利息收益；P 表示债券价格
到期收益率	是使债券未来现金流现值等于当前价格所用的相同的贴现率，也称为内部报酬率	$P=\sum_{t=1}^{T}\frac{C_t}{(1+y)^t}$。式中，$P$ 表示债券价格；C 表示现金流金额；y 表示到期收益率；T 表示债券期限（期数）；t 表示现金流到达时间
持有期收益率	指买入债券到卖出债券期间所获得的年平均收益，它与到期收益率的区别仅仅在于末笔现金流是卖出价格而非债券到期偿还金额	$P=\sum_{t=1}^{T}\frac{C_t}{(1+y_h)^t}+\frac{P_t}{(1+y_h)^T}$。式中，$P$ 表示债券买入价格；P_t 表示债券卖出时价格；y_h 表示持有期收益率；C 表示债券每期付息金额；T 表示债券期限（期数）；t 表示现金流到达时间
赎回收益率	使预期现金流量的现值等于债券价格的利率。通常以首次赎回收益率为代表。首次赎回收益率是累计到首次赎回日止，利息支付额与指定的赎回价格加总的现金流量的现值等于债券赎回价格的利率	$P=\sum_{t=1}^{n}\frac{C}{(1+y)^t}+\frac{M}{(1+y)^n}$。式中，$P$ 表示债券发行价格；n 表示直到第一个赎回日的年数；M 表示赎回价格；C 表示每年利息收益

【真题 4.11】假设市场中存在一张面值为 1000 元，息票率为 7%（每年支付一次利息），存续期为 2 年的债券，当投资者要求的必要投资回报率为 10% 时，投资该债券第一年的当期收益率为（　　）。

A. 5.00%　　B. 10.00%　　C. 7.38%　　D. 3.52%

【答案】C

【解析】当期收益率是债券的年利息收入与买入债券的实际价格的比率。第一年的利息收入为：$C=1000\times 7\%=70$（元），债券当前市场价格为：$P=1070/(1+10\%)^2+70/(1+10\%)\approx 947.9$（元）。所以，该债券第一年的当期收益率为：$Y=C/P\times 100\%=70/947.9\times 100\%\approx 7.38\%$。

3. 利率的期限结构

利率的期限结构是指不同期限债券的收益率不同。在任一时点上，都有以下三种因素影响期限结构的形状：对未来利率变动方向的预期、债券预期收益中可能存在的流动性溢价、市场效率低下或者资金从长期（或短期）市场向短期（或长期）市场流动可能存在的障碍。基于以上三种因素分别建立起来的理论即为利率期限结构理论中的市场预期理论、流动性偏好理论和市场分割理论。具体如表4－13所示。

表4－13　利率期限结构理论

利率期限结构理论	说明
市场预期理论	又称无偏预期理论，认为利率期限结构完全取决于对未来即期利率的市场预期。如果预期未来即期利率上升，则利率期限结构呈上升趋势；如果预期未来即期利率下降，则利率期限结构呈下降趋势
流动性偏好理论	投资者并不认为长期债券是短期债券的理想替代物。利率曲线的形状是由对未来利率的预期和延长偿还期所必需的流动性溢价共同决定的，其中，流动性溢价是远期利率和未来的预期即期利率之间的差额
市场分割理论	该理论认为，在贷款或融资活动进行时，贷款者和借款者并不能自由地在利率预期的基础上将证券从一个偿还期部分替换成另一个偿还期部分，即市场被分割成短期资金市场和长期资金市场。利率期限结构取决于短期资金市场供求状况与长期资金市场供求状况的比较，或者说取决于短期资金市场供需曲线交叉点的利率与长期资金市场供需曲线交叉点的利率对比

二十、金融衍生工具的投资价值分析

1．金融期货合约

(1)含义

金融期货合约是约定在未来时间以事先协定的价格买卖某种金融工具的双边合约。在合约中对有关交易的标的物、合约规模、交割时间和标价方法等都有标准化的条款规定。

(2)期货价格及影响因素

期货价格反映的是市场对现货价格未来的预期。理论上，期货价格有可能高于、等于或低于相应的现货金融工具。现货价格与期货价格之差称为基差，即基差＝现货价格－期货价格。在期货合约到期之前，基差可能为正，也可能为负。期货合约临近到期时，期货价格趋同于现货价格，基差消失。期货的理论价格可用下面的公式表示：

$$F_t = S_t e^{(r-q)(T-t)}$$

其中，F_t 为期货的理论价格；S_t 为现货当前价格；r 为无风险利率；q 为连续的红利支付率；T 为期货合约到期日；t 为现在时刻。

影响期货价格的主要因素是持有现货的成本和时间价值。影响现货金融工具价格的各种因素、市场上的供求关系、利率的变化等都会对持有成本和时间价值产生影响。金融期货的市场价格与其理论价格不完全一致，期货市场价格总是围绕着理论价格而波动。

2．期权

(1)含义及类型

期权，也称选择权，是指期权的买方有权在约定的期限内，按照事先确定的价格，买入或卖出一定数量某种特定商品或金融指标的权利。

期权可按不同的标准进行分类。具体如表4－14所示。

表4－14　期权的分类

分类标准	类别	说明
买方行权时间	美式期权	期权买方在期权到期日前(含到期日)的任何交易日都可以行使权利的期权
	欧式期权	期权买方只能在期权到期日行使权利的期权

续表

分类标准	类别	说明
买方行权方向	看涨期权	买方享有选择购买标的资产的权利，也称为买权、认购期权
	看跌期权	买方享有选择出售标的资产的权利，也称为卖权、认沽期权
期权标的资产类型	商品期权	标的资产为实物资产的期权，也称为实物期权
	金融期权	标的资产为金融资产或金融指标的期权
期权市场类型	场内期权	在交易所上市交易的期权
	场外期权	在交易所以外交易的期权

(2)期权的内在价值和时间价值

在期权交易中，期权的买方为获得期权合约所赋予的权利而向期权的卖方支付的费用是期权的价格。从理论上说，期权价格由内在价值和时间价值组成。

内在价值，是指在不考虑交易费用和期权费的情况下，买方立即执行期权合约可获取的收益。如果收益大于0，则期权具有内涵价值；如果收益小于等于0，则期权不具有内涵价值(内涵价值等于0)。内涵价值由期权合约的执行价格与标的资产价格的关系决定。执行价格又称为履约价格、行权价格，是期权合约中约定的、买方行使权利时购买或出售标的资产的价格。看涨期权的内涵价值 = 标的资产价格 − 执行价格；看跌期权的内涵价值 = 执行价格 − 标的资产价格。按照期权执行价格与标的资产价格关系的不同，可将期权分为实值期权、虚值期权和平值期权，具体如表4−15所示。

表4−15　实值期权、虚值期权与平值期权

类型	看涨期权	看跌期权	内涵价值
实值期权	执行价格 < 标的资产价格	执行价格 > 标的资产价格	大于0
虚值期权	执行价格 > 标的资产价格	执行价格 < 标的资产价格	等于0
平值期权	执行价格 = 标的资产价格	执行价格 = 标的资产价格	等于0

期权的时间价值，又称外涵价值，是指权利金扣除内涵价值的剩余部分，即时间价值 = 权利金 − 内涵价值。时间价值是期权有效期内标的资产价格波动为期权持有者带来收益的可能性所隐含的价值。标的资产价格的波动率越高，期权的时间价值就越大。

(3)期权价格的影响因素

期权价格的影响因素如表4−16所示。

表4−16　期权价格的影响因素

影响因素	说明
协定价格与市场价格	协定价格与市场价格的关系不仅决定了期权有无内在价值及内在价值的大小，而且还决定了有无时间价值和时间价值的大小。一般而言，协定价格与市场价格间的差距越大，时间价值越小；反之，则时间价值越大
权利期间	在其他条件不变的情况下，期权期间越长，期权价格越高；反之，期权价格越低
利率	利率对期权价格的影响包括两个方面：①利率变化使期权标的资产的市场价格变化，从而引起期权内在价值的变化；②利率变化使期权价格的机会成本变化，引起对期权交易的供求关系变化，因而从不同角度对期权价格产生影响

续表

影响因素	说明
标的资产价格波动	通常，标的资产价格的波动性越大，期权价格越高；波动性越小，期权价格越低
标的资产的收益	由于标的资产分红付息等将使标的资产的价格下降，而协定价格并不进行相应调整，因此，在期权有效期内标的资产产生收益将使看涨期权价格下降，使看跌期权价格上升

【真题 4.12】下列关于期权价格的说法，正确的是（　　）。

A．期权协定价格与标的市场价格间的差距的大小对期权价格不影响

B．其他条件不变，期权协定价格与标的市场价格的差距越大，期权价格越高

C．其他条件不变，期权剩余的有效时间越长，期权价格越低

D．其他条件不变，期权剩余的有效时间越短，期权价格越低

【答案】D

【解析】AB 两项，协定价格与市场价格是影响期权价格最主要的因素。这两种价格的关系不仅决定了期权有无内在价值及内在价值的大小，而且还决定了有无时间价值和时间价值的大小。一般而言，协定价格与市场价格间的差距越大，时间价值越小；反之，则时间价值越大。CD 两项，在其他条件不变的情况下，期权期间越长，期权价格越高；反之，期权价格越低。

（4）期权交易策略

期权交易的最基本策略有买进看涨期权、卖出看涨期权、买进看跌期权、卖出看跌期权四种，具体如表 4－17 所示。

表 4－17　期权交易策略

类型	图示（X 为执行价格；C 为看涨期权权利金；P 为看跌期权权利金）	标的资产的价格范围（S）	损益	期权头寸处置方法
买进看涨期权	损益 损益平衡点=X+C 0 S −C X	$0 \leqslant S \leqslant X$	处于亏损状态。无论 S 上涨或下跌，最大损失不变，等于权利金	不执行期权。可卖出期权对冲平仓，或继续持有
		$X < S < X + C$	处于亏损状态。损益随 S 变化而变化，但小于权利金	可卖出期权对冲平仓；或继续持有，在期权到期时执行期权，行权损益＝标的资产卖价－执行价格－权利金
		$S = X + C$	损益＝0	
		$S > X + C$	处于盈利状态。盈利随 S 的上涨而增加	
卖出看涨期权	损益 损益平衡点=X+C X C 0 S	$0 \leqslant S \leqslant X$	处于盈利状态。无论 S 上涨或下跌，最大盈利不变，等于权利金	买方不会执行期权。卖方可买入期权对冲平仓，或持有期权至到期获得全部权利金
		$X < S < X + C$	处于盈利状态。盈利随 S 变化而变化，但低于权利金	可买入期权对冲平仓；或接受买方行权，以执行价格卖出标的资产，履约损益＝执行价格－标的资产买价＋权利金
		$S = X + C$	损益＝0	
		$S > X + C$	处于亏损状态，亏损随 S 的上涨而增加	

续表

类型	图示（X 为执行价格；C 为看涨期权权利金；P 为看跌期权权利金）	标的资产的价格范围（S）	损益	期权头寸处置方法
买进看跌期权	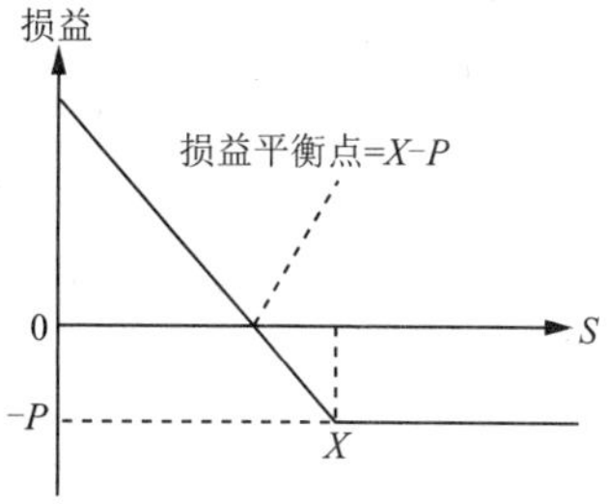 损益 损益平衡点=X-P 0 -P X S	$S \geqslant X$	处于亏损状态，无论 S 上涨或下跌，最大损失不变，等于权利金	不执行期权。可卖出期权对冲平仓，或继续持有
		$X-P<S<X$	处于亏损状态，亏损随 S 变化而变化，但小于权利金	可卖出期权对冲平仓，或继续持有，在期权到期时执行期权，行权损益＝执行价格－标的资产价格－权利金
		$S=X-P$	损益＝0	
		$S<X-P$	处于盈利状态，盈利随 S 变化而变化，标的资产价格趋于0时买方盈利最大，接近 $X-P$	
卖出看跌期权	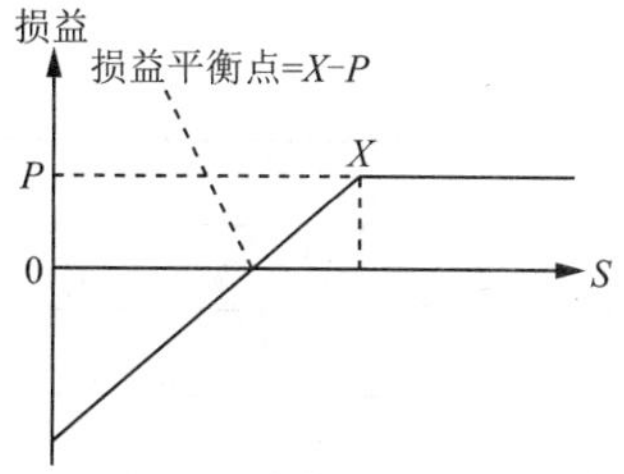 损益 损益平衡点=X-P P X 0 S	$S \geqslant X$	处于盈利状态，无论 S 上涨或下跌，最大盈利不变，等于权利金	买方不会执行期权。卖方可买入期权对冲平仓，或持有到期使期权作废
		$X-P<S<X$	处于盈利状态。盈利随 S 变化而变化，但低于权利金	可买入期权对冲平仓；或接受买方行权，以执行价格购买标的资产，履约损益＝标的资产价格卖出价－执行价格＋权利金
		$S=X-P$	损益＝0	
		$S<X-P$	处于亏损状态，亏损随 S 变化而变化，标的资产价格趋于0时卖方亏损最大，接近 $P-X$	

3. 可转换证券

可转换证券是指可以在一定时期内，按一定比例或价格转换成一定数量的另一种证券（简称标的证券）的特殊公司证券。

（1）转股价

发行可转换证券时，发行人一般都明确规定“一张可转换证券能够兑换的标的股票的股数”或“一张可转换证券按面额兑换成标的股票所依据的每股价格”。前者被称为转换比例，后者被称为转换价格。显然，在转换比例和转换价格两者之中，只要规定了其中的一个，另一个也就随之确定了。两者之间的关系可用公式表示为：

$$\text{转换比例}=\frac{\text{可转换证券面额}}{\text{转换价格}}$$

（2）转换价值

可转换证券的转换价值是指实施转换时得到的标的股票的市场价值，等于标的股票每股市场价格与转换比例的乘积，即：

$$\text{转换价值}=\text{标的股票市场价格}\times\text{转换比例}$$

（3）可转换证券的定价原理

可转换证券的理论价值，也称“内在价值”，是指将可转换证券转股前的利息收入和转股时的转换价值按适当的必要收益率折算的现值。例如，假定投资者当前准备购买可转换证券，并计划持有该可转换证券到未来某一时期，且在收到最后一期的利息后便立即实施转股，那么可用下述公式计算该投资者准备购买的可转换证券的当前理论价值：

$$P = \sum_{t=1}^{n} \frac{C}{(1+r)^t} + \frac{CV}{(1+r)^n}$$

式中：P——可转换证券的当前理论价值；

t——时期数；

n——持有可转换证券的时期总数；

r——必要收益率；

C——可转换证券每期支付的利息；

CV——可转换证券在持有期期末的转换价值。

4. 权证

(1)含义及类型

权证是指标的证券发行人或其以外的第三人发行的，约定持有人在规定期间内或特定到期日有权按约定价格向发行人购买或出售标的证券，或以现金结算方式收取结算差价的有价证券。权证的类型如表4－18所示。

表4－18 权证的类型

分类标准	类别	说明
基础资产	股权类权证	—
	债券类权证	—
	其他权证	—
基础资产的来源	股本权证	由上市公司发行，持有人行权时上市公司增发新股，对公司股本具有稀释作用
	备兑权证	由标的证券发行人以外的第三方发行，其认兑的股票是已经存在的股票，不会造成总股本的增加
持有人权利	认购权证	持有人有权买入标的证券
	认沽权证	持有人有权卖出标的证券
权证行使时间	欧式权证	持有人只有在约定的到期日才有权买卖标的证券
	美式权证	持有人在到期日前的任意时刻都有权买卖标的证券
结算方式	现金结算权证	行权时，发行人仅对标的证券的市场价与行权价格的差额部分进行现金结算
	实物交割权证	行权时涉及标的证券的实际转移
权证的内在价值	平价权证	内在价值为0
	价内权证	内在价值大于0
	价外权证	内在价值为0

(2)权证的价值

权证的理论价值包括两部分：内在价值和时间价值。若以S表示标的股票的价格，X表示权证的执行价格，则认购权证的内在价值为max(S－X，0)，认沽权证的内在价值为max(X－S，0)。权证的时间价值等于理论价值减去内在价值，它随着存续期的缩短而减小。

影响权证理论价值的因素包括：标的股票的价格、权证的行权价格、无风险利率、股价的波动率和到期期限。对于认购权证，除行权价格与理论价值负相关外，标的股票的价格、无风险利率、股价的波动率和到期期限均与理论价值正相关；对于认沽权证，除标的股票的价格和无风险利率与理论价值负相关外，行权价格、股价的波动率和到期期限均与理论价值正相关。

对于权证的定价多采用 Black—Scholes 模型(简称 BS 模型)。BS 模型适用于欧式权证。

(3)权证的杠杆作用

以认购权证为例，权证的杠杆作用表现为认购权证的市场价格要比其可认购股票的市场价格上涨或下跌的速度快得多。杠杆作用可以用考察期内认购权证的市场价格变化百分比与同一时期内可认购股票的市场价格变化百分比的比值表示，也可用考察期期初可认购股票的市场价格与考察期期初认购权证的市场价格的比值近似表示。

第三节　技术分析

【大纲要求】

了解技术分析的基本假设；熟悉技术分析使用的线形图、棒形图、阴阳矩形图和点数图；熟悉技术分析的趋势线；熟悉技术分析的阻力位与支持位；掌握移动平均线、相对强弱指数、移动平均值背离指标等常用技术分析指标；熟悉道氏理论和艾氏波浪理论两种技术分析方法。

熟悉技术分析方法的分类及其特点；了解技术分析的应用前提和适用范围；了解技术分析方法的局限性。

熟悉总体、样本和统计量的含义；熟悉统计推断的参数估计；熟悉统计推断的假设检验；熟悉常用统计软件及其应用。

【要点详解】

一、技术分析的基本假设与相关图形

1. 技术分析的基本假设

(1)市场行为涵盖一切信息

该假设是进行技术分析的基础。主要思想是：任何一个影响证券市场的因素，最终都必然体现在股票价格的变动上。

(2)证券价格沿趋势移动

该假设是进行技术分析最核心、最根本的条件。主要思想是：证券价格的变动是有一定规律的，具有保持原来运动方向的惯性，而证券价格的运动方向是由供求关系决定的。

(3)历史会重演

这条假设是从人的心理因素角度考虑的。该假设认为根据历史资料概括出来的规律已经包含了未来证券市场的一切变动趋势，即可以根据历史预测未来。

【真题 4.13】证券技术分析的基本假设包括(　　)。

Ⅰ. 市场随着信息和知晓内幕者的行动而迅速变化

Ⅱ. 市场行为涵盖一切信息

Ⅲ. 证券价格沿趋势移动

Ⅳ. 历史会重演

A. Ⅱ、Ⅲ、Ⅳ　　B. Ⅰ、Ⅱ、Ⅲ　　C. Ⅰ、Ⅱ、Ⅳ　　D. Ⅰ、Ⅲ、Ⅳ

【答案】A

【解析】技术分析的基本假设为：①市场行为涵盖一切信息，即任何一个影响证券市场的因素，最终都必然体现在股票价格的变动上；②证券价格沿趋势移动，即证券价格的变动是有一定规律的，具有保持原来运动方向的惯性，而证券价格的运动方向是由供求关系决定的；③历史会重演，该假设认为根据历史资料概括出来的规律已经包含了未来证券市场的一切变动趋势。

2. 技术分析使用的相关图形

(1)线形图

线形图是指以所定的股价频率即交易时间(如果预测短期趋势，则以日、周为时间单位；中期趋势则以月、季为时间单位；长期趋势则以年为时间单位)作为横坐标，以股价(个股图一般运用收盘价；大势图则采用股价平均数和股价指数)作为纵坐标的坐标图，如图4-7所示。

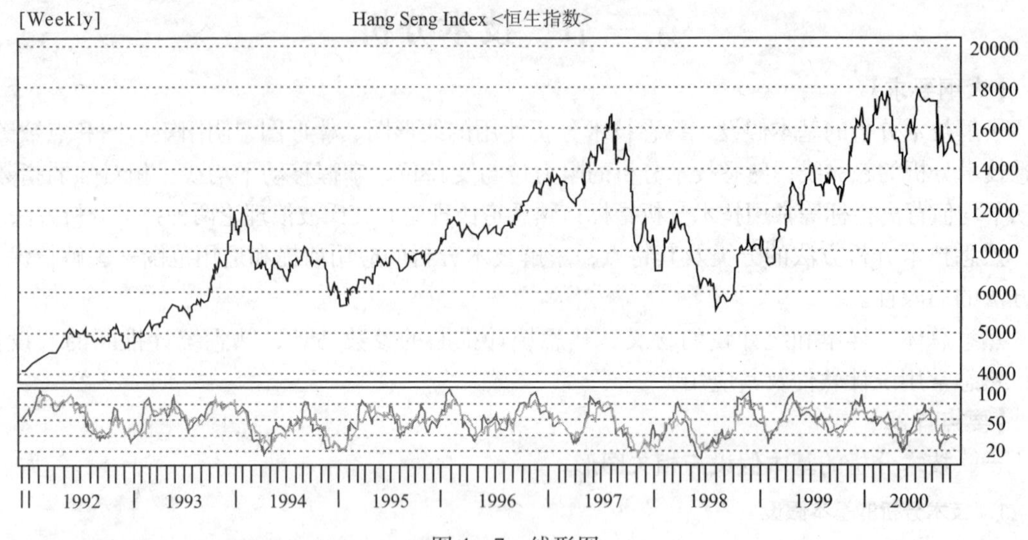

图4-7 线形图

具体操作为，将股市的股价平均数、个别股票的收盘价或股价指数在图形上依次描点(按时间顺序)，把各点连成线，则得到股价趋势线。线形图也能用于成交量(额)，但是，须将纵轴表示为成交量(额)，来观察成交量(额)的变动。

线形图的优点是简单，容易制作，较适合初学投资者理解相关股价过去的走势。

(2)棒形图

棒形图以竖棒来表现股票价格的高低，在画线时，有两种不同的画法：

①竖棒的顶部为最高价，底部为最低价，竖棒左边的横线代表开盘价，右边的横线代表收盘价，如图4-8(a)所示。

②只画收盘价，不画开盘价。棒体越长，表明当日的股票成交价格起伏越大；反之，则价格起伏小。如图4-8(b)所示。

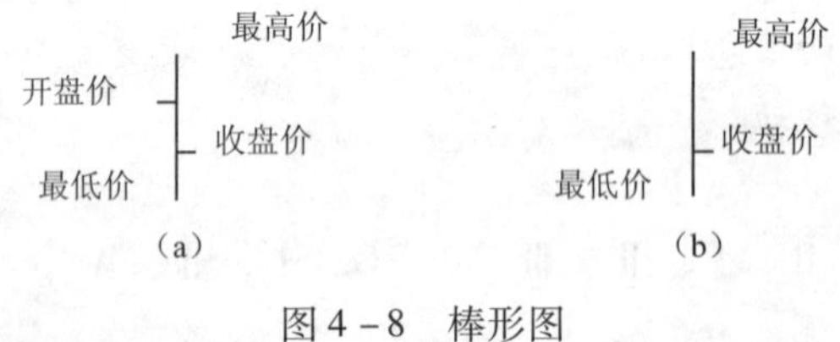

图4-8 棒形图

(3)阴阳矩形图(K线图)

①K线的画法

阴阳矩形图又称“K线图”，是以每个分析周期的开盘价、最高价、最低价和收盘价绘制而成，如图4-9所示。

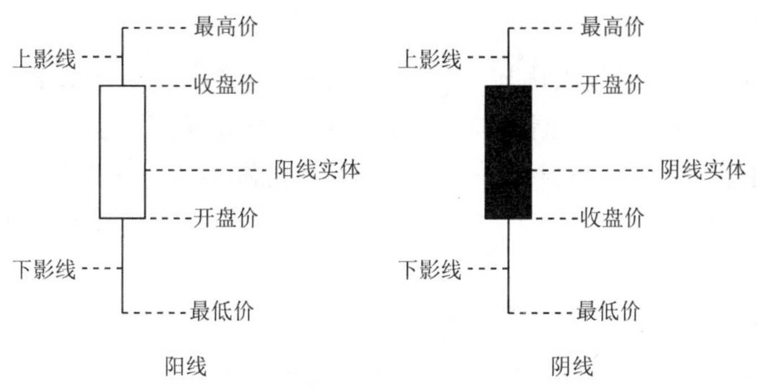

图 4-9　K 线的两种常见形状

日开盘价是指每个交易日的第一笔成交价格，日收盘价是指每个交易日的最后一笔成交价格，日最高价和日最低价是每个交易日成交股票的最高成交价恪和最低成交价格。如果收盘价格高于开盘价格，则 K 线被称为阳线，用空心的实体表示。反之称为阴线，用黑色实体或白色实体表示。在国内股票和期货市场，通常用红色表示阳线，绿色表示阴线。最高价和实体之间的线被称为上影线，最低价和实体间的线称为下影线。

②K 线的主要形状

除了图 4-9 所画的 K 线形状以外，由于 4 个价格的不同取值，还会产生其他形状的 K 线，如图 4-10 所示。

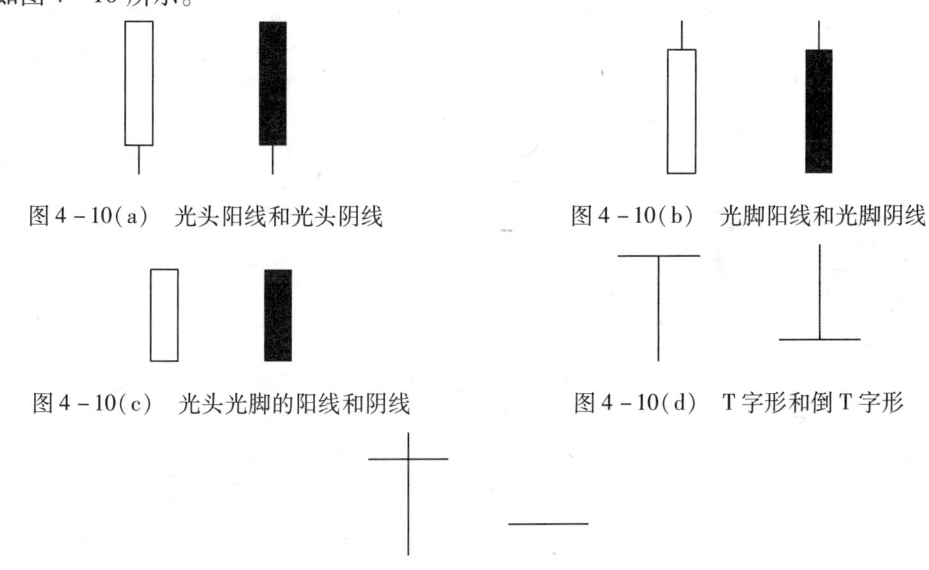

图 4-10(a)　光头阳线和光头阴线

图 4-10(b)　光脚阳线和光脚阴线

图 4-10(c)　光头光脚的阳线和阴线

图 4-10(d)　T 字形和倒 T 字形

图 4-10(e)　十字形和一字形

a. 光头阳线和光头阴线。是指没有上影线的 K 线。当收盘价或开盘价正好与最高价相等时，就会出现这种 K 线。

b. 光脚阳线和光脚阴线。是指没有下影线的 K 线。当开盘价或收盘价正好与最低价相等时，就会出现这种 K 线。

c. 光头光脚的阳线和阴线。是指既没有上影线也没有下影线的 K 线。当收盘价和开盘价分别与最高价和最低价中的一个相等时，就会出现这种 K 线。

d. T 字形和倒 T 字形。当收盘价、开盘价和最高价三价相等时，就会出现 T 字形 K 线图；当收盘价、开盘价和最低价三价相等时，就会出现倒 T 字形 K 线图。它们没有实体，也没有上影线或者下影线。

e. 十字形和一字形。当收盘价与开盘价相同时，就会出现十字形K线，它的特点是没有实体。当收盘价、开盘价、最高价、最低价4个价格相等时，就会出现一字形K线图。在存在涨跌停板制度时，当一只股票一开盘就封死在涨跌停板上，而且一天都不打开时，就会出现这种K线。同十字形和T字形K线一样，一字形K线同样没有实体。

③K线的组合应用

a. 单根K线的应用(如表4-19所示)

表4-19 单根K线的应用

分类		图示	应用
大阳线实体和大阴线实体	光头光脚大阳线	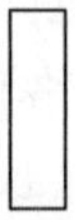	是大幅低开高收的阳线，实体很长以至于可以忽略上下影线的存在。这种K线说明多方已经取得了决定性胜利，这是一种涨势的信号。如果这条长阳线出现在一段盘局的末端，它所包含的内容将更有说服力
	光头光脚大阴线		表明空方已取得优势地位，是一种跌势的信号。如果这条长阴线出现在一段上涨行情的末端，行情下跌的可能性将更大
有上下影线的阳线和阴线	有上下影线的阳线	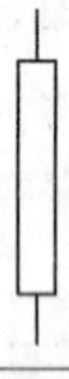	表明多空双方争斗很激烈。双方一度都占据优势，把价格抬到最高价或压到最低价，但是，又都被对方顽强地拉回。阳线是到了收尾时多方才勉强占优势，阴线则是到收尾时空方勉强占优势。对多方与空方优势的衡量，主要依靠上下影线和实体的长度来确定，体现在：①一般说来，上影线越长，下影线越短，阳线实体越短或阴线实体越长，越有利于空方占优；②上影线越短，下影线越长，阴线实体越短或阳线实体越长，越有利于多方占优。上影线和下影线相比的结果，可以判断多方和空方的努力对比。上影线长于下影线，利于空方；下影线长于上影线，则利于多方
	有上下影线的阴线		
十字星	大十字星		表明多空双方力量暂时平衡，使市势暂时失去方向，但却是一个值得警惕、随时可能改变趋势方向的K线图形。①大十字星：有很长的上下影线，表明多空双方争斗激烈，最后回到原处，后市往往有变化；②小十字星：上下影线较短，表明窄幅盘整，交易清淡
	小十字星	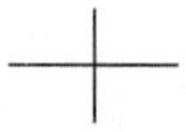	

应用一根K线进行分析时，多空双方力量的对比取决于影线的长短与实体的大小。一般来说，指向一个方向的影线越长，越不利于股价今后朝这个方向变动。阴线实体越长，越有利于下跌；阳线实体越长，越有利于上涨。另外，当上下影线相对实体较短时，可忽略影线的存在。

b. 由多根K线的组合推测行情

对于两根K线的组合来说，第二天的K线是进行行情判断的关键。第二天多空双方争斗的区域越高，越有利于上涨；越低，越有利于下跌。

无论K线的组合多复杂，考虑问题的方式是相同的，都是由最后一根K线相对于前面K线的位置来判断多空双方的实力大小。由于三根K线组合比两根K线组合多了一根K线，获得的信息就多些，得出的结论相对于两根K线组合来讲要准确些，可信度更大些。即，K线多的组合要比K线少的组合得出的结论可靠。

(4)点数图

点数图是利用带方格的图表来记录、分析和预测市场交易价格变动趋势的图表。用“○”代表下降，“×”代表上升。当由“○”转“×”时，买入，由“×”转“○”时，卖出。

二、技术分析的趋势线

1. 趋势线的含义

趋势线是表示证券价格变化方向的直线。

反映价格向上波动发展的趋势线称为上升趋势线；反映价格向下波动发展的趋势线称为下降趋势线。描述价格变动的趋势线分为长期趋势线、中期趋势线与短期趋势线三种。

2. 趋势的方向

趋势的方向有三类：

(1)上升方向。如果图形中每个后面的峰和谷都高于前面的峰和谷，则趋势就是上升方向。这就是常说的一底比一底高或底部抬高。

(2)下降方向。如果图形中每个后面的峰和谷都低于前面的峰和谷，则趋势就是下降方向。这就是常说的一顶比一顶低或顶部降低。

(3)水平方向(无趋势方向)。如果图形中后面的峰和谷与前面的峰和谷相比，没有明显的高低之分，几乎呈水平延伸，这时的趋势就是水平方向。

3. 趋势线的画法

在上升趋势中，将两个低点连成一条直线，就得到上升趋势线；在下降趋势中，将两个高点连成一条直线，就得到下降趋势线。标准的趋势线必须由两个以上的高点或低点连接而成。如图 4－11 中的直线 L 所示。

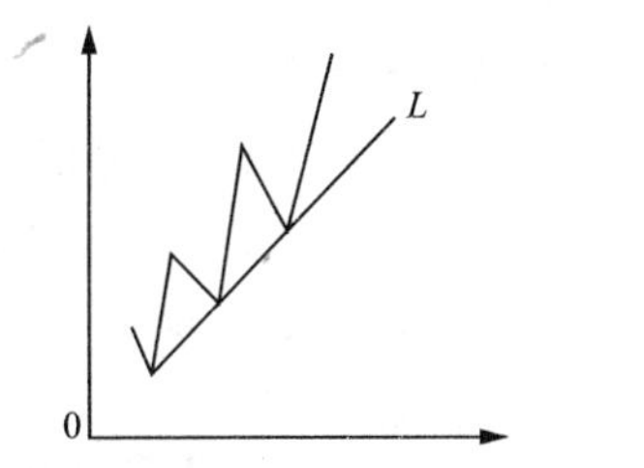

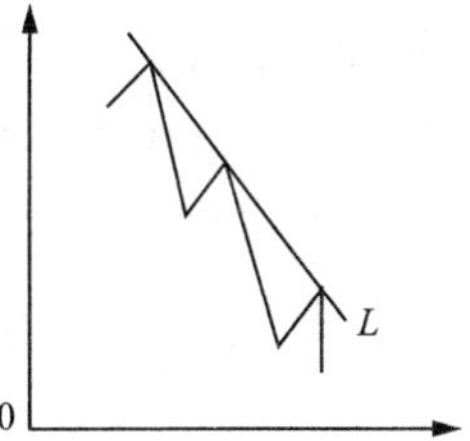

图 4－11　趋势线

4. 趋势线的确认条件

(1)必须确实有趋势存在。

(2)画出直线后，还应得到第三个点的验证才能确认这条趋势线是有效的。

(3)这条直线延续的时间越长，越具有有效性。

5. 趋势线的作用

(1)起支撑和压力的作用。

(2)趋势线被突破后，说明股价下一步的走势将要反转。

6. 轨道线及作用

(1)轨道线的含义

轨道线又称通道线或管道线，是基于趋势线的一种方法。在已经得到了趋势线后，通过第一个高峰和低谷可以画出这条趋势线的平行线，这条平行线就是轨道线，如图 4－12 中的虚线。两条平行线组成一个轨道，这就是上升和下降轨道，如图4－12所示。

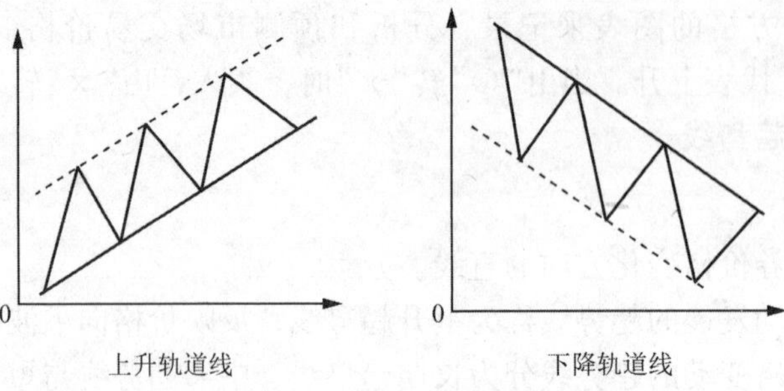

图4－12　上升轨道线和下降轨道线

(2)轨道线的作用

①限制股价的变动范围，让它不能变得太离谱。一个轨道一旦得到确认，那么价格将在这个通道里变动。如果有对上面或下面的直线的突破，这意味着将有一个大的变化。与突破趋势线不同，对轨道线的突破并不是趋势反转的开始，而是趋势加速的开始，即原来的趋势线的斜率将会增加。趋势线的方向将会更加陡峭。

②提出趋势转向的警报。如果在一次波动中未触及轨道线，离得很远就开始掉头，这往往是趋势将要改变的信号。这说明，市场已经没有力量继续维持原有的上升或下降的趋势了。

轨道线有一个被确认的问题。一般而言，轨道线被触及的次数越多，延续的时间越长，其被认可的程度和重要性越高。

轨道线和趋势线是相互合作的一对。先有趋势线，后有轨道线。趋势线比轨道线重要。趋势线可以单独存在，而轨道线则不能单独存在。

(3)成交量与价格趋势的一般关系

①价格随成交量的上涨而上升，这种价量关系表示价格将继续上升；如果价格出现了新高，而成交量没有创出新高，则此上升趋势是令人怀疑的，是价格潜在的反转信号。

②价格随着缓慢增加的成交量而逐步上升，某一天平缓的走势突然变成直线上升的“井喷”，成交量剧烈增加，价格暴涨。之后是成交量萎缩，价格大幅度下降，这表明上升已经到了末期。

③在长期下降后，价格形成了“波谷”，并开始回升，成交量没有因价格的上升而放大。之后，价格再度回到“波谷”。如果此时的成交量低于前一个“波谷”，就是价格将要上升的信号。

④市场出现了一段时间的上升趋势行情后，出现大的成交量，而价格没有同时向上升，说明卖压很重，形成价格下降的因素。

三、技术分析的阻力位与支撑位

1. 阻力位与支撑位

支持位是指在股价下跌时，可能遇到支撑从而止跌回稳的价位。

阻力位是指在股价上升时，可能遇到压力从而反转下跌的价位。

2. 支撑线和压力线的含义

(1)支撑线由多个支撑位组成，是指当股价下跌到某价位附近时，出现买方增加、卖方减少的情况，使股价停止下跌的直线。

(2)压力线由多个阻力位组成，是指当股价上涨到某价位附近时，出现卖方增加、买方减少的情况，使股价停止上涨的直线，又称阻力线。

3. 支撑线和压力线的作用

支撑线和压力线的作用是阻止或暂时阻止股价朝一个方向继续运动。

支撑线和压力线有被突破的可能，不会长久地阻止股价保持原来的变动方向，如图 4 – 13 所示。同时，支撑线和压力线又有彻底阻止股价按原方向变动的可能，如图 4 – 14 所示。

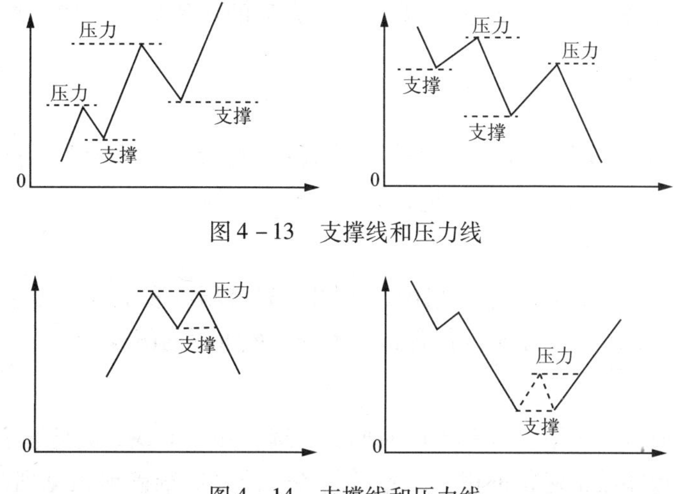

图 4 – 13　支撑线和压力线

图 4 – 14　支撑线和压力线

4. 支撑线和压力线的相互转化

一条支撑线如果被跌破，则成为压力线；一条压力线被突破，则成为支撑线。即，支撑线和压力线的地位是可以改变的，但必须被有效的、足够强大的股价变动突破，两者才能相互转化，如图 4 – 15 所示。

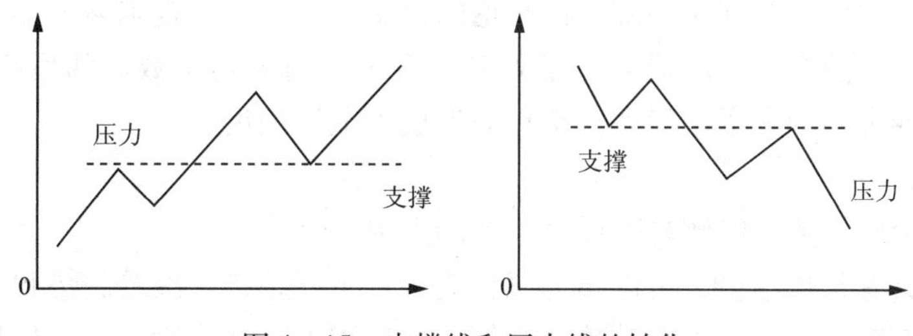

图 4 – 15　支撑线和压力线的转化

5. 支撑线和压力线的确认和修正

对支撑线和压力线的修正过程是对现有各个支撑线和压力线重要性的确认。一条支撑线或压力线对当前影响的重要性有三个方面的考虑：

(1)股价在这个区域停留时间的长短。

(2)股价在这个区域伴随的成交量大小。

(3)这个支撑区域或压力区域发生的时间距离当前这个时期的远近。

股价停留的时间越长、离现在越近、伴随的成交量越大，则这个支撑或压力区域对当前的影响就越大；否则就越小。

四、技术分析方法的分类及其特点

1. 指标类

指标类是根据价、量的历史资料，通过建立一个数学模型，给出数学上的计算公式，得到一个体现证券市场的某个方面内在实质的指标值。常见的指标有相对强弱指标、随机指标、趋向指标、平滑异同移动平均线、能量潮、心理线、乖离率等。

2. 切线类

切线类是按一定方法和原则，在根据股票价格数据所绘制的图表中画出一些直线，然后根据这些直线的情况推测股票价格的未来趋势。常见的切线有趋势线、轨道线、黄金分割线、甘氏线、角度线等。

3. 形态类

形态类是根据价格图表中过去一段时间走过的轨迹形态来预测股票价格未来趋势的方法。主要的形态有 M 头、W 底、头肩顶、头肩底等十几种。

4. K 线类

K 线类是根据若干天的 K 线组合情况，推测证券市场中多空双方力量的对比，进而判断证券市场行情的方法。K 线图是进行各种技术分析最重要的图表。

5. 波浪类

波浪理论是把股价的上下变动和不同时期的持续上涨、下跌看成是波浪的上下起伏，认为股票的价格运动遵循波浪起伏的规律，数清楚各个浪就能准确地预见到跌势已接近尾声、牛市即将来临，或是牛市已到了强弩之末、熊市即将来到。

五、道氏理论和艾氏波浪理论

1. 道氏理论

(1)形成过程

道氏理论是技术分析的理论基础，该理论的创始人是美国人查尔斯·亨利·道。为了反映市场总体趋势，与爱德华·琼斯创立了著名的道·琼斯平均指数。随后在《华尔街日报》上发表的有关证券市场的文章，经后人整理而形成了道氏理论。

(2)主要原理

①市场平均价格指数可以解释和反映市场的大部分行为。

②市场波动具有某种趋势，可以归为三种趋势：主要趋势、次要趋势和短暂趋势。

③主要趋势有三个阶段。以上升趋势为例，包括以下三个阶段：a. 累积阶段；b. 上涨阶段；c. 市场价格达到顶峰后出现的又一个累积期。

④工业平均指数和运输业平均指数必须相互加强。工业、运输业平均指数必须在同一方向上运行时方能确认某一市场趋势的形成。

⑤趋势必须得到交易量的确认。交易量是确定趋势重要的附加信息，交易量应放大主要趋势的方向。

⑥一个趋势形成后将持续，直到趋势出现明显的反转信号。

【真题 4.14】趋势分析中，趋势类型包括(　　)。

Ⅰ. 主要趋势　　Ⅱ. 次要趋势　　Ⅲ. 集中趋势　　Ⅳ. 分散趋势

A. Ⅰ、Ⅱ　　B. Ⅰ、Ⅱ、Ⅲ、Ⅳ

C. Ⅲ、Ⅳ　　D. Ⅱ、Ⅲ、Ⅳ

【答案】A

【解析】道氏理论认为，市场波动具有某种趋势，可以归为三种趋势：主要趋势、次要趋势和短暂趋势。主要趋势是那些持续1年或1年以上的趋势，看起来像大潮；次要趋势是那些持续3周～3个月的趋势，看起来像波浪，是对主要趋势的调整；短暂趋势持续时间不超过3周，看起来像波纹，其波动幅度更小。

(3)应用及应注意的问题

①道氏理论对大形势的判断有较大的作用。

②无法判断小波动，次要趋势。

③可操作性较差。首先，道氏理论的信号太迟，结论落后于价格变化；其次，理论本身有缺陷。

2. 形态理论

股价曲线的形态可以分为两大类型：反转突破形态和持续整理形态，前者打破平衡，后者持续平衡。

(1)反转突破形态

①头肩形态。头肩形态包括头肩顶(底)形态、复合头肩形态。典型的头肩顶(底)形态如图4－16所示。

头肩顶形态是一个可靠的沽出时机。这一形态具有如下特征：a. 一般来说，左肩与右肩高点大致相等，有时右肩较左肩低，即颈线向下倾斜；b. 就成交量而言，左肩最大，头部次之，而右肩成交量最小，即呈梯状递减；c. 突破颈线不一定需要大成交量配合，但日后继续下跌时成交量会放大。

头肩底是头肩顶的倒转形态，是一个可靠的买进时机。头肩顶形态与头肩底形态在成交量配合方面的最大区别是：头肩顶形态完成后，向下突破颈线时，成交量不一定放大；而头肩底形态向上突破颈线，若没有较大的成交量出现，可靠性将大为降低，甚至可能出现假的头肩底形态。

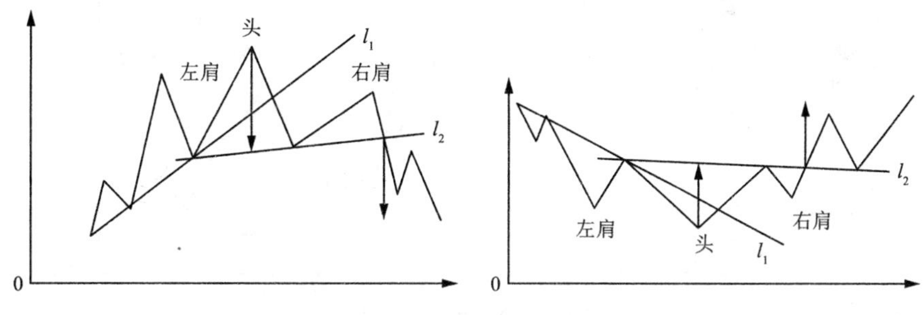

图4－16　头肩顶(底)

②双重顶(底)形态。双重顶形态即M头，双重底形态即W底，如图4－17所示。

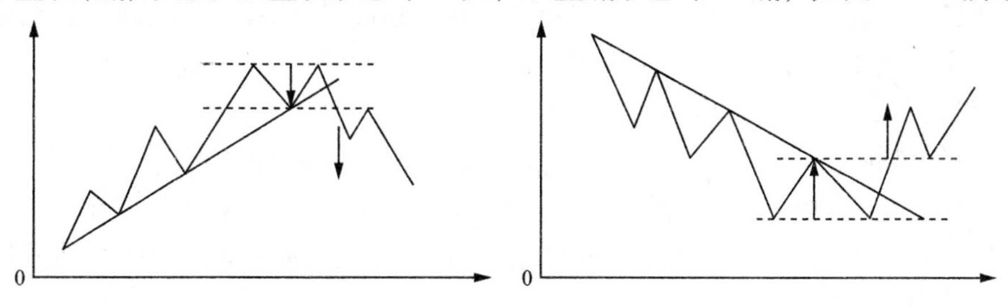

图4－17　双重顶(底)

双重顶反转形态一般具有如下特征：a. 双重顶的两个高点不一定在同一水平，两者相差少于3%就不会影响形态的分析意义；b. 向下突破颈线时不一定有大成交量伴随，但日后继续下跌时成交量会扩大；c. 双重顶形态完成后的最小跌幅度量度方法是由颈线开始，至少会下跌从双头最高点到颈线之间的差价距离。

双重底的特征与双重顶类似。但双重底的颈线突破时必须有大成交量的配合，否则即可能为无效突破。

③三重顶(底)形态。三重顶(底)形态是双重顶(底)形态的扩展形式，由三个一样高或一样低的顶和底组成，如图4-18所示。

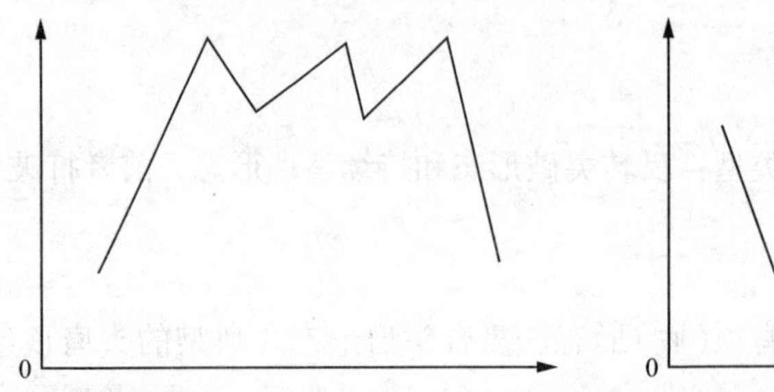

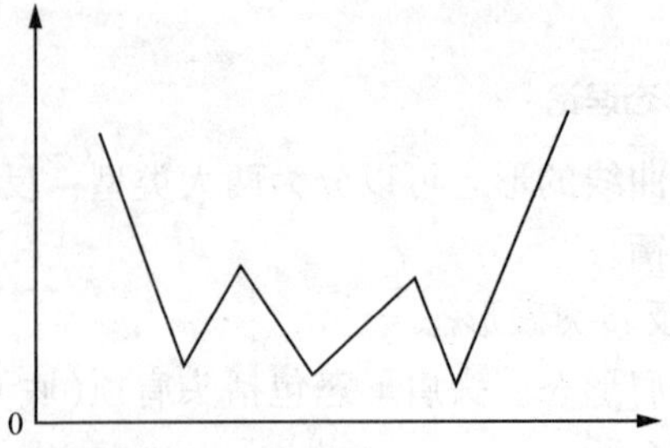

图4-18 三重顶(底)

与一般头肩形态最大的区别是，三重顶(底)的颈线和顶部(底部)连线是水平的，这就使得三重顶(底)具有矩形的特征。比起头肩形态来说，三重顶(底)更容易演变成持续形态，而不是反转形态。

④圆弧顶(底)形态。将股价在一段时间的顶部高点用折线连起来，每一个局部的高点都考虑到，可能得到一条类似于圆弧的弧线，盖在股价之上；将每个局部的低点连在一起也能得到一条弧线，托在股价之下，如图4-19所示。

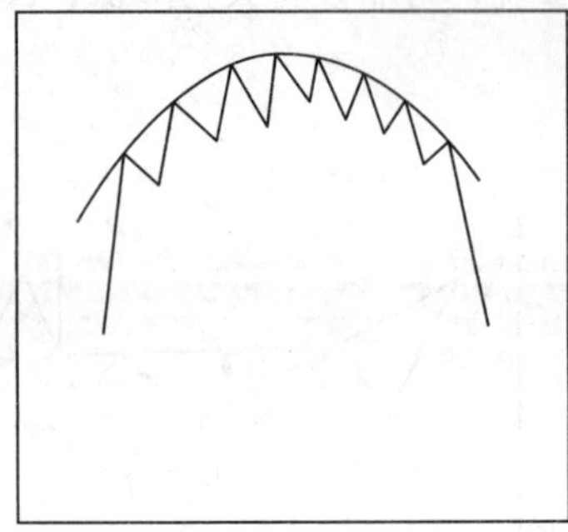

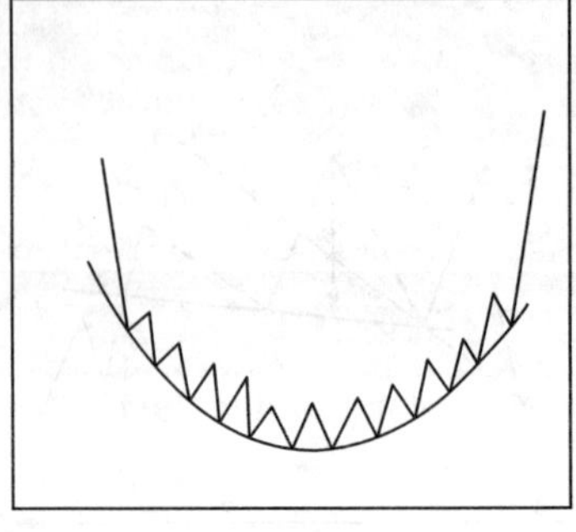

图4-19 圆弧顶(底)

圆弧形态具有如下特征：a. 形态完成、股价反转后，行情多属暴发性，涨跌急速，持续时间也不长，一般是一口气走完，中间极少出现回档或反弹。b. 在圆弧顶或圆弧底形态的形成过程中，成交量的变化都是两头多，中间少。c. 圆弧形态形成的时间越长，今后反转的力度就越强。

⑤喇叭形。喇叭形是一种较为可靠的看跌形态。一个标准的喇叭形态应该有3个高点、2个低点。股票投资者应该在第三峰(图4-20中的5)调头向下时就抛出手中的股票，这在大多数情况下是正确的。如果股价进一步跌破了第二个谷(图4-20中的4)，则喇叭形完全得到确认，抛出股票更成为必然。

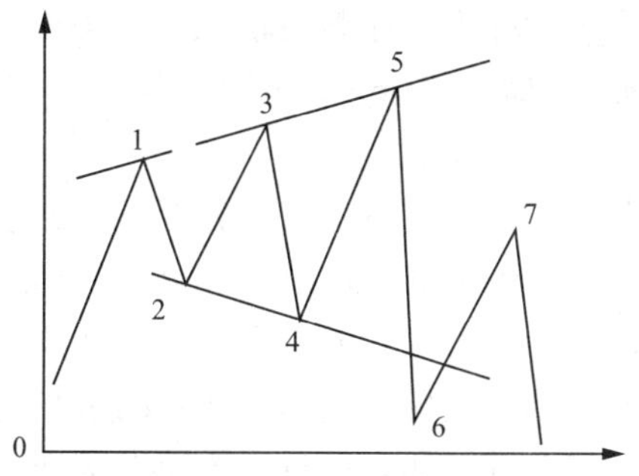

图 4－20　喇叭形

喇叭形态具有如下特征：①喇叭形一般是一个下跌形态，只有在少数情况下股价在高成交量配合下向上突破时，才会改变其分析意义；②在成交量方面，整个喇叭形态形成期间都会保持不规则的大成交量，否则难以构成该形态；③喇叭形走势的跌幅是不可量度的，一般说来，跌幅都会很大；④喇叭形源于投资者的非理性，因而在投资意愿不强、气氛低沉的市道中，不可能形成该形态。

⑥V 形形态。V 形形态往往出现在剧烈波动的市场之中，较难预测。V 形走势的一个重要特征是在转势点必须有大成交量的配合，且成交量在图形上形成倒 V 形。若没有大成交量，则 V 形走势不宜信赖。V 形形态如图 4－21 所示。

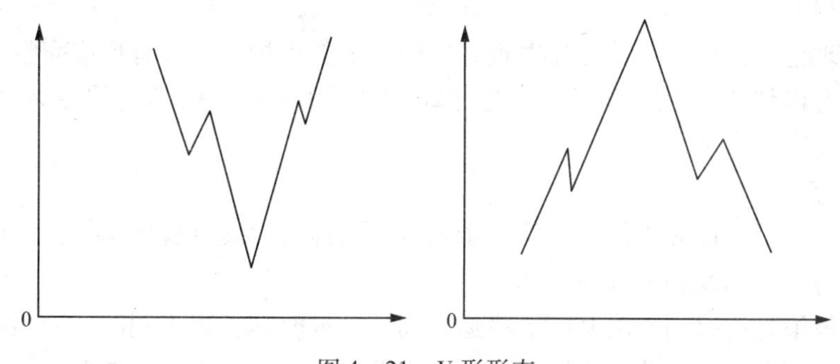

图 4－21　V 形形态

【真题 4.15】反转突破的几种形态中，未来走势向下的可能性较大的有(　　)。

Ⅰ. 头肩顶形态　　Ⅱ. 头肩底形态　　Ⅲ. 双重顶形态　　Ⅳ. 圆弧顶形态

A. Ⅱ、Ⅲ、Ⅳ　　B. Ⅰ、Ⅱ、Ⅲ、Ⅳ

C. Ⅰ、Ⅱ　　D. Ⅰ、Ⅲ、Ⅳ

【答案】D

【解析】Ⅱ项，头肩底是头肩顶的倒转形态，是一个可靠的买进时机，未来走势向上的可能性较大。

(2)持续整理形态

持续整理形态描述的是，股价向一个方向经过一段时间的快速运行后，不再继续原趋势，而在一定区域内上下窄幅波动，等待时机成熟后再继续前进。持续整理形态主要包括三角形、矩形、旗形和楔形。

①三角形。三角形整理形态可分为对称三角形、上升三角形和下降三角形。

对称三角形情况大多是发生在一个大趋势进行的途中，它表示原有的趋势暂时处于休整阶段，之后还要随着原趋势的方向继续行动。

上升三角形比对称三角形有更强烈的上升意识，多方比空方更为积极。通常以三角形的向上突破作为这个持续过程终止的标志。如果股价原有的趋势是向上，遇到上升三角形后，几乎可以肯定今后是向上突破；但如果原有的趋势是下降，则出现上升三角形后，前后股价的趋势判断起来有些难度。

下降三角形是一种看跌形态，其成交量一直十分低沉，突破时不必有大成交量配合。如果股价原有的趋势是向上的，则遇到下降三角形后，趋势的判断有一定的难度；但如果在上升趋势的末期，出现下降三角形后，可以看成是反转形态的顶部。

②矩形。矩形也称为箱形，其股票价格在两条横着的水平直线之间上下波动，呈现横向延伸的运动。如果原来的趋势是上升，那么经过一段矩形整理后，会继续原来的趋势，多方会占优势并采取主动，使股价向上突破矩形的上界；如果原来是下降趋势，则空方会采取行动，突破矩形的下界。

③旗形和楔形。旗形和楔形在股票价格曲线图上出现的频率很高，它们代表一个趋势的中途休整过程，休整之后，还要保持原来的趋势方向。其特征在于，有明确的形态方向，如向上或向下，并且形态方向与原有的趋势方向相反。例如，如果原有的趋势方向是上升，则这两种形态的方向就是下降。

3. 艾氏波浪理论

(1)形成过程及基本思想

①形成过程

艾氏波浪理论最初由艾略特首先发现并应用于证券市场，但没有形成完整的体系，在他在世的时候没有得到社会的广泛承认。直到 20 世纪 70 年代，柯林斯的专著《波浪理论》出版后，波浪理论才正式确立。

②基本思想

艾略特认为，由于证券市场是经济的晴雨表，而经济发展具有周期性，所以股价的上涨和下跌也应该遵循周期发展的规律。

艾略特的波浪理论以周期为基础。将运动周期分成时间长短不同的各种周期，同时指出在一个大周期中可能存在一些小周期，而小的周期可以细分成更小的周期。每个周期都包括上升(或下降)的 5 个过程和下降(或上升)的 3 个过程。8 个过程完结以后进入另一个周期，新的周期同样遵循上述的模式。

(2)主要原理

①波浪理论考虑的因素

a. 股价走势所形成的形态；

b. 股价走势图中各个高点和低点所处的相对位置；

c. 完成某个形态所经历的时间长短。

其中，股价的形态即波浪的形状和构造最为重要，是波浪理论分析的基础。

②价格走势的基本形态结构

艾略特发现每一个周期(无论是上升还是下降)可以分成 8 个小的过程，这 8 个小过程一结束，则一次大的行动相对结束，紧接着的是另一次大的行动。

一个完整周期有上升趋势和下降趋势；这里趋势是有层次的，处于层次较低的几个浪能够合并成一个较高层次的大浪，而处于层次较高的一个浪又能够细分成几个层次较低的小浪。虽然趋势的规模不同，但 8 浪的基本形态结构不变。

(3)应用及应注意的问题

①波浪理论的应用

预测股价走势，首先要明确当前所在的位置，根据波浪理论所指明的各种浪的数目就可以判断下一步应该如何做。清楚判断目前的位置，最重要的是认真、准确地识别3浪结构和5浪结构。

②应用波浪理论应注意的问题

a. 波浪理论最大的不足是应用上的困难，也就是学习和掌握上的困难。波浪理论从理论上讲是8浪结构完成一个完整的过程，但是，主浪的变形和调整浪的变形会产生复杂多变的形态，波浪所处的层次又会产生大浪套小浪、浪中有浪的多层次形态，这些都会使应用者在具体数浪时发生偏差。浪的层次确定和起始点确认是应用波浪理论的两大难点。

b. 波浪理论的第二个不足是面对同一个形态，不同的人会产生不同的数法，而且都有道理，谁也说服不了谁。例如，一个下跌的浪可以被当成第二浪，也可能被当成a浪。如果是第二浪，那么紧接而来的第三浪将是很诱人的；如果是a浪，那么这之后的下跌可能是很深的。具体结果如何尚需实践的检验。

4. 量价关系理论

(1)葛兰碧九大法则

葛兰碧九大法则是最为经典的量价关系理论，具体内容如下：

①价格随着成交量的递增而上涨，为市场行情的正常特性，此种量增价升的关系，表示股价将继续上升。

②股价创新高，成交量却未创新高，则涨势令人怀疑，有可能反转。

③价升量减，股价上升动力不足，有可能反转。

④成交量大幅增加、股价暴涨，但随后却是成交量大幅萎缩、股价暴跌。这表明涨势已到末期。

⑤股价走势因成交量的递增而上升，是十分正常的现象，并无特别暗示趋势反转的信号。

⑥股价经过长期下跌后，如果第二谷底的成交量低于第一谷底，是股价将要上升的信号。

⑦股价经过长期下跌后，如果出现恐慌性抛售，成交量明显放大，则空头市场有望结束。

⑧股价下跌，向下突破股价形态、趋势线或移动平均线，同时出现了大成交量，是股价下跌的信号，明确表示出下跌的趋势。

⑨股价持续上涨(下跌)数月之后，成交量急剧增加，股价却上涨(下跌)无力，为股价下跌(上涨)征兆。

(2)涨跌停板制度下的量价关系分析

在涨跌停板制度下，量价分析基本判断为：

①涨停量小，将继续上扬；跌停量小，将继续下跌。

②涨停中途被打开次数越多、时间越久、成交量越大，反转下跌的可能性越大；同样，跌停中途被打开的次数越多、时间越久、成交量越大，则反转上升的可能性越大。

③涨停关门时间越早，次日涨势可能性越大；跌停关门时间越早，次日跌势可能越大。

④封住涨停板的买盘数量大小和封住跌停板时卖盘数量大小说明买卖盘力量大小。这个数量越大，继续当前走势的概率越大，后续涨跌幅度也越大。

六、常用技术分析指标

1. 趋势型指标

(1)移动平均线(MA)

①MA 的计算公式

移动平均可分为算术移动平均线(SMA)、加权移动平均线(WMA)和指数平滑移动平均线(EMA)三种。在实际应用中常使用指数平滑移动平均线，第 N 日的指数平滑移动平均数 $[EMA_t(N)]$ 的计算公式为：

$$EMA_t(N) = C_t \times \frac{1}{N} + EMA_{t-1} \times \frac{N-1}{N}$$

式中：C_t 为计算期中第 t 日的收盘价；EMA_{t-1} 为第 $t-1$ 日的指数平滑移动平均数。

天数 N 是 MA 的参数，例如 10 日的 MA 简称为 10 日线，表示为 MA(10)。

按照计算期的长短，MA 可分为短期、中期和长期移动平均线。一般 5 日、10 日线为短期移动平均线；30 日、60 日线为中期移动平均线；13 周、26 周为长期移动平均线。

因为短期移动平均线相比长期移动平均线更易于反映行情价格的涨跌，通常把短期移动平均线称为快速 MA，长期移动平均线则表示慢速 MA。

②MA 的特点

MA 的基本思想是消除股价随机波动的影响，寻求股价波动的趋势。其特点包括：a. 表示并追踪股价的趋势；b. 在股价原有趋势发生反转时，MA 滞后于大趋势；c. MA 是股价几天变动的平均值，其具有稳定性；d. 助涨助跌性；e. 支撑线和压力线的特性。

【真题 4.16】移动平均线不具有(　　)特点。

A. 助涨助跌性　　B. 支撑线和压力线特性

C. 超前性　　D. 稳定性

【答案】C

③MA 的应用法则

在 MA 的应用上，最常见的是葛兰威尔的移动平均线八大买卖法则。如图 4-22 所示。

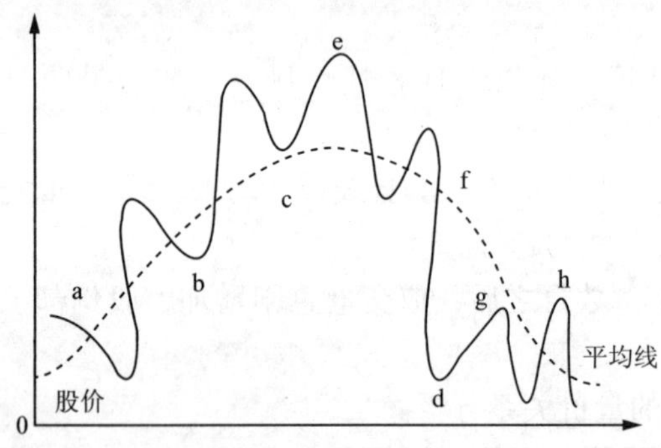

图 4-22　葛兰威尔买卖八大法则

葛兰威尔法则的内容是：

a. 买入信号(四种)：MA 从下降开始走平，股价从下上穿平均线(a 点处)；股价跌破平均线，但平均线呈上升态势(b 点处)；股价连续上升远离平均线，突然下跌，但在平均线附近(c 点处)再度上升；股价跌破平均线，并连续暴跌，远离平均线(d 点处)。

b. 卖出信号(四种)：移动平均线呈上升状态，股价突然暴涨且远离平均线(e 点处)；

平均线从上升转为盘局或下跌，而股价向下跌破平均线(f 点处)；股价走在平均线之下，且朝着平均线方向上升，但未突破平均线又开始下跌(g 点处)；股价向上突破平均线，但又立刻向平均线回跌，此时平均线仍持续下降(h 点处)。

④MA 的组合应用

a. 黄金交叉与死亡交叉

当现在价位站稳在长期与短期 MA 之上，短期 MA 又向上突破长期 MA 时，为买进信号，此种交叉称为黄金交叉；反之，则为卖出信号，交叉称之为死亡交叉。黄金交叉和死亡交叉，实际上就是向上突破压力线或向下突破支撑线。如图 4－23 所示。

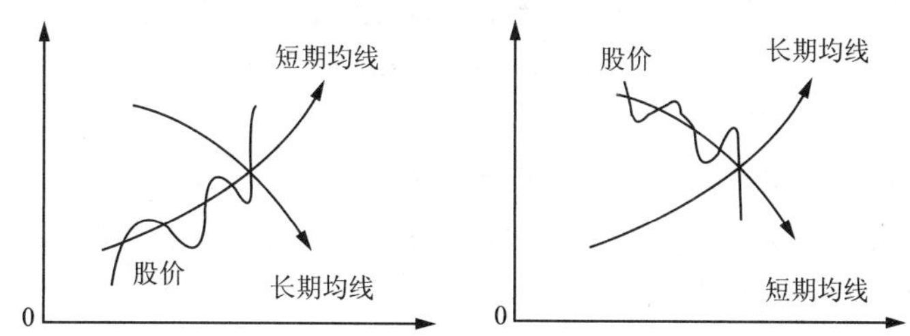

图 4－23　移动平均线的交叉

b. 长、中、短期移动平均线的组合使用

第一，方向一致的情况。空头市场，长时间下跌后，从下到上依次为股价、10 日均线、50 日均线和 250 日均线。若股市出现转机，股价开始回升，10 日平均线首先跟着股价从下跌转为上升；随着股价继续攀升，50 日平均线才逐渐向上方移动。250 日平均线的方向改变，则是股市基本趋势的转变，多头市场来临的标志。

第二，方向不一致的情况。股价进入整理期，短期平均线、中期平均线与股价缠绕，不能正确判断运动方向。短期均线在中期均线之上或之下，表示整个股市缺乏弹性，需要静待多方或空方打破僵局，使得行情再度上升或下跌。

中期平均线向上移动，股价和短期平均线向下移动，表示股市上升趋势并未改变，只是暂时出现回档调整现象。当股价和短期均线相继跌破中期均线，同时中期均线亦出现向下反转迹象时，说明上升趋势改变。

在盘整阶段或局部反弹或回落阶段以及趋势形成后中途休整阶段，MA 极易发出错误的信号，应该予以注意。此外，MA 只是作为支撑线和压力线，MA 之上虽然有利于上涨，但并不一定会涨，存在支撑线被击穿的可能。

(2)指数平滑异同移动平均线(*MACD*)

①概念

指数平滑异同移动平均线是利用快速移动平均线和慢速移动平均线，在一段上涨或下跌行情中两线之间的差距拉大，而在涨势或跌势趋缓时两线又相互接近或交叉的特征，通过双重平滑运算后研判买卖时机的方法。

②计算公式

MACD 是由正负差(*DIF*，又称离差值)和异同平均数(*DEA*)两部分组成，*DIF* 是核心，*DEA* 是辅助。*DIF* 是快速平滑移动平均线与慢速平滑移动平均线的差。在实际应用 *MACD* 时，常以 12 日 *EMA* 为快速移动平均线，26 日 *EMA* 为慢速移动平均线，计算出两条移动平均线数值间的离差值(*DIF*)作为研判行情的基础，然后再求 *DIF* 的 9 日平滑移动平均线，即 *MACD* 线，作为买卖时机的判断依据。以常用参数 12 日和 26 日为例，*DIF* 的

计算过程如下：

$$\text{今日}EMA(12) = \frac{2}{12+1} \times \text{今日收盘价} + \frac{11}{12+1} \times \text{昨日}EMA(12)$$

$$\text{今日}EMA(26) = \frac{2}{26+1} \times \text{今日收盘价} + \frac{25}{26+1} \times \text{昨日}EMA(26)$$

$$DIF = EMA(12) - EMA(26)$$

$$\text{今日}DEA(MACD) = \frac{2}{10} \times \text{今日}DIF + \frac{8}{10} \times \text{昨日}DEA$$

此外，另一个分杆指标柱状线（*BAR*），是 *DIF* 值减去 *DEA* 值的差再乘以 2，公式如下：

$$BAR = (DIF - DEA) \times 2$$

③应用法则

a. 以 *DIF* 和 *DEA* 的取值和这两者之间的相对取值对行情进行预测。

第一，*DIF* 和 *DEA* 均为正值时，属多头市场。*DIF* 向上突破 *DEA* 是买入信号；*DIF* 向下跌破 *DEA* 只能认为是回落，做获利了结。

第二，*DIF* 和 *DEA* 均为负值时，属空头市场。*DIF* 向下突破 *DEA* 是卖出信号；*DIF* 向上穿破 *DEA* 只能认为是反弹，做暂时补空。

第三，当 *DIF* 向下跌破零轴线时，此为卖出信号，即 12 日 *EMA* 与 26 日 *EMA* 发生死亡交叉；当 *DIF* 上穿零轴线时，为买入信号，即 12 日 *EMA* 与 26 日 *EMA* 发生黄金交叉。

b. 指标背离原则。

第一，当股价走势出现 2 个或 3 个近期低点时，而 *DIF*（*DEA*）并不配合出现新低点，可做多。

第二，当股价走势出现 2 个或 3 个近期高点时，而 *DIF*（*DEA*）并不配合出现新高点，可做空。

④优缺点

a. 优点：*MACD* 除掉了移动平均线产生的频繁出现买入与卖出信号，避免一部分假信号的出现，用起来比移动平均线更有把握。

b. 缺点：在股市没有明显趋势而进入盘整时，失误的时候较多。另外，对未来股价的上升和下降的深度不能提供有帮助的建议。

2. 超买超卖型指标

（1）威廉指标（*WMS*）

威廉指标通过分析一段时间内股价高低价位和收盘价之间的关系，来量度股市的超买超卖状态，是短期投资信号的一种技术指标。

①计算公式

$$WMS(n) = \frac{H_n - C_t}{H_n - L_n} \times 100$$

其中，H_n、L_n 分别为最近 n 日内（包括当天）出现的最高价和最低价；C_t 为当天的收盘价；n 为时间参数。

WMS 指标的含义是当天的收盘价在过去的一段时日全部价格范围内所处的相对位置。如果 *WMS* 的值比较小，则当天的价格处在相对较高的位置，要小心回落；如果 *WMS* 的值较大，则说明当天的价格处在相对较低的位置，要注意反弹。*WMS* 的取值范围为 0 ~ 100。

②应用法则

a. 从 *WMS* 的取值看。当 *WMS* 高于 80 时，处于超卖状态，行情即将见底，应当考虑买进；当 *WMS* 低于 20 时，处于超买状态，行情即将见顶，应当考虑卖出。其中，80 和 20 只是一个经验数字，并不是绝对的。同时需注意，在盘整过程中，*WMS* 的准确性较高；而在上升或下降趋势当中，却不能只以 *WMS* 超买超卖信号作为行情判断的依据，注意与其他技术指标相配合。

b. 从 *WMS* 曲线的形状考虑。在 *WMS* 进入低数值区位后（此时为超买），一般要回头。如果这时股价还继续上升，就会产生背离，是卖出的信号；在 *WMS* 进入高数值区位后（此时为超卖），一般要反弹。如果这时股价还继续下降，就会产生背离，是买进的信号；*WMS* 连续几次撞顶（底），局部形成双重或多重顶（底），则是卖出（买进）的信号。其中，*WMS* 的顶部数值为 0，底部数值为 100。

（2）随机指标（*KDJ*）

①计算公式

KDJ 指标的计算需以未成熟随机值（*RSV*）为基础。

$$RSV(n)=\frac{C_t-L_n}{H_n-L_n}\times 100$$

其中，H_n、L_n、C_t 的意义同 *WMS*(*n*) 的计算公式。

对 *RSV*(*n*) 进行 3 日指数移动平滑平均，可得到 *K* 值：

$$今日\ K\ 值=2/3\times 昨日\ K\ 值+1/3\times 今日\ RSV$$

对 *K* 值进行 3 日指数移动平滑平均，可得到 *D* 值：

$$今日\ D\ 值=2/3\times 昨日\ D\ 值+1/3\times 今日\ K\ 值$$

初始的 *K*、*D* 值，可以用当日的 *RSV*(*n*) 值或以 50 代替。

J 指标是 *D* 指标加上一个修正值，其公式为：

$$J=3D-2K=D+2(D-K)$$

②应用法则

a. 从 *K*、*D* 的取值看。*K*、*D* 的取值范围都是 0 ~ 100，将其划分为几个区域：80 以上为超买区，20 以下为超卖区，其余为徘徊区。

b. 从 *K*、*D* 曲线的形状看。当 *K*、*D* 指标在较高或较低的位置形成头肩形和多重顶（底）时，是采取行动的信号。这些形态一定要在较高位置或较低位置出现，位置越高或越低，结论越可靠。

c. 从 *K*、*D* 指标的交叉方面看。*K* 线上穿 *D* 线是金叉，为买入信号，但是否应买入，还需看三个条件：第一，金叉的位置是在超卖区的位置，越低越好；第二，交叉的次数以 2 次为最少，越多越好；第三，交叉点相对于 *K*、*D* 线低点的位置，需满足右侧相交原则，*K* 线是在 *D* 线已经抬头向上时才同 *D* 线相交，比 *D* 线还在下降时与之相交要可靠得多。

d. 从 *K*、*D* 指标的背离方面看。当 *K*、*D* 处在高位，并形成两个依次向下的峰，而此时股价还在上涨，则出现顶背离，是卖出的信号；当 *K*、*D* 处在低位，并形成一底比一底高，而股价还继续下跌，则出现底背离，是买入信号。

e. 使用 *J* 指标。*J* 指标的取值超过 100 和低于 0，都属于价格的非正常区域，大于 100 为超买，小于 0 为超卖。

（3）相对强弱指数（*RSI*）

相对强弱指数是通过比较一段时期内的平均收盘涨数和平均收盘跌数来分析市场买沽盘的意向和实力，从而作出未来市场的走势。

①计算公式

$$RSI(n) = A/(A+B) \times 100$$

其中，A 表示 n 日中股价向上波动的大小；B 表示 n 日股价向下波动的大小；$A+B$ 表示股价总的波动大小。

RSI 实际上是表示股价向上波动的幅度占总波动的百分比。如果比例大就是强市，否则就是弱市。

②应用法则

a. 根据 *RSI* 取值的大小判断行情。

将 100 分成四个区域，根据 *RSI* 的取值落入的区域进行操作，*RSI* 取值的大小不同，投资操作不同，如表 4－20 所示。

表 4－20　划分区域的方法

$RSI(n)$	市场特征	投资操作
80～100	极强	卖出
50～80	强	买入
20～50	弱	卖出
0～20	极弱	买入

通常，股票越活跃，*RSI* 所能达到的高度越高，分界线离 50 应该越远；参数越大，分界线离 50 越近。

b. 两条或多条 *RSI* 曲线的联合使用。

参数小的 *RSI* 为短期 *RSI*，参数大的 *RSI* 为长期 *RSI*。若短期 *RSI* > 长期 *RSI*，则属多头市场；若短期 *RSI* < 长期 *RSI*，为空头市场。

c. 从 *RSI* 的曲线形状判断行情。

当 *RSI* 在较高或较低的位置形成头肩形和多重顶（底），是采取行动的信号。这些形态一定要出现在较高位置和较低位置，离 50 越远，结论越可靠。

d. 从 *RSI* 与股价的背离方面判断行情。

RSI 处于高位，并形成一峰比一峰低的两个峰，而此时，股价却对应的是一峰比一峰高，为顶背离，是比较强烈的卖出信号。与此相反的是底背离：*RSI* 在低位形成两个底部抬高的谷底，而股价还在下降，是可以买入的信号。

（4）乖离率指标（*BIAS*）

BIAS 是测算股价与移动平均线偏离程度的指标。如果股价偏离移动平均线太远，不管是在移动平均线上方或下方，都有向平均线回归的要求。

①计算公式

$$BIAS(n) = \frac{C_t - MA(n)}{MA(n)} \times 100\%$$

其中，C_t 为 n 日中第 t 日的收盘价；$MA(n)$ 为 n 日的移动平均数；n 为时间参数。

②应用法则

a. 从 *BIAS* 的取值大小和正负看。一般来说，正的乖离率愈大，表示短期多头的获利愈大，获利回吐的可能性愈高；负的乖离率愈大，则空头回补的可能性愈高。

b. 从 *BIAS* 的曲线形状方面看。形态学和切线理论在 *BIAS* 上也可以适用。

c. 从两条 *BIAS* 线结合方面看。当短期 *BIAS* 在高位下穿长期 *BIAS* 时，是卖出信号；在低位，短期 *BIAS* 上穿长期 *BIAS* 时是买入信号。

【真题 4.17】乖离率（*BIAS*）是测算股价与移动平均线偏离程度的指标，其应用法则包括（　　）。

Ⅰ. 从 *BIAS* 的取值大小考虑　　Ⅱ. 从 *BIAS* 的曲线形状方面考虑

Ⅲ. 从两条 *BIAS* 线结合方面考虑　　Ⅳ. 从 *BIAS* 的正负考虑

A. Ⅱ、Ⅳ　　B. Ⅲ、Ⅳ

C. Ⅰ、Ⅱ、Ⅲ、Ⅳ　　D. Ⅱ、Ⅲ

【答案】C

3. 人气型指标

（1）心理线指标（*PSY*）

PSY 是从投资者的买卖趋向心理方面，将一定时期内投资者看多或看空的心理事实转化为数值，来研判股价未来走势的技术指标。

①计算公式

$$PSY(N)=\frac{A}{N}\times 100$$

其中，*N* 为天数，一般为 12；*A* 表示 *N* 天之中股价上涨的天数。*PSY*（*N*）的取值范围为 0～100，以 50 为中心，50 以上是多方市场，50 以下是空方市场。

②应用法则

a. *PSY*（*N*）的取值在 25～75，说明多空双方基本处于平衡状态。超出这个平衡状态，则是超卖或超买。

b. *PSY*（*N*）的取值过高或过低，都是行动的信号。通常，当 $PSY(N)<10$ 或 $PSY(N)>90$ 这两种极端情况出现时，是强烈的买入和卖出信号。

c. *PSY*（*N*）的取值第一次进入采取行动的区域时，往往容易出错。一般都要求 *PSY*（*N*）进入高位或低位两次以上才能采取行动。

d. *PSY* 的曲线如果在低位或高位出现大的 *W* 底或 *M* 头，也是买入或卖出的行动信号。

e. *PSY* 线可同股价曲线配合使用，并适用背离原则。

（2）能量潮指标（*OBV*）

能量潮指标的理论基础是市场价格的有效变动必须有成交量配合，量是价的先行指标。

①计算公式

$$\text{今日 } OBV=\text{昨日 } OBV+sgn\times\text{今天的成交量}$$

其中，*sgn* 为符号函数，当今日收盘价≥昨日收盘价时，$sgn=1$，成交量记入多方的能量；当今日收盘价＜昨日收盘价时，$sgn=-1$，成交量记入空方的能量。*OBV* 的初始值可以自行确定，一般用第一日的成交量代替。

②应用法则

a. *OBV* 不能单独使用，必须与股价曲线结合使用才能发挥作用。

b. *OBV* 曲线的变化对当前股价变化趋势的确认。当股价上升（下降），而 *OBV* 也相应上升（下降），则可确认当前的上升（下降）趋势；当股价上升（下降），但 *OBV* 并未相应上升

(下降)，出现背离现象，则对目前上升(下降)趋势的认定程度要大打折扣。

c. 形态学和切线理论的内容也同样适用于 *OBV* 曲线。

d. 在股价进入盘整区后，*OBV* 曲线会率先显露出脱离盘整的信号，向上或向下突破，且成功率较大。

4. 大势型指标

大势型指标主要对整个证券市场的多空状况进行描述，只能用于研判证券市场整体形势，而不能应用于个股。

(1)腾落指数(*ADL*)

ADL 是以股票每天上涨或下跌的家数作为观察的对象，通过简单算术加减来比较每日上涨股票和下跌股票家数的累积情况，形成升跌曲线，并与综合指数相互对比，对大势的未来进行预测。

①计算公式

$$今日 ADL = 昨日 ADL + N_A - N_D$$

其中，N_A 表示当天所有股票中上涨的家数；N_D 表示当天下跌的股票家数；*ADL* 的初始值可取为零。

②应用法则

a. *ADL* 的应用重在相对走势，而不看重取值的大小。

b. *ADL* 不能单独使用，要同股价曲线联合使用才能显示出作用。

首先，*ADL* 与股价同步上升(下降)，创新高(低)，则可以验证大势的上升(下降)趋势，短期内反转的可能性不大；其次，*ADL* 连续上涨(下跌)了很长时间，而指数却向相反方向下跌(上升)了很长时间，则为买进(卖出)信号，至少有反弹存在；再次，在指数进入高位(低位)时，*ADL* 并没有同步行动，而是开始走平或下降(上升)，这是趋势进入尾声的信号；最后，*ADL* 保持上升(下降)趋势，指数却在中途发生转折，但很快又恢复原有的趋势，并创新高(低)，这是买进(卖出)信号，是后市多方(空方)力量强盛的标志。

c. 形态学和切线理论的内容也可以用于 *ADL* 曲线。

d. 经验证明，*ADL* 对多头市场的应用比对空头市场的应用效果好。

(2)涨跌比指标(*ADR*)

ADR 是根据股票的上涨家数和下跌家数的比值，推断证券市场多空双方力量的对比，进而判断出证券市场的实际情况。

①计算公式

$$ADR(N) = \frac{P_1}{P_2}$$

其中，$P_1 = \sum N_A$，为 *N* 日内股票上涨家数之和；$P_2 = \sum N_D$，为 *N* 日内股票下跌家数之和；*N* 为选择的天数，一般为10。

②应用法则

a. 从 *ADR* 的取值看大势。*ADR* 在0.5~1.5之间是常态情况，此时多空双方处于均衡状态。超过了 *ADR* 常态状况的上下限，就是采取行动的信号，表示上涨或下跌的势头过于强烈，股价将有回头的可能。

b. *ADR* 可与综合指数配合使用，其应用法则与 *ADL* 相同，也有一致与背离两种情况。

c. 从 ADR 曲线的形态上看大势。ADR 从低向高超过 0.5，并在 0.5 上下来回移动几次，是空头进入末期的信号。ADR 从高向低下降到 0.75 之下，是短期反弹的信号。ADR 先下降到常态状况的下限，但不久就上升并接近常态状况的上限，则说明多头已具有足够的力量将综合指数拉上一个台阶。

d. 在大势短期回档或反弹方面，ADR 有先行示警作用。若股价指数与 ADR 成背离现象，则大势即将反转。

【真题 4.18】涨跌比指标(ADR)的应用法则包括(　　)。

Ⅰ. 从 ADR 的取值看大势

Ⅱ. ADR 可与综合指数配合使用

Ⅲ. 从 ADR 曲线的形态上看大势

Ⅳ. 股价指数与 ADR 背离，则大势即将反转

A. Ⅰ、Ⅱ、Ⅲ　　B. Ⅰ、Ⅱ、Ⅳ

C. Ⅱ、Ⅲ、Ⅳ　　D. Ⅰ、Ⅱ、Ⅲ、Ⅳ

【答案】D

(3)超买超卖指标(OBOS)

OBOS 是用一段时间内上涨和下跌股票家数的差距来反映当前股市多空双方力量的对比和强弱。

①计算公式

$$OBOS(N) = \sum N_A - \sum N_D$$

其中，$\sum N_A$ 为 N 日内每日上涨股票家数的总和；$\sum N_D$ 为 N 日内每日下跌股票家数的总和；N 表示天数，一般为 10。

当 $\sum N_A = \sum N_D$ 时，$OBOS(N) = 0$，多空双方处于平衡状态；当 $OBOS(N) > 0$ 时，多方占优势；当 $OBOS(N) < 0$ 时，空方占优势。

②应用法则

a. 根据 OBOS 的数值判断行情。当 OBOS 达到一定正数值时，大势处于超买阶段，可择机卖出；反之，当 0BOS 达到一定负数时，大势超卖，可伺机买进。

b. 当 OBOS 的走势与指数背离时，是采取行动的信号，大势可能反转。

c. 形态理论和切线理论中的结论也可用于 OBOS 曲线。

d. 当 OBOS 曲线第一次进入发出信号的区域时，应该特别注意是否出现错误。

e. OBOS 比 ADR 的计算简单，意义直观易懂，所以使用 OBOS 的时候较多，使用 ADR 的时候较少，但放弃 ADR 是不对的。

七、技术分析的应用前提、适用范围、局限性及应注意的问题

1. 技术分析的应用前提

(1)市场行为涵盖一切信息；

(2)价格沿趋势移动；

(3)历史会重演。

2. 技术分析的适用范围

(1)技术分析适用于预测未来一段较短时间的行情，并不适用于进行周期较长的分析。

(2)技术分析法的经济金融理论基础不足，对证券价格行为模式的判断有很大随意性。

3. 技术分析方法的局限性

(1)技术分析所用信息都是已经发生的，它相对滞后于行情的发展，对现实走势存在一定的时间差距，由此得出的买卖信号存在超前或滞后的可能，无法指导人们长期投资。

(2)技术分析有可能出现“骗线”现象，即数据图表得出的结论与实际不符，投资者如照此操作，有可能掉入走势陷阱。这种“骗线”的产生，既可是机构大户有意作为，利用人们对技术分析结论的偏信，联手炮制出某种明显买入或卖出走势、结论，以达到让别人受骗上当，为自己抬轿、轻松获利的目的，也可是市场各因素的相互作用而出现的海市蜃楼，如机械套用公式则会得出错误结论，结果难免亏损惨重。

(3)技术分析无法指出每次行情波动的上下限，给人们在峰顶抛出底谷购入的机会；也无法揭示每次行情的确切时间，让人们早作准备。技术分析虽然能判断出未来走势处于上升还是下降通道，但无法得出在什么时间以什么价格买入或卖出，初学者常常会在行情最高点买入和在行情低迷时抛出。

4. 技术分析方法应用时应注意的问题

技术分析作为一种证券投资分析工具，在应用时应该注意以下问题：

(1)技术分析必须与基本分析结合起来使用；

(2)多种技术分析方法综合研判，提高决策的准确性；

(3)理论与实践相结合，要注意掌握各种分析方法的精髓，并根据实际情况作适当调整。

【真题 4.19】应用技术分析方法时，应注意的问题包括(　　)。

Ⅰ. 技术分析必须与基本分析结合起来使用

Ⅱ. 理论与实践相结合

Ⅲ. 使用多种技术分析方法综合研判

Ⅳ. 要掌握各种分析方法的精髓，并根据实际情况作适当调整

A. Ⅰ、Ⅱ、Ⅳ　　B. Ⅱ、Ⅲ、Ⅳ

C. Ⅰ、Ⅱ、Ⅲ、Ⅳ　　D. Ⅰ、Ⅱ、Ⅲ

【答案】C

八、总体、样本和统计量的含义

1. 总体

总体是指具有某一特征的研究对象的全体所构成的集合。

2. 样本

样本是从总体中抽取部分个体所组成的集合。常用的样本统计量有样本均值、样本中位数、样本方差等。

3. 统计量

统计量是用来描述样本特征的概括性数字度量。

九、统计推断的参数估计和假设检验

1. 统计推断的参数估计

参数估计是指用样本统计量去估计总体的参数，有点估计和区间估计两种方法。

(1)点估计

点估计是指用样本统计量 $\hat{\theta}$ 的某个取值直接作为总体参数 θ 的估计值。用样本比例 p 直接作为总体比例 π 的估计值，用样本均值 $\bar{x}$ 直接作为总体均值 μ 的估计值，用样本方差 s^2 直接作为总体方差 σ^2 的估计值等。

(2)区间估计

区间估计是在点估计的基础上，由样本统计量加减估计误差得到总体参数估计的一个区间范围，同时根据样本统计量的抽样分布计算出样本统计量与总体参数的接近程度。

根据样本均值的抽样分布，重复抽样或无限总体抽样时，样本均值的数学期望 $E(\bar{x})=\mu$，样本均值的标准误差为 $\sigma_{\bar{x}}=\sigma/\sqrt{n}$，则样本均值 $\bar{x}$ 落在总体均值 μ 的两侧各为 1 个抽样标准差范围内的概率为 0.6827；落在 2 个抽样标准差范围内的概率为 0.9545；落在 3 个抽样标准差范围内的概率为 0.9973，等等。

2. 统计推断的假设检验

(1)假设检验的程序

①根据实际问题的要求提出一个论断，称为原假设，记为 H_0，备择假设记为 H_1；

②根据样本的有关信息，构造统计量并找出在原假设成立条件下，该统计量所服从的概率分布，根据样本观察值，计算检验统计量的观察值；

③给定显著水平 α，并根据相应的统计量的统计分布表查出相应的临界值，得到相应的置信区间；

④根据决策准则，如果检验统计量的观测值不属于置信区间范围内，则拒绝原假设，接受备择假设，否则，不拒绝原假设。

【真题 4.20】假设检验的程序包括(　　)。

Ⅰ. 根据实际问题，提出原假设及备择假设

Ⅱ. 构造统计量并找出在假设成立条件下，该统计量所服从的概率分布

Ⅲ. 根据给定置信水平和所选取的统计量，查概率分布临界值表，确定临界值表与否定域

Ⅳ. 检验样本统计量的值是否落入否定域，若是则拒绝原假设，否则接受原假设

A. Ⅰ、Ⅱ、Ⅳ　　B. Ⅰ、Ⅲ、Ⅳ

C. Ⅱ、Ⅲ、Ⅳ　　D. Ⅰ、Ⅱ、Ⅲ、Ⅳ

【答案】D

(2)假设检验的基本思想

假设检验的基本思想是概率性质的反证法。概率性质的反证法的根据是小概率事件原理，该原理认为“小概率事件在一次试验中几乎是不可能发生的”。构造一个在“原假设 H_0 是正确”的条件下是一个小概率的事件，若该事件发生了，则拒绝原假设 H_0，原因是出现了不应该出现的小概率事件；相反，若该小概率事件没有出现，则接受原假设 H_0。

十、常用统计软件及其应用

1. EViews

EViews 是目前世界上最流行的计量经济学软件之一，具有数据处理、作图、统计分析、建模分析、预测和模拟等功能，在建模分析方面，包括单方程的线性模型和非线性模型，联立方程计量经济学模型，时间序列分析模型，分布滞后模型，向量自回归模型，误差修正模型，离散选择模型等多种估计方法。

2. SPSS/PC

SPSS/PC 是适用于对截面资料或调查资料的数理统计分析的统计分析软件包。凡是有关的统计分析问题，均可以使用该软件包进行各种分析，特别适用于对截面资料或调查资料的数理统计分析。

3. SAS

SAS 是集数据管理、数据分析和信息处理为一体的应用软件系统，在国际上被誉为数据分析的标准软件，在各个领域得到广泛的应用。做为一种集成软件，用户可以将各种模块适当组合以满足各自不同的需要。SAS 不仅能完成经典计量经济学模型的估计和检验，而且还可进行模型诊断。

4. GAUSS

GAUSS 是用语言编写的应用软件，具有极强的矩阵运算功能，尤其适用于非线性计量经济学模型的估计。LSQ/GAUSS，即集中于基本计量经济学分析的 GAUSS 软件，在使用方便和计算快捷方面较其他软件具有明显的优越性。

5. PC-GIVE

PC-GIVE 主要用于动态计量经济学分析，包括经济数据的分析，计量经济学模型的评估，动态计量经济学模型的建立等主要功能。所提供的多种综合统计检验量可以帮助用户选择模型最合适的动态形式。

6. Stata

Stata 是一个用于分析和管理数据的功能强大且小巧玲珑的实用统计分析软件，具有数据管理软件、统计分析软件、绘图软件、矩阵计算软件和程序语言的特点，在平行数据分析方面具有优势，几乎具有所有计量经济学模型估计和检验的功能。

7. Excel

它严格说来并不是统计软件，但作为数据表格软件，必然有一定的统计计算功能。

【本章练习】

一、选择题

1. 下列各项中，属于证券投资基本分析方法优点的是(　　)。

A. 对证券价格预测精度较高　　B. 能够把握证券市场短期走势

C. 应用图形直观表示　　D. 能够把握证券市场长期走势

2. 公司分析中最重要的是(　　)。

A. 公司经营能力分析　　B. 公司行业地位分析

C. 公司产品分析　　D. 公司财务分析

3. 行业的发展与国民经济总体的周期变动之间有一定的联系，按照两者联系的密切程度划分，可以将行业分为(　　)。

A. 增长型行业、周期型行业、衰退型行业

B. 初创型行业、成长型行业、衰退型行业

C. 增长型行业、周期型行业、防守型行业

D. 幼稚型行业、周期型行业、衰退型行业

4. 对经济周期性波动来说，提供了一种财富套期保值手段的行业属于(　　)。

A. 增长型　　B. 周期型　　C. 防守型　　D. 幼稚型

5. 道氏理论认为，趋势必须得到(　　)的确认。

A. 交易价格　　B. 交易量

C. 交易速度　　D. 交易者的参与程度

6. 若一项假设规定显著性水平为 $\alpha=0.05$，下面的表述正确的是(　　)。

A. 接受 H_0 时的可靠性为95%　　B. 接受 H_1 时的可靠性为95%

C. H_0 为假时被接受的概率为5%　　D. H_1 为真时被拒绝的概率为5%

7. 假设某证券最近10周收盘价分别为22、21、22、24、26、27、25、24、26、25，那么本周的 $RSI(9)$ 等于(　　)。

A. 45　　B. 50　　C. 61.54　　D. 56

8. 下列关于权证的描述中，正确的是(　　)。

A. 权证的时间价值随存续期的缩短而减小

B. 权证的时间价值等于交易价格减去内在价值

C. 权证的杠杆作用表现为认股权的市场价格比其标的股票的市场价格变化速度慢得多

D. BS模型适用于美式权证定价

二、组合型选择题

1. 基本分析法中的公司分析侧重于对(　　)的分析。

Ⅰ. 盈利能力　　Ⅱ. 发展潜力　　Ⅲ. 经营业绩　　Ⅳ. 潜在风险

A. Ⅰ、Ⅱ、Ⅲ　　B. Ⅱ、Ⅳ　　C. Ⅲ、Ⅳ　　D. Ⅰ、Ⅱ、Ⅲ、Ⅳ

2. 近年来我国政府采取的有利于扩大股票需求的措施有(　　)。

Ⅰ. 成立中外合资基金公司　　Ⅱ. 取消利息税

Ⅲ. 提高保险公司股票投资比重　　Ⅳ. 股权分置改革

A. Ⅰ、Ⅱ　　B. Ⅰ、Ⅲ　　C. Ⅱ、Ⅲ　　D. Ⅱ、Ⅳ

3. 美国哈佛商学院教授迈克尔·波特认为，从静态角度看，基本竞争力量的状况及其综合强度决定着(　　)。

Ⅰ. 行业的发展方向　　Ⅱ. 行业内的企业可能获得利润的最终潜力

Ⅲ. 行业内的竞争激烈程度　　Ⅳ. 行业竞争的强度和获利能力

A. Ⅰ、Ⅱ　　B. Ⅰ、Ⅱ、Ⅲ　　C. Ⅰ、Ⅲ、Ⅳ　　D. Ⅱ、Ⅲ

4. 公司区位分析的主要内容应当包括(　　)。

Ⅰ. 公司所处区位内的经济特色分析　　Ⅱ. 公司所处区位内的自然条件分析

Ⅲ. 公司所处区位内的基础条件分析　　Ⅳ. 公司所处区位内的产业政策分析

A. Ⅰ、Ⅱ、Ⅲ　　B. Ⅰ、Ⅱ、Ⅳ　　C. Ⅰ、Ⅳ　　D. Ⅰ、Ⅱ、Ⅲ、Ⅳ

5. 下列有关通货膨胀对证券市场的影响，说法正确的是(　　)。

Ⅰ. 温和的、稳定的通货膨胀对股价的影响较小，通货膨胀提高了债券的必要收益率，从而引起债券价格下跌

Ⅱ. 如果通货膨胀在一定的可容忍范围内持续，而经济处于景气阶段，产量和就业都持续增长，那么股价也将持续上升

Ⅲ. 通货膨胀不仅产生经济影响，还可能产生社会影响，并影响投资者的心理和预期，从而对股价产生影响

Ⅳ. 通货膨胀使得各种商品价格具有更大的不确定性，也使得企业未来经营状况具有更

大的不确定性，从而增加证券投资的风险

A. Ⅰ、Ⅱ　　B. Ⅱ、Ⅲ

C. Ⅱ、Ⅲ、Ⅳ　　D. Ⅰ、Ⅱ、Ⅲ、Ⅳ

6. 下列关于公司偿债能力分析的说法，正确的有(　　)。

Ⅰ. 包括短期偿债能力分析和长期偿债能力分析两个方面

Ⅱ. 短期偿债能力的强弱取决于流动资产的流动性

Ⅲ. 长期偿债能力是指公司偿还 1 年以上债务的能力

Ⅳ. 从长期来看，短期偿债能力与公司的获利能力是密切相关的

A. Ⅰ、Ⅱ、Ⅲ　　B. Ⅱ、Ⅲ　　C. Ⅰ、Ⅲ、Ⅳ　　D. Ⅰ、Ⅱ

7. 已知某公司某年财务数据如下：年初存货 69 万元，年初流动资产 130 万元，年末存货 62 万元，年末流动资产 123 万元，营业利润 96 万元，营业成本 304 万元，利润总额 53 万元，净利润 37 万元。根据上述数据可以计算出(　　)。

Ⅰ. 流动资产周转率为 3.2 次　　Ⅱ. 存货周转天数为 77.6 天

Ⅲ. 营业净利率为 13.25%　　Ⅳ. 存货周转率为 3 次

A. Ⅰ、Ⅱ　　B. Ⅰ、Ⅲ　　C. Ⅰ、Ⅱ、Ⅳ　　D. Ⅱ、Ⅲ、Ⅳ

8. 上市公司配股增资后，下列各项中上升的财务指标有(　　)。

Ⅰ. 总股本　　Ⅱ. 流通股本　　Ⅲ. 资产负债率　　Ⅳ. 产权比率

A. Ⅰ、Ⅱ　　B. Ⅰ、Ⅳ　　C. Ⅱ、Ⅲ　　D. Ⅲ、Ⅳ

9. 某公司在未来每期支付的每股股息为 9 元，必要收益率为 10%，当前股票价格为 70 元，则在股价决定的零增长模型下，(　　)。

Ⅰ. 该公司的股票价值等于 90 元　　Ⅱ. 股票净现值等于 15 元

Ⅲ. 该股被低估　　Ⅳ. 该股被高估

A. Ⅰ、Ⅲ　　B. Ⅰ、Ⅳ　　C. Ⅱ、Ⅲ　　D. Ⅱ、Ⅳ

10. 下列哪些指标应用是正确的？(　　)

Ⅰ. 利用 *MACD* 预测时，如果 *DIF* 和 *DEA* 均为正值，当 *DEA* 向上突破 *DIF* 时，应买入

Ⅱ. 当 *WMS* 高于 80，即处于超买状态，行情即将见底，应卖出

Ⅲ. 当 *KDJ* 在较高位置形成了多重顶，则考虑卖出

Ⅳ. 当短期 *RSI* > 长期 *RSI* 时，属于多头市场

A. Ⅰ、Ⅱ　　B. Ⅰ、Ⅳ　　C. Ⅱ、Ⅲ　　D. Ⅲ、Ⅳ

11. 指数平滑异同移动平均线(*MACD*)由正负差 *DIF*(也称离差值)和异同平均数(*DEA*)两部分组成，其应用法则包括(　　)。

Ⅰ. *DIF* 和 *DEA* 均为正值时，属多头市场

Ⅱ. *DIF* 和 *DEA* 均为负值时，属空头市场

Ⅲ. 当 *DIF* 向下跌破零轴线时，为卖出信号

Ⅳ. 当 *DIF* 向上穿零轴线时，为买入信号

A. Ⅰ、Ⅲ、Ⅳ　　B. Ⅱ、Ⅲ、Ⅳ　　C. Ⅰ、Ⅳ　　D. Ⅰ、Ⅱ、Ⅲ、Ⅳ

【答案及解析】

一、选择题

1.【答案】D

【解析】基本分析法的优点主要是能够从经济和金融层面揭示证券价格决定的基本因素

及这些因素对价格的影响方式和影响程度。缺点主要是对基本面数据的真实性、完整性具有较强依赖，短期价格走势的预测能力较弱。

2.【答案】D

【解析】公司分析中最重要的是财务状况分析。其中，财务报表通常被认为是最能够获取有关公司信息的工具。在信息披露规范的前提下，已公布的财务报表是上市公司投资价值预测与证券定价的重要信息来源。

3.【答案】C

【解析】各行业变动时，往往呈现出明显的、可测的增长或衰退的格局。这些变动与国民经济总体的周期变动是有关系的，但关系密切的程度又不一样。据此，可以将行业分为三类：①增长型行业，其运行状态与经济活动总水平的周期及其振幅并不紧密相关；②周期型行业，其运行状态与经济周期紧密相关；③防守型行业，其经营状况在经济周期的上升和下降阶段都很稳定。

4.【答案】A

【解析】增长型行业提供了一种财富套期保值的手段。在经济高涨时，高增长行业的发展速度通常高于平均水平；在经济衰退时期，其所受影响较小甚至仍能保持一定的增长。

5.【答案】B

【解析】在确定趋势时，交易量是重要的附加信息，交易量应在主要趋势的方向上放大。

6.【答案】A

【解析】显著性水平 α 为第Ⅰ类错误的发生概率。当原假设为真时拒绝原假设，所犯的错误即为第一类错误，即 H_0 为真时拒绝 H_0，接受 H_1 的概率为5%，接受 H_0 的概率为95%。

7.【答案】C

【解析】每周的收盘价减去上一周的收盘价，可得到下面9个数字：-1、1、2、2、1、-2、-1、2、-1。最近10周收盘价格上涨总数 $=1+2+2+1+2=8$；最近10周收盘价格下跌总数 $=(-1-2-1-1)\times(-1)=5$。因此，$RSI(9)=\frac{8}{8+5}\times100\approx61.54$。

8.【答案】A

【解析】AB两项，权证的时间价值等于理论价值减去内在价值，它随着存续期的缩短而减小；C项，以认购权证为例，杠杆作用表现为认购权证的市场价格要比其可认购股票的市场价格上涨或下跌的速度快得多；D项，权证是一种期权，因此对于权证的定价多采用Black-Scholes模型(简称BS模型)，BS模型适用于欧式权证。

二、组合型选择题

1.【答案】D

【解析】公司分析侧重对公司的竞争能力、盈利能力、经营管理能力、发展潜力、财务状况、经营业绩以及潜在风险等进行分析，借此评估和预测证券的投资价值、价格及其未来变化的趋势。

2.【答案】B

【解析】证券市场需求主要受到以下因素的影响：①宏观经济环境；②政策因素；③居民金融资产结构的调整；④机构投资者的培育和壮大；⑤资本市场的逐步对外开放。Ⅱ项，取消利息税促使投资者将股票投资转化为储蓄，有利于降低股票的需求；Ⅳ项，股权分置改革扩大了股票的供给。

3. 【答案】D

【解析】从静态角度看，基本竞争力量的状况及其综合强度，决定着行业内的竞争激烈程度，决定着行业内的企业可能获得利润的最终潜力；从动态角度看，这五种竞争力量抗衡的结果，共同决定着行业的发展方向，共同决定行业竞争的强度和获利能力。

4. 【答案】D

【解析】公司经济区位是指地理范畴上的经济增长点及其辐射范围，区位分析主要内容包括：①区位内的自然条件与基础条件；②区位内的政府的产业政策；③区位内的经济特色。

5. 【答案】D

【解析】除Ⅰ、Ⅱ、Ⅲ、Ⅳ四项外，通货膨胀对证券市场的影响还包括：①严重的通货膨胀将严重扭曲经济，货币加速贬值，这时人们将会囤积商品、购买房屋等进行保值；②政府往往不会长期容忍通货膨胀存在，因而必然会使用某些宏观经济政策工具来抑制通货膨胀；③通货膨胀时期，并不是所有价格和工资都按同一比率变动，而是相对价格发生变化；④长期严重的通货膨胀必然恶化经济环境、社会环境，股价将受大环境影响而下跌。

6. 【答案】A

【解析】Ⅳ项，从长期来看，所有真实的报告收益应最终反映为公司的现金净流入，所以长期偿债能力与公司的获利能力是密切相关的。

7. 【答案】A

【解析】Ⅰ项，流动资产周转率 = 营业收入/平均流动资产 = (96 + 304)/[(130 + 123)/2] = 3.2(次)；Ⅱ项，存货周转天数 = 360/存货周转率 = 平均存货 × 360 ÷ 营业成本 = [(69 + 62)/2] × 360/304 = 77.6(天)；Ⅲ项，营业净利润率 = 净利润/营业收入 = 37/(96 + 304) = 9.25%；Ⅳ项，存货周转率 = 360/存货周转天数 = 4.6(次)。

8. 【答案】A

【解析】公司通过配股融资后，由于净资产增加，而负债总额和负债结构都不会发生变化，因此公司的资产负债率和权益负债比率(即产权比率)将降低，减少了债权人承担的风险，而股东所承担的风险将增加。

9. 【答案】A

【解析】Ⅰ项，运用零增长模型，可知该公司股票的价值为 90 元(9 ÷ 10%)；Ⅲ项，当前股票价格为 70 元，每股股票净现值为 20 元(90 − 70)，这说明该股股票被低估 20 元。

10. 【答案】D

【解析】Ⅰ项，利用 *MACD* 预测时，若 *DIF* 和 *DEA* 均为正值，*DIF* 向上突破 *DEA* 是买入信号。Ⅱ项，当 *WMS* 高于 80 时，处于超卖状态，行情即将见底，应当考虑买进；当 *WMS* 低于 20 时，处于超买状态，行情即将见顶，应当考虑卖出。

11. 【答案】D

【解析】以 *DIF* 和 *DEA* 的取值和这两者之间的相对取值对行情进行预测，有如下应用法则：①*DIF* 和 *DEA* 均为正值时，属多头市场。*DIF* 向上突破 *DEA* 是买入信号；*DIF* 向下跌破 *DEA* 只能认为是回落，做获利了结。②*DIF* 和 *DEA* 均为负值时，属空头市场。*DIF* 向下突破 *DEA* 是卖出信号；*DIF* 向上穿破 *DEA* 只能认为是反弹，做暂时补空。③当 *DIF* 向下跌破零轴线时，此为卖出信号，即 12 日 *EMA* 与 26 日 *EMA* 发生死亡交叉；当 *DIF* 上穿零轴线时，为买入信号，即 12 日 *EMA* 与 26 日 *EMA* 发生黄金交叉。

第五章　风险管理

【知识结构】

- 风险管理
  - 信用风险管理
    - 信用风险类别
    - 信用风险识别的内容和方法
    - 计量证券信用风险的客户评级和债项评级的内容和计量方法
    - 监测信用风险的主要指标和计算方法
    - 预警信用风险的程序和主要方法
    - 控制信用风险的限额管理方法
    - 信用风险缓释技术的主要内容及处理方法
  - 市场风险管理
    - 市场风险的四种类型
    - 缺口分析、久期分析、风险价值、压力测试和情景分析的基本原理和适用范围
    - 市场风险管理流程
    - 控制市场风险的限额管理、风险对冲等方法
  - 流动性风险管理
    - 资产负债期限结构影响流动性的途径和机制
    - 资产负债分布结构影响流动性的途径和机制
    - 主要的流动性风险评估方法
    - 流动性风险的监测指标和预警信号
    - 利用压力测试、情景分析预测流动性
    - 控制流动性风险的主要做法

第一节　信用风险管理

【大纲要求】

熟悉信用风险类别；掌握信用风险识别的内容和方法；掌握计量证券信用风险的客户评级和债项评级的内容和计量方法；熟悉监测信用风险的主要指标和计算方法；熟悉预警信用风险的程序和主要方法；掌握控制信用风险的限额管理方法；掌握信用风险缓释技术的主要内容及处理方法。

【要点详解】

一、信用风险类别

信用风险是指交易对手未能履行合同所规定的义务或信用质量发生变化，影响金融产品价值，从而给金融产品持有人造成经济损失的风险。

按照不同的标准，信用风险可以分为不同的类型：

(1)按授信方的不同，信用风险可被分为国家信用风险、行业信用风险、个体信用风险。

(2)按信用风险产生的原因，信用风险可被分为道德性信用风险和非道德性信用风险。

(3)按源信用风险可控程度，信用风险可被分为可控信用风险和非可控信用风险。

二、信用风险识别的内容和方法

进行信用风险识别，应从以下三方面入手：

1. 基本信息分析

银行在对单一法人客户进行信用风险识别和分析时，必须对客户的基本情况和与商业银

行业务相关的信息进行全面了解，以判断客户的类型(企业法人客户还是机构法人客户)、基本经营情况(业务范围、盈利情况)、信用状况(有无违约记录)等。

2. 财务状况分析

对法人客户的财务状况分析主要采取财务报表分析、财务比率分析以及现金流量分析三种方法。

财务报表分析应特别关注以下内容：

(1)识别和评价财务报表风险；

(2)识别和评价经营管理状况；

(3)识别和评价资产管理状况；

(4)识别和评价负债管理状况。

【真题5.1】在对法人客户进行信用风险识别时，采取财务报表分析法应特别关注的内容包括(　　)。

Ⅰ. 识别和评价财务报表风险

Ⅱ. 识别和评价经营管理状况

Ⅲ. 识别和评价资产管理状况

Ⅳ. 识别和评价负债管理状况

A. Ⅰ、Ⅱ、Ⅲ、Ⅳ

B. Ⅱ、Ⅲ、Ⅳ

C. Ⅰ、Ⅱ

D. Ⅲ、Ⅳ

【答案】A

3. 非财务因素分析

考察和分析企业的非财务因素，主要从管理层风险，行业风险，生产与经营风险，宏观经济、社会及自然环境等方面进行分析和判断。

三、计量证券信用风险的客户评级和债项评级的内容和计量方法

1. 客户评级

(1)基本概念

客户评级是对客户偿债能力和偿债意愿的计量和评价，反映客户违约风险的大小。

①违约

违约是估计违约概率、违约损失率(LGD)、违约风险暴露(EAD)等信用风险参数的基础。

②违约概率

违约概率是指借款人在未来一定时期内发生违约的可能性。在巴塞尔新资本协议中，违约概率一般被定义为借款人内部评级1年期违约概率与0.03%中的较高者。

(2)客户信用评级的计量方法

①专家判断法

专家判断法是依赖专家自身的专业知识、技能和丰富经验，运用各种专业性分析工具，在分析评价各种关键要素基础上依据主观判断来综合评定信用风险的分析系统。

目前常用的专家系统中，使用最为广泛的是5Cs系统(品德、资本、还款能力、抵押、经营环境)。此外，使用较为广泛的专家系统还有对企业信用分析的5Ps系统(个人因素、资金用途因素、保障因素、还款来源因素、企业前景因素)和针对商业银行等金融机构的骆驼(CAMEL)分析系统(资本充足性、资产质量、管理水平、盈利水平、流动性)。

专家系统的突出特点在于将信贷专家的经验和判断作为信用分析和决策的主要基础，这

种主观性很强的方法带来的一个突出问题是对信用风险的评估缺乏一致性。

②信用评分模型

信用评分模型是一种传统的信用风险量化模型，利用可观察到的借款人特征变量计算出一个数值(得分)来代表债务人的信用风险，并将借款人归类于不同的风险等级。对个人客户而言，可观察到的特征变量包括收入、资产、年龄、职业以及居住地等；对法人客户而言，包括现金流量、各种财务比率等。应用最广泛的信用评分模型有线性概率模型、Logit模型、Probit模型和线性辨别模型。

信用评分模型的关键在于特征变量的选择和各自权重的确定。其突出问题在于：

a. 建立在对历史数据(而非当前市场数据)模拟的基础上，是一种向后看的模型；

b. 对借款人历史数据的要求相当高；

c. 信用评分模型虽然可以给出客户信用风险水平的分数，却无法提供客户违约概率的准确数值，而后者往往是信用风险管理最为关注的。

③违约概率模型

违约概率模型属于现代信用风险计量方法，能够直接估计客户的违约概率，但是需积累至少五年的数据。目前，比较常用的模型有穆迪的RiskCalc模型、KMV的Credit Monitor模型、KPMG的风险中性定价模型和死亡率模型。

【真题5.2】信用评分模型，对法人客户而言，可观察到的特征变量主要包括(　　)。

Ⅰ. 现金流量　　Ⅱ. 财务比率　　Ⅲ. 历史数据　　Ⅳ. 竞争对手数据

A. Ⅰ、Ⅱ、Ⅲ、Ⅳ　　B. Ⅱ、Ⅲ、Ⅳ

C. Ⅰ、Ⅳ　　D. Ⅰ、Ⅱ、Ⅲ

【答案】D

【解析】信用评分模型是一种传统的信用风险量化模型，利用可观察到的借款人特征变量计算出一个数值(得分)来代表债务人的信用风险，并将借款人归类于不同的风险等级。对法人客户而言，可观察到的特征变量包括现金流量、各种财务比率等。信用评分模型对借款人历史数据的要求较高，商业银行需要建立起一个包括大多数企业历史数据的数据库。

2. 债项评级

债项评级是对交易本身的特定风险进行计量和评价，反映客户违约后的债项损失大小。特定风险因素包括抵押、优先性、产品类别、地区、行业等。债项评级不但可以只反映债项本身的交易风险，还可以同时反映客户的债项交易风险和信用风险。

债项评级与客户评级是反映信用风险水平的两个维度。一个债务人只能有一个客户评级，而同一债务人的不同交易可能会有不同的债项评级。

(1)违约风险暴露(EAD)

违约风险暴露是指债务人违约时预期表内项目和表外项目的风险暴露总额。包括已使用的授信余额、应收未收利息、未使用授信额度的预期提取数量以及可能发生的费用。

若客户已经违约，则违约风险暴露为其违约时的债务账面价值；若客户尚未违约，则违约风险暴露对于表内项目为债务账面价值，对于表外项目为：已提取金额+信用转换系数×已承诺未提取金额。

(2)违约损失率(LGD)

违约损失率指估计的某一债项违约后损失的金额占该违约债项风险暴露的比例，即损失占风险暴露总额的百分比(损失的严重程度，LGD = 1 - 回收率)。

四、监测信用风险的主要指标和计算方法

1. 不良贷款率

不良贷款率 =(次级类贷款 + 可疑类贷款 + 损失类贷款)/各项贷款 × 100%

2. 预期损失率

预期损失率 = 预期损失/资产风险暴露 × 100%

预期损失是指信用风险损失分布的数学期望，是商业银行已经预计到将会发生的损失，代表大量贷款或交易组合在整个经济周期内的平均损失。

3. 单一(集团)客户授信集中度

单一(集团)客户贷款集中度 = 最大一家(集团)客户贷款总额/资本净额 × 100%

最大一家(集团)客户贷款总额是指报告期末各项贷款余额最高的一家(集团)客户的各项贷款的总额。

4. 关联授信比例

关联授信比例 = 全部关联方授信总额/资本净额 × 100%

全部关联方授信总额是指商业银行全部关联方的授信余额，扣除关联方提供的保证金存款以及质押的银行存单和我国中央政府债券。关联方包括关联自然人、法人或其他组织。

5. 贷款风险迁徙率

风险迁徙类指标表示为资产质量从前期到本期变化的比率，属于动态监测指标，具体有：

(1)正常贷款迁徙率

正常贷款迁徙率 =(期初正常类贷款中转为不良贷款的金额 + 期初关注类贷款中转为不良贷款的金额)/(期初正常类贷款余额 - 期初正常类贷款期间减少金额 + 期初关注类贷款余额 - 期初关注类贷款期间减少金额) × 100%

(2)正常类贷款迁徙率

正常类贷款迁徙率 = 期初正常类贷款向下迁徙金额/(期初正常类贷款余额 - 期初正常类贷款期间减少金额) × 100%

期初正常类贷款向下迁徙金额，是指期初正常类贷款中，在报告期末分类为关注类、次级类、可疑类、损失类的贷款余额之和。

(3)关注类贷款迁徙率

关注类贷款迁徙率 = 期初关注类贷款向下迁徙金额/(期初关注类贷款余额 - 期初关注类贷款期间减少金额) × 100%

(4)次级类贷款迁徙率

次级类贷款迁徙率 = 期初次级类贷款向下迁徙金额/(期初次级类贷款余额 - 期初次级类贷款期间减少金额) × 100%

(5)可疑类贷款迁徙率

可疑类贷款迁徙率 = 期初可疑类贷款向下迁徙金额/(期初可疑类贷款余额 - 期初可疑类贷款期间减少金额) × 100%

6. 逾期贷款率

逾期贷款率 = 逾期贷款余额/贷款总余额 × 100%

用于反映贷款按期归还情况，从是否按期还款的角度反映贷款使用效益情况和信用风险程度，从而促进银行对逾期贷款尽快妥善处理。

7. 不良贷款拨备覆盖率

不良贷款拨备覆盖率 =（一般准备 + 专项准备 + 特种准备）/（次级类贷款 + 可疑类贷款 + 损失类贷款）

一般准备是根据全部贷款余额的一定比例计提的用于弥补尚未识别的可能性损失的准备；专项准备是指根据《贷款风险分类指导原则》对贷款进行风险分类后，按每笔贷款损失的程度计提的用于弥补专项损失的准备；特种准备指针对某一国家、地区、行业或某一类贷款风险计提的准备。

8. 贷款损失准备充足率

贷款损失准备充足率 = 贷款实际计提准备/贷款应提准备 × 100%

贷款实际计提准备指商业银行根据贷款预计损失而实际计提的准备。

【真题 5.3】商业银行信用风险管理的重要监测指标有（　　）。

Ⅰ. 不良贷款率　　Ⅱ. 预期损失率

Ⅲ. 逾期贷款率　　Ⅳ. 贷款损失准备充足率

A. Ⅱ、Ⅲ、Ⅳ　　B. Ⅰ、Ⅱ、Ⅲ、Ⅳ

C. Ⅰ、Ⅳ　　D. Ⅰ、Ⅱ、Ⅲ

【答案】B

【解析】除Ⅰ、Ⅱ、Ⅲ、Ⅳ四项外，商业银行信用风险管理的重要监测指标还包括单一（集团）客户贷款集中度、贷款风险迁徙率、不良贷款拨备覆盖率、关联授信比例等。

五、预警信用风险的程序和主要方法

1. 风险预警程序

风险预警是各种处理机制和各种工具的组合结果，无论是否依托于精确化、系统化、动态化的风险预警系统，都应当依次、逐级完成下面的程序：

（1）信用信息的收集和传递

收集客户基本信息、财务状况及其变动和会影响其返还贷款的信息并报至相关部门知晓。

（2）风险分析

预测系统运用预测方法对未来内外部环境进行预测，预警指标经运算估计出未来市场和客户的风险状况，所输出的结果与预警参数进行比较，判断是否发出警报。

（3）风险处置

风险处置是指在风险警报的基础上，为控制和最大限度地降低风险而采取的一系列措施，根据阶级可分为两种：

①预控性处置：在风险预警报告已经作出，而决策部门尚未采取相应措施之前，由风险预警部门或决策部门对尚未爆发的潜在风险提前采取控制措施。

②全面性处置：对风险的类型、性质和程度进行系统详尽的分析后，从内部组织管理、业务经营活动等方面采取措施来分散、转移和规避风险，使风险预警信号回到正常范围。

(4)后评价

风险预警的后评价是指经过风险预警及风险处置过程后，对风险预警的结果进行科学的评价，以发现其中存在的问题并对预警系统和风险管理行为进行修正或调整。

风险预警在运行过程中要不断通过时间序列分析等技术来检验其有效性，同时改进预警指标和模型。

2．风险预警的方法

风险预警的主要方法有：专家判断法、评级方法、信用评分方法、统计模型。

在实践中，按照不同的运作机制，将风险预警方法分为蓝色预警法、红色预警法和黑色预警法。

3．行业风险预警

行业风险预警属于中观层面的预警，主要包括对行业环境、经营、财务、重大突发事件等风险因素的预警，具体如表5－1所示。

表5－1　行业风险预警

风险因素	说明
行业环境风险因素	①国家财政、货币、产业等宏观经济政策变化，例如，汇率、利率的调整，政府产业政策鼓励或限制某一产业； ②行业相关的法律法规出现重大调整； ③多边或双边贸易政策变化，例如，对进口、出口的限制和保护； ④政府优惠政策的停止
行业经营风险因素	①行业整体衰退； ②出现重大的技术变革，影响到行业的产品和生产技术的改变； ③经济环境变化，如经济萧条或出现金融危机，对行业发展产生影响； ④产能明显过剩； ⑤市场需求出现明显下降； ⑥行业出现整体亏损或行业标杆企业出现亏损
行业财务风险因素	①行业净资产收益率＝净利润/平均净资产×100%，是衡量行业盈利能力最重要的指标，越高越好； ②行业盈亏系数＝行业内亏损企业个数/行业内全部企业个数＝行业内亏损企业亏损总额/(行业内亏损企业亏损总额＋行业内盈利企业盈利总额)，是衡量行业风险程度的关键指标，数值越低风险越小； ③资本积累率＝行业内企业年末所有者权益增长额总和/行业内年初企业所有者权益总和×100%，是评价目标行业发展潜力的重要指标，越高越好； ④行业销售利润率＝行业内企业销售利润总和/行业内企业销售收入总和×100%，指标越高，说明行业产品附加值越高，市场竞争力越强，发展潜力越大； ⑤行业产品产销率＝行业产品销售量/行业产品产量×100%；指标越高，说明行业产品供不应求，现有市场规模还可进一步扩大； ⑥劳动生产率＝(截至当月累计工业增加值总额×12)/(行业职工平均人数×累计月数)×100%，指标越高表明其生产技术越先进，单位员工产出越多
行业重大突发事件	当行业发生重大突发事件后，一般都会对行业中的企业以及相关行业中的企业正常生产经营造成影响，从而对商业银行正常的本息回收工作带来不利影响

4．区域风险预警

区域风险通常表现为区域政策法规的重大变化、区域经营环境的恶化以及区域内部经营管理水平下降、区域信贷资产质量恶化等，具体如表5－2所示。

表 5－2 区域风险预警

类型	表现
区域政策法规的重大变化	①国家政策法规变化给当地带来的不利影响； ②地方政府提出与地方自然资源、交通条件等极不相称的产业发展规划； ③地方政府为吸引企业投资，不惜一切代价，提供优惠条件； ④国家宏观政策发生变化而造成地方原定的优惠政策难以执行； ⑤地方政府减少对区域内商业银行客户的优惠政策或允诺的优惠政策难以兑现； ⑥区域内某产业集中度高，而该产业受到国家宏观调控； ⑦区域法律法规明显调整
区域经营环境恶化	①区域经济整体下滑； ②区域产业集中度高，区域主导产业出现衰退； ③区域内客户的资信状况普遍降低； ④区域内产品普遍被购买者反映质量差，购买者对该区域生产的产品失去信心等
区域商业银行分支机构出现问题	①风险分类数据显示区域资产质量明显下降； ②短期内区域信贷规模超常增长； ③行内员工大量反映本行的经营管理恶化情况； ④行内检查报告反映的管理混乱情况； ⑤外部审计监管机构要求重大整改情况； ⑥发生重大违规/违法案件

六、控制信用风险的限额管理方法

1. 单一客户授信限额管理

$$MBC = EQ \times LM$$
$$LM = f(CCR)$$

式中，MBC 为最高债务承受额；EQ 为所有者权益；LM 为杠杆系数；CCR 为客户资信等级；$f(CCR)$ 为客户资信等级与杠杆系数对应的函数关系。

2. 集团客户授信限额管理

集团客户授信限额管理，应确定对集团的总授信额度。集团授信限额管理一般分“三步走”：

（1）根据总行关于行业的总体指导方针和集团客户与授信行的密切关系，初步确定对该集团整体的授信限额；

（2）按单一客户的授信限额，初步测算关联企业各成员单位（含集团公司本部）的最高授信额度的参考值；

（3）分析各授信单位的具体情况，调整各成员单位的最高授信限额，同时，使每个成员单位的授信限额之和控制在集团公司整体的授信限额以内，并最终核定各成员单位的授信限额。

3. 国家风险与区域风险限额管理

国家风险限额是用来对某一国家的信用风险暴露进行管理的额度框架。区域风险限额管理与国家风险限额管理有所不同，我国在一定时期内实施区域风险限额管理是有必要的。

4. 组合限额管理

组合限额分为授信集中度限额和总体组合限额。授信集中是指商业银行资本金、总资产或总体风险水平过于集中在某一类组合中。总体组合限额是在分别计量贷款、投资、交易和表外风险等不同大类组合限额的基础上计算得出的。商业银行可以采用自下而上的方式设定每个维度(如行业)的限额，并利用压力测试判断是否有足够的资本弥补极端情况下的损失；如果商业银行资本不足，则应根据情况调整每个维度的限额，使经济资本能够弥补信用风险暴露可能引致的损失；最后将各维度的限额相加得出商业银行整体组合限额。

通过设定组合限额，可以防止信贷风险过于集中在组合层面的某些方面，从而有效控制组合信用风险。设定组合限额分为五步：

(1)按某组合的维度确定资本分配权重；

(2)根据资本分配权重，对预期的组合进行压力测试，估算组合的损失；

(3)将压力测试估算出的预计组合损失与资本相对比；

(4)根据资本分配权重，确定各组合以资本表示的组合限额；

(5)根据资本转换因子，将以资本表示的该组合的组合限额转换为以计划授信额表示的组合限额。资本转换因子表示需要多少比例的资本来覆盖在该组合的计划授信的风险。某组合风险越大，其资本转换因子越高。同样的资本，风险越高的组合其计划授信额越低。

组合限额一旦被明确下来，就必须严格遵守并得到良好维护。组合限额维护的主要任务是确定组合限额的合理性以及在组合限额超过临界值的情况下的处理。

【真题5.4】下列关于组合风险限额管理的说法，正确的是(　　)。

Ⅰ. 通过设定组合限额，可以防止信贷风险过于集中在组合层面的某些方面

Ⅱ. 组合限额维护的主要任务是在组合限额低于临界值的情况下的处理

Ⅲ. 组合限额可以分为授信集中度限额和总体组合限额两种

Ⅳ. 如果金融机构(如商业银行)的资本不足，则应根据情况调整每个维度的限额，使经济资本能够弥补信用风险暴露可能引致的损失

A. Ⅰ、Ⅲ、Ⅳ　　B. Ⅱ、Ⅲ、Ⅳ

C. Ⅰ、Ⅱ　　D. Ⅰ、Ⅱ、Ⅲ、Ⅳ

【答案】A

【解析】Ⅱ项，组合限额维护的主要任务是确定组合限额的合理性以及在组合限额超过临界值的情况下的处理。

七、信用风险缓释技术的主要内容及处理方法

信用风险缓释是指以某种手段，如运用合格的抵(质)押品、净额结算、保证和信用衍生工具等方式转移或降低信用风险。

1. 合格抵(质)押品

(1)内容

合格抵(质)押品包括金融质押品、实物抵押品(应收账款、商用房地产和居住用房地产)以及其他抵(质)押品。合格抵(质)押品的信用风险缓释作用体现为违约损失率的下降或违约概率的降低。

(2)认定要求

①抵(质)押品应是《中华人民共和国物权法》、《中华人民共和国担保法》规定可以接受的财产或权利。

②权属清晰，且抵(质)押品设定具有相应的法律文件。

③满足抵(质)押品可执行的必要条件，须经国家有关主管部门批准或者办理登记的，

应按规定办理相应手续。

④存在有效处置抵(质)押品的流动性强的市场，并且可以得到合理的抵(质)押品的市场价格。

⑤在债务人违约、无力偿还、破产或发生其他借款合同约定的信用事件时，银行能够及时地对债务人的抵(质)押品进行清算或处置。内部评级法初级法下，当借款人利用多种形式的抵(质)押品共同担保时，需要将风险暴露拆分为由不同抵(质)押品覆盖的部分，分别计算风险加权资产。拆分按金融质押品、应收账款、商用房地产和居住用房地产以及其他抵(质)押品的顺序进行。

采用内部评级法高级法的银行，可按要求自行认定抵(质)押品，但应有历史数据证明抵(质)押品的风险缓释作用。

(3)担保品的评估重点

就抵押贷款的部分，必须对担保品的价格与变现的难易度做评估，确保借款人违约时，处理抵押品后能够取回贷款余额。评估的项目包括以下重点：

①担保品估价报告：通常银行会委托专业的房产估价公司出具担保品估价报告，但与房产开发商或房产中介公司合作办理房贷时，会以购买总价来认定担保品的价值。

②抵押物所在地城市：房贷是长期贷款，除了估计抵押品现在的价值以外，有时会把未来的房价展望也考虑进去。人口不断移入的城市会比人口移出的城市有更好的房价展望。

③房龄与房况：一般的房贷年限为20年，房龄与房况虽然已经反映在估价报告内，但是有些银行会另外有最高房龄与可接受房况的规定，来顾及以后拍卖变现的难易度。

④类型——住宅、店铺、写字楼、厂房：个人贷款的抵押品多为住宅或店铺，企业贷款的抵押品多为写字楼或厂房。不同类型的抵押品估价模式不同，处理时的难易度也不同。厂房最难处理，依次是写字楼、店铺与住宅。

⑤用途——自用、出租、空置：自住者一旦违约被依法拍卖就无房可住，因此违约的可能性最低。出租者还有租金收入可用来缴房贷，违约率次之。空置者很多是短期投资客，一旦看错房价走势，当房价低于贷款额时很可能违约。

⑥房产交易：期房有房产开发商连带保证，评分最高。现房房况较好，优于同地段二手房。

⑦形态：以商品房为常态，经济适用房的评分低或不考虑。经济适用房住不满5年要出售的话，要以同样价格售给同样具备经济适用房申请资格者。因此若贷款5年内违约，不易处理抵押品，银行承贷经济适用房的意愿就会降低。

⑧是否为担保品所有权人：银行一般会允许以借款人的配偶、父母或子女名下的房子当抵押品，除了要取得房产所有权人的同意之外，还常要求房产所有权人当连带保证人。一般说来，借款人本身是担保品所有权人时，核贷程序会快一些。

⑨流动性：质押品的流动性越差，评分越低。如金条的流动性优于首饰，国债的流动性优于公司债。

⑩价格波动性：质押品价格波动性越大，评分越低。如股票的价格波动性大于存款，股票的质押贷款通常只能贷到市值的60%，而存款质押可贷到90%。

(4)关于抵押贷款(按揭)的法律规定

①根据《担保法》的规定，抵押是指债务人或者第三人不转移对抵押人所有的房屋和其他地上定着物、机器、交通运输工具和其他财产的占有，将该财产作为债权的担保。

②债务人不履行债务时，债权人有权依照《担保法》规定以该财产折价或者以拍卖、变卖该财产的价款优先受偿。债务人或者第三人为抵押人，债权人为抵押权人，提供担保的财产为抵押物。抵押人所担保的债权不得超出其抵押物的价值。

③财产抵押后，该财产的价值大于所担保债权的余额部分，可以再次抵押，但不得超出其余额部分。

④抵押必须有抵押合同，而且必须到相关机关办理抵押权登记。

⑤抵押担保的范围包括主债权及利息、违约金、损害赔偿金和实现抵押权的费用。抵押合同另有约定的，按照约定。

⑥抵押权与其担保的债权同时存在，债权消灭的，抵押权也消灭。

⑦债务履行期届满抵押权人未受清偿的，可以与抵押人协议以抵押物折价或者以拍卖、变卖该抵押物所得的价款受偿；协议不成的，抵押权人可以向人民法院提起诉讼。

⑧抵押物折价或者拍卖、变卖后，其价款超过债权数额的部分归抵押人所有，不足部分由债务人清偿。

⑨抵押合同已登记生效的，按照抵押物登记的先后顺序清偿；顺序相同的，按照债权比例清偿。

2. 合格净额结算

内部评级法下，表内净额结算的风险缓释作用体现为违约风险暴露的下降。

(1)内容

内部评级法初级法下，合格净额结算包括：表内净额结算；回购交易净额结算；场外衍生工具及交易账户信用衍生工具净额结算。应持续监测和控制后续风险，并在净头寸的基础上监测和控制相关的风险暴露。

(2)认定要求

①可执行性

具有法律上可执行的净额结算协议，无论交易对象是无力偿还或破产，均可实施。

②法律确定性

在任何情况下，能确定同一交易对象在净额结算合同下的资产和负债。

③风险监控

在净头寸的基础上监测和控制相关风险暴露。

采用内部评级法高级法的银行，应建立估计表外项目违约风险暴露的程序，规定每笔表外项目采用的违约风险暴露估计值。

3. 合格保证和信用衍生工具

(1)合格保证

内部评级法初级法下，合格保证的范围包括：

①主权、公共企业、多边开发银行和其他银行；

②外部评级在 A－级及以上的法人、其他组织或自然人；

③虽然没有相应的外部评级，但内部评级的违约概率相当于外部评级 A－级及以上水平的法人、其他组织或自然人。

采用内部评级法高级法的银行，可以按要求自行认定合格保证，但应有历史数据证明保证的风险缓释作用。

(2)信用衍生工具

信用衍生工具的范围包括信用违约互换、总收益互换等。当信用违约互换和总收益互换提供的信用保护与保证相同时，可以作为合格信用衍生工具。

采用信用衍生工具缓释信用风险需满足的要求包括：①法律确定性，信用衍生工具提供的信用保护必须是信用保护提供方的直接负债；②可执行性，除非由于信用保护购买方的原因，否则合同规定的支付义务不可撤销；③评估，允许现金结算的信用衍生工具，应具备严格的评估程序，以便可靠地估计损失；④信用事件的规定，未按约定在基础债项的最终支付日足额履行支付义务，且在适用的宽限期届满后仍未纠正；债务人破产、资不抵债或无力偿还债务，或书面承认无力支付到期债务以及其他类似事件；因本金、利息、费用的下调或推迟支付等对基础债项的重组而导致的信用损失事件。

【真题 5.5】采用信用衍生工具缓释信用风险需满足的要求是(　　)。

Ⅰ. 法律确定性　　Ⅱ. 信用事件的规定

Ⅲ. 风险监控　　Ⅳ. 评估

A. Ⅱ、Ⅲ　　B. Ⅰ、Ⅲ、Ⅳ　　C. Ⅰ、Ⅱ、Ⅳ　　D. Ⅰ、Ⅱ、Ⅲ

【答案】C

4. 信用风险缓释工具池

对单独一项风险暴露存在多个信用风险缓释工具时：

(1)采用内部评级法初级法时，应将风险暴露细分为每一信用风险缓释工具覆盖的部分，每一部分分别计算加权风险资产。如信用保护由一个信用保护者提供，但有不同的期限，也应细分为几个独立的信用保护。

(2)采用内部评级法高级法时，如果通过增加风险缓释技术可以提高对风险暴露的回收率，则鼓励对同一风险暴露增加风险缓释技术(即采用多个信用风险缓释工具)来降低违约损失率。

第二节　市场风险管理

【大纲要求】

了解市场风险的四种类型；掌握久期分析、风险价值、压力测试、情景分析的基本原理和适用范围；掌握市场风险管理流程；掌握控制市场风险的限额管理、风险对冲等方法。

【要点详解】

一、市场风险的四种类型

1. 利率风险

利率风险是指市场利率变动的不确定性造成损失的可能性。按照来源不同，可分为以下四种：

(1)重新定价风险

重新定价风险，又称期限错配风险，源于银行资产、负债和表外业务到期期限(就固定利率而言)或重新定价期限(就浮动利率而言)之间所存在的差异。

(2)收益率曲线风险

收益率曲线是指由不同期限但具有相同风险、流动性和税收的收益率连接而形成的曲线，用于描述收益率与到期期限之间的关系。

(3)基准风险

基准风险是指在利息收入和利息支出所依据的基准利率变动不一致的情况下，虽然资产、负债和表外业务的重新定价特征相似，但因其利息收入和利息支出发生了变化，也会对收益或内在经济价值产生不利的影响。

(4)期权性风险

期权性风险是指由于期权性工具具有的不对称的支付特征而给期权出售方带来的风险。

2. 汇率风险

汇率风险是指由于汇率的不利变动而导致发生损失的风险。汇率波动取决于外汇市场的供求状况，主要包括国际收支、通货膨胀率、利率政策、汇率政策、市场预期以及投机冲击等，以及各国国内的政治、经济等多方面因素。

3. 股票价格风险

股票价格风险是指由于股票价格发生不利变动而带来损失的风险。

4. 商品价格风险

商品价格风险是指所持有的各类商品及其衍生头寸由于商品价格发生不利变动而造成经济损失的风险。商品价格波动取决于国家的经济形势、商品市场的供求状况和国际炒家的投机行为等。

二、缺口分析、久期分析、风险价值、压力测试、情景分析的基本原理和适用范围

1. 缺口分析

(1)基本原理

缺口分析用来衡量利率变动对银行当期收益的影响。具体而言，就是将银行的所有生息资产和付息负债按照重新定价的期限划分到不同的时间段(如1个月以内、1至3个月、3个月至1年、1至5年、5年以上等)。在每个时间段内，将利率敏感性资产减去利率敏感性负债，再加上表外业务头寸，就得到该时间段内的重新定价“缺口”。以该缺口乘以假定的利率变动，即得出这一利率变动对净利息收入变动的大致影响。

当某一时段内的资产(包括表外业务头寸)大于负债时，就产生了正缺口，即资产敏感型缺口，此时，市场利率下降会导致银行的净利息收入下降。相反，当某一时段内的负债大于资产(包括表外业务头寸)时，就产生了负缺口，即负债敏感型缺口，此时，市场利率上升会导致银行的净利息收入下降。

(2)优势及局限性

缺口分析计算简便，清晰易懂，目前仍广泛应用于利率风险管理领域。但缺口分析也存在一定的局限性：

①缺口分析假定同一时间段内的所有头寸的到期时间或重新定价时间相同，因此，忽略了同一时段内不同头寸的到期时间或利率重新定价期限的差异。

②缺口分析考虑了重新定价风险，但未考虑基准风险，也未考虑因利率环境改变而引起的支付时间的变化，例如忽略了具有期权性风险的头寸在收入方面的变化。

③缺口分析未能反映利率变动对非利息收入的影响。

④缺口分析主要衡量利率变动对银行当期收益的影响，未考虑利率变动对银行整体经济价值的影响，所以只能反映利率变动的短期影响。

2．久期分析

（1）久期公式

久期（也称持续期）用于对固定收益产品的利率敏感程度或利率弹性的衡量。如果知道固定收益产品的麦考利久期（Macaulay Duration），那么在市场利率有微小改变时，固定收益产品价格的变化可以通过下面的公式表示：

$$\frac{\mathrm{d}P}{\mathrm{d}y} = -\frac{D}{(1+y)}P$$

也可近似写成：

$$\Delta P = -P \cdot D \cdot \frac{\Delta y}{(1+y)}$$

其中，P 为固定收益产品的当前价格；ΔP 为价格的微小变动幅度（通常小于1%）；Y 为市场利率；Δy 为市场利率的微小变动幅度；D 为麦考利久期（通常以年为单位）。

当市场利率发生变化时，固定收益产品的价格将发生反比例的变动，其变动程度取决于久期的长短，久期越长，其变动幅度也就越大。

（2）久期缺口

银行通常使用久期缺口来分析利率变化对其整体利率风险敞口的影响。用 D_A 表示总资产的加权平均久期，D_t 表示总负债的加权平均久期，V_A 表示总资产，V_L 表示总负债。则：

$$\text{久期缺口} = \text{资产加权平均久期} - (\text{总负债/总资产}) \times \text{负债加权平均久期} = D_A - \left(\frac{V_L}{V_A}\right)D_L$$

在绝大多数情况下，银行的久期缺口都为正值。此时，如果市场利率下降，则资产与负债的价值都会增加，但资产价值增加的幅度比负债价值增加的幅度大，银行的市场价值将增加；如果市场利率上升，则资产与负债的价值都将减少，但资产价值减少的幅度比负债价值减少的幅度大，银行的市场价值将减少。

资产负债久期缺口的绝对值越大，银行整体市场价值对利率的敏感度就越高，因而整体的利率风险敞口也越大。

（3）久期分析的基本原理

久期分析又称为持续期分析或期限弹性分析，是对各时段的缺口赋予相应的敏感性权重，得到加权缺口，然后对所有时段的加权缺口进行汇总，以此估算某一给定的小幅（通常小于1%）利率变动可能会对整体经济价值产生的影响。

各时段的敏感性权重通常是由假定的利率变动乘以该时段头寸的假定平均久期来确定。通常，金融工具的到期日或距下一次重新定价日的时间越长，并且在到期日之前支付的金额越小，久期的绝对值越高，则利率变动对金融机构的经济价值的影响就越大。

（4）久期分析的局限性

与缺口分析相比较，久期分析是一种更为先进的利率风险计量方法。缺口分析侧重于计量利率变动对银行短期收益的影响，而久期分析则能计量利率风险对银行整体经济价值的影响，从而对利率变动的长期影响进行评估，并且更为准确地计量利率风险敞口。但久期分析同样存在一定的局限性：

①若采用标准久期分析法，久期分析只能反映重新定价风险，不能反映基准风险及因利率和支付时间的不同而导致的头寸的实际利率敏感性差异，也不能很好地反映期权性风险。

②对于利率的大幅变动（大于1%），久期分析的结果不再准确，需进行更复杂的技术调整。

【真题 5.6】能够估算利率变动对所有头寸的未来现金流现值的影响，从而能够对利率变动的长期影响进行评估的分析方法是(　　)。

A. 缺口分析　　B. 敞口分析　　C. 敏感分析　　D. 久期分析

【答案】D

【解析】与缺口分析相比较，久期分析是一种更为先进的利率风险计量方法。缺口分析侧重于计量利率变动对短期收益的影响，而久期分析则能计量利率风险对整体经济价值的影响，即估算利率变动对所有头寸的未来现金流现值的影响，从而对利率变动的长期影响进行评估，并且更为准确地计量利率风险敞口。

3. 风险价值

(1)基本原理

①概念

风险价值(VaR)是指在一定的持有期和给定的置信水平下，利率、汇率、股票价格和商品价格等市场风险要素发生变化时可能对产品头寸或组合造成的潜在最大损失。例如，在持有期为1天、置信水平为99%的情况下，若所计算的风险价值为1万美元，则表明该资产组合在1天后发生1万美元以上损失的可能性不会超过1%。但是VaR并不是即将发生的真实损失；VaR也不意味着可能发生的最大损失。

②计算方法

VaR的计算一般有四个要素：时间长度、置信水平、计算方法、历史数据。

VaR的计算方法：方差-协方差法、历史模拟法、蒙特卡洛模拟法。

a. 方差-协方差法

方差-协方差法假定投资组合中各种风险因素的变化服从特定的分布(通常为正态分布)，然后通过历史数据分析和估计该风险因素收益分布方差-协方差、相关系数等。

b. 历史模拟法

历史模拟法是假定历史可以在未来重复，通过搜集一定历史期限内全部的风险因素收益信息，模拟风险因素收益未来的变化。其执行步骤如下：选择合适观察期的风险因素历史收益率时间序列；给定第一步得到的时间序列，计算持有期内组合价值变动的时间序列；把从历史数据归纳出的风险因素收益实际分布情况列表显示，选择某一置信水平下的对应损失分位数，即可得到相应的VaR值。

c. 蒙特卡罗模拟法

蒙特卡罗模拟法是一种结构化模拟的方法，通过产生一系列同模拟对象具有相同统计特性的随机数据来模拟未来风险因素的变动情况。

蒙特卡罗模型所生成的大量情景使得在测算风险时比解析模型能得出更可靠、更综合的结论，同时体现了非线性资产的凸性，考虑到了波动性随时间变化的情形。

(2)风险价值的优缺点

①VaR值的优势

VaR值考虑不同的风险因素、不同投资组合(产品)之间风险分散化效应，对未来损失风险进行事前预测，具有传统计量方法不具备的特性和优势，已经成为监管部门和业界计量监控市场风险的主要手段。

与缺口分析、久期分析等传统的市场风险计量方法相比，市场风险内部模型的主要优点是可以将不同业务、不同类别的市场风险用一个确切的数值VaR来表示，是一种能在不同业务和风险类别之间进行比较和汇总的市场风险计量方法。尤其是将隐性风险显性化之后，更有利于银行进行风险的监测、管理和控制。同时，由于风险价值具有高度的概括性且简明易懂，因此更适宜董事会和高级管理层了解本行市场风险的总体水平。

②VaR 值的局限性

无法预测尾部极端损失情况、单边市场走势极端情况、市场非流动性因素。

【真题 5.7】在持有期为 2 天、置信水平为 98% 的情况下，若所计算的风险价值为 2 万元，则表明该银行的资产组合(　　)。

A. 在 2 天中的收益有 98% 的可能性不会超过 2 万元

B. 在 2 天中的损失有 98% 的可能性会超过 2 万元

C. 在 2 天中的收益有 98% 的可能性会超过 2 万元

D. 在 2 天后发生 2 万元以上损失的可能性不会超过 2%

【答案】D

【解析】风险价值(VaR)是指在一定的持有期和给定的置信水平下，利率、汇率、股票价格和商品价格等市场风险要素发生变化时可能对产品头寸或组合造成的潜在最大损失。由于该资产组合的持有期为 2 天，置信水平为 98%，风险价值为 2 万元，意味着在 2 天中的损失有 98% 的可能性不会超过 2 万元，或者说在 2 天后发生 2 万元以上损失的可能性不会超过 2%。

4. 压力测试

(1)基本原理

市场风险压力测试是通过测算面临市场风险的投资组合在特定小概率事件等极端不利情况下可能发生的损失，分析这些损失对盈利能力和资本金带来的负面影响，进而对所持投资组合的脆弱性作出评估和判断。

压力测试的目的在于评估银行在极端不利情况下的损失承受能力。

(2)适用范围

压力测试是弥补 VaR 值计量方法无法反映置信水平之外的极端损失的有效补充手段，市场风险量化分析要结合使用 VaR 计量和压力测试分析。

5. 情景分析

(1)基本原理

①概念

情景分析法，又称脚本法或前景描述法，是指假定某种现象或某种趋势将持续到未来的前提下，对预测对象可能出现的情况或引起的后果作出预测的方法，是一种直观的定性预测方法。

②执行步骤

a. 主题的确定。

b. 主要影响因素的选择。

c. 方案的描述与筛选。将关键影响因素的具体描述进行组合，形成多个初步的未来情景描述方案。

d. 模拟演习。邀请公司的管理人员进入描述的情景，面对情景中出现的状况或问题做出对应策略。

e. 制订战略。

f. 早期预警系统的建立。

(2)适用范围

情景分析法适用于资金密集、产品/技术开发的前导期长、战略调整所需投入大、风险高的产业或不确定因素太多，无法进行唯一准确预测的情况。

三、市场风险管理流程

市场风险管理流程包括：

(1)开展新产品和开展新业务之前，充分识别和评估其中包含的市场风险；

(2)经董事会或其授权的专门委员会批准，建立相应的内部审批、操作和风险管理流程；

(3)相关部门审核、认可其内部审批程序的操作及风险管理程序。

四、控制市场风险的限额管理、风险对冲等方法

实施市场风险管理的主要目的是，确保将所承担的市场风险规模控制在可以承受的合理范围内，使所承担的市场风险水平与其风险管理能力和资本实力相匹配。有效控制市场风险的方法有：

1. 限额管理

市场风险限额管理体系主要包括交易组合定义、限额结构和限额指标设定与审批、限额监控与报告、限额调整、超限额管理等。市场风险限额指标主要包括：头寸限额、风险价值限额、止损限额、敏感度限额、期限限额、币种限额和发行人限额等。

(1)头寸限额是指对总交易头寸或净交易头寸设定的限额。总头寸限额对特定交易工具的多头头寸或空头头寸分别加以限制；净头寸限额对多头头寸和空头头寸相抵后的净额加以限制。

(2)风险价值限额是指对基于量化方法计算出的市场风险计量结果来设定限额。

(3)止损限额是指所允许的最大损失额。止损限额适用于一日、一周或一个月等一段时间内的累计损失。

(4)敏感度限额是指保持其他条件不变的前提下，就单个市场风险要素(利率、汇率、股票价格和商品价格)的微小变化对金融工具或资产组合收益或经济价值影响程度所设定的限额。

2. 风险对冲

风险对冲(套期保值)，是指利用特定的金融资产或金融工具构建相反的风险头寸，以减少或消除金融资产潜在风险的过程，分为自我对冲和市场对冲两种情况。

(1)自我对冲

自我对冲是指利用资产负债表或某些具有收益负相关性质的业务组合本身所具有的对冲特性进行风险对冲。

(2)市场对冲

市场对冲是指对于无法通过资产负债表和相关业务调整进行自我对冲的风险，通过衍生产品市场进行对冲。衍生产品一方面可以用来对冲市场风险，但通常无法消除全部市场风险，另一方面也会因高杠杆率而造成新的市场风险。衍生产品对市场风险的放大作用通常是导致巨额金融风险损失的主要原因。

第三节　流动性风险管理

【大纲要求】

了解资产负债期限结构、分布结构影响流动性的途径和机制；掌握流动性比率法、现金流分析法、缺口分析法和久期分析法等流动性风险评估方法；了解流动性风险的监测指标和预警信号；掌握利用压力测试、情景分析预测流动性；熟悉控制流动性风险的主要做法。

【要点详解】

一、资产负债期限结构影响流动性的途径和机制

1. 概念

资产负债期限结构是指在未来特定的时段内，到期资产(现金流入)与到期负债(现金流出)的构成状况。资产负债结构管理，包括负债结构管理、资产结构管理和资产负债对应结构管理。

2. 影响流动性的途径和机制

若不能匹配到期资产与到期负债的到期日和规模，即形成资产负债的期限错配，则可能造成流动性风险。

商业银行最常见的资产负债期限错配情况是将大量短期借款(负债)用于长期贷款(资产)，即“借短贷长”，其优点是可以提高资金使用效率、利用存贷款利差增加收益；缺点是如果这种期限错配严重失衡，则有可能因到期资产所产生的现金流入严重不足造成支付困难，导致流动性风险。

二、资产负债分布结构影响流动性的途径和机制

资产负债分布结构不合理，会影响金融机构现金流量的稳定性，进而增加流动性风险。金融机构应当严格遵守限额管理的相关要求，最大程度地降低其资金来源(负债)和使用(资产)的同质性，确保资产负债分布结构合理。具体有以下几点建议：

(1)金融机构应控制各类资金来源的合理比例，适度分散客户种类和资金到期日；

(2)在日常经营中持有足够水平的流动资金和合理的流动资产组合，作为应付紧急融资的储备；

(3)制定适当的债务组合以及与主要资金提供者建立稳健持久的关系；

(4)制定风险集中限额，并监测日常遵守的情况；

(5)资金使用(如贷款发放、购买金融产品)应注意交易对象、时间跨度、还款周期等要素的分布结构。

三、主要的流动性风险评估方法

1. 流动性比率法

(1)同类金融机构之间横向比较各项流动性比率/指标

首先选取行业中具备良好流动性状况的同类金融机构并计算其各项资产、负债及错配期限的比率/指标，然后计算自身所对应的各项比率/指标，最后将自身指标与行业良好标准进行横向比较，并据此对自身的流动性风险水平作出客观评价。

(2)内部纵向比较不同历史时期的各项流动性比率/指标

金融机构应当定期对自身不同历史时期的各项资产、负债及错配期限的比率/指标进行

比较，有助于金融机构正确认识流动性风险状况的发展和变化趋势，理解金融机构风险管理水平以及风险偏好的变化情况。

2. 现金流分析法

现金流分析法是通过对一定时期内现金流入（资金来源）和现金流出（资金使用）的分析和预测，评估金融机构短期内的流动性状况。

证券公司现金流测算和分析应涵盖资产和负债的未来现金流以及或有资产和或有负债的潜在现金流，并充分考虑支付结算等对现金流的影响。实践操作中，现金流分析法通常和缺口分析等方法一起使用，互为补充。

3. 缺口分析法

缺口分析法针对未来特定时段，计算到期资产（现金流入）和到期负债（现金流出）之间的差额，以判断不同时段内的流动性是否充足。需要注意的是，在特定时段内虽没到期，但可以不受损失或承担较少损失就能出售的资产应当被计入到期资产。

融资缺口由利率敏感资产与利率敏感负债之间的差额来表示。对于商业银行，融资缺口计算公式为：

$$融资缺口 = 贷款平均额 - 核心存款平均额$$

如果缺口为正，商业银行通常需要出售流动性资产或在资本市场进行融资，即：

$$融资缺口 = -流动性资产 + 借入资金$$

合并上述两个公式可得：

$$\begin{aligned}借入资金（流动性需求）&= 融资缺口 + 流动性资产\\&=（贷款平均额 - 核心存款平均额）+ 流动性资产\end{aligned}$$

融资缺口扩大可能意味着商业银行的存款流失增加，贷款因客户增加而上升。

4. 久期分析法

当市场利率变动时，资产和负债的变化可表示为：

$$\Delta V_A = -[D_A \times V_A \times \Delta R/(1+R)]$$

$$\Delta V_L = -[D_L \times V_L \times \Delta R/(1+R)]$$

其中，D_A 为总资产的加权平均久期，D_L 为总负债的加权平均久期，V_A 为总资产，V_L 为总负债，R 为市场利率。

市场风险管理中的久期缺口同样可以用来评估利率变化对商业银行某个时期的流动性状况的影响：

(1) 当久期缺口为正值时，如果市场利率下降，则资产价值增加的幅度比负债价值增加的幅度大，流动性也随之增强；如果市场利率上升，则资产价值减少的幅度比负债价值减少的幅度大，流动性也随之减弱。

(2) 当久期缺口为负值时，如果市场利率下降，流动性也随之减弱；如果市场利率上升，流动性也随之增强。

(3) 当久期缺口为零时，利率变动对商业银行的流动性没有影响。这种情况极少发生。

总之，久期缺口的绝对值越大，利率变化对商业银行的资产和负债价值影响越大，对其流动性的影响也越显著。

【真题 5.8】假设一家金融机构以市场价值表示的简化资产负债表中，资产为 1000 亿元，负债为800亿元，资产久期为5年，负债久期为4年。根据久期分析法，如果年利率从5%上升到5.5%，则利率变化对该金融机构资产价值的影响为(　　)亿元。

A. 25　　B. 23.81　　C. －23.81　　D. －25

【答案】C

【解析】利率变化对资产价值的影响可表示为：$\Delta V_A = -[D_A \times V_A \times \Delta R/(1+R)]$，其中，$D_A$ 表示资产久期，V_A 表示总资产值，R 表示变化前的利率，则资产价值变化为：$\Delta V_A = -[5 \times 1000 \times 0.5\%/(1+5\%)] \approx -23.81$(亿元)。

四、流动性风险的监测指标和预警信号

1. 流动性风险的监测指标

流动性风险评估常用的比率/指标如表5－3所示。

表5－3　流动性风险评估常用的比率/指标

比率/指标公式	比率/指标释义
现金头寸指标＝(现金头寸＋应收存款)/总资产	该指标越高意味着商业银行满足即时现金需要的能力越强
核心存款指标＝核心存款/总资产	对同类商业银行而言，比率高的商业银行流动性也相对较好
贷款总额与总资产的比率＝贷款总额/总资产	比率较高暗示商业银行的流动性能力较差，而比率较低则反映了商业银行具有较大的贷款增长潜力。尽管资产证券化使得商业银行贷款的流动性增强，但传统观念仍然认为贷款是商业银行的盈利资产中流动性最差的资产。一般来说，该比率随商业银行规模的增加而增加，大银行的比率高于中小银行。但是，由于该比率忽略了其他资产，特别是流动资产，因此该指标无法准确地衡量商业银行的流动性风险
贷款总额与核心存款的比率＝贷款总额/核心存款	比率越小则表明商业银行存储的流动性越高，流动性风险也相对越小
流动资产与总资产的比率＝流动资产/总资产	比率越高则表明商业银行存储的流动性越高，应付流动性需求的能力也就越强。通常，商业银行的规模越大则该比率越小，因为大银行不需要存储太多的流动性
易变负债与总资产的比率＝易变负债/总资产	该比率衡量了商业银行在多大程度上依赖易变负债获得所需资金。易变负债是指那些受利率等经济因素影响较大的资金来源，当市场发生对商业银行不利的变动时，这部分资金来源容易流失。在其他条件相同的情况下，该比率越大则商业银行面临的流动性风险越高
大额负债依赖度＝(大额负债－短期投资)/(盈利资产－短期投资)	对大型商业银行来说，该比率为50%很正常，但对主动负债比例较低的大部分中小商业银行来说，大额负债依赖度通常为负值。因此，大额负债依赖度仅适合用来衡量大型特别是国际活跃银行的流动性风险

2. 流动性风险的预警信号

商业银行流动性风险预警信号如表5－4所示。

表 5-4　商业银行流动性风险预警信号

内部预警信号	外部预警信号	融资预警信号
主要包括商业银行内部有关风险水平、盈利能力、资产质量，以及其他可能对流动性产生中长期影响的指标变化。例如： ·某项或多项业务/产品的风险水平增加； ·资产或负债过于集中； ·资产质量下降； ·盈利水平下降； ·快速增长的资产的主要资金来源为市场大宗融资等	主要包括第三方评级、所发行的有价证券的市场表现等指标的变化。例如： ·市场上出现关于商业银行的负面传言，客户大量求证； ·外部评级下降； ·所发行的股票价格下跌； ·所发行的可流通债券（包括次级债）的交易量上升且买卖价差扩大； ·交易/经纪商不愿买卖债券而迫使银行寻求熟悉的交易/经纪商支持等	主要包括商业银行的负债稳定性和融资能力的变化等。例如： ·存款大量流失； ·债权人（包括存款人）提前要求兑付造成支付能力出现不足； ·融资成本上升； ·融资交易对手开始要求抵（质）押物且不愿提供中长期融资； ·愿意提供融资的对手数量减少且单笔融资的金额显著上升； ·被迫从市场上购回已发行的债券等

【真题 5.9】下列各项中属于商业银行等金融机构流动性风险预警的融资指标信号的有（　　）。

Ⅰ. 融资成本上升　　Ⅱ. 资产质量下降

Ⅲ. 外部评级下降　　Ⅳ. 被迫从市场上购回已发行的债券

A. Ⅱ、Ⅲ　　B. Ⅲ、Ⅳ　　C. Ⅰ、Ⅱ、Ⅲ　　D. Ⅰ、Ⅳ

【答案】D

【解析】Ⅱ项属于内部预警信号，Ⅲ项属于外部预警信号。

五、利用压力测试、情景分析预测流动性

1. 压力测试

压力测试是指将整个金融机构或资产组合置于某一特定的（主观想象的）极端市场情况下，测试该金融机构或资产组合在这些关键市场变量突变的压力下的表现状况，看是否能经受得起这种市场的突变。

证券公司应至少每半年开展一次流动性风险压力测试，分析其承受短期和中长期压力情景的能力。在压力情景下证券公司满足流动性需求并持续经营的最短期限不少于 30 天。通过对压力测试结果分析，确定风险点和脆弱环节，并将压力测试结果运用于证券公司的相关决策过程。

2. 情景分析

情景分析可用来预计威胁和机遇可能发生的方式，以及如何将威胁和机遇用于各类长期及短期风险。在周期较短及数据充分的情祝下，可以从现有情景中推断出可能出现的情景。对于周期较长或数据不充分的情况，情景分析的有效性更依赖于合乎情理的想象力。在识别和分析那些反映诸如最佳情景、最差情景及期望情景的多种情景时，可用来识别在特定环境下可能发生的事件并分析潜在的后果及每种情景的可能性。如果积极后果和消极后果的分布存在比较大的差异，情景分析就会有很大用途。

（1）适用范围

通过模拟不确定性情景，对企业面临的风险进行定性和定量分析。

（2）实施步骤

①在建立了团队和相关沟通渠道，同时确定了需要处理的问题和事件的背景之后，下一

步就是确定可能出现变化的性质。

②对主要趋势、趋势变化的可能时机以及对未来的预见进行研究。

(3) 主要优点和局限性

主要优点：对于未来变化不大的情况能够给出比较精确的模拟结果。

局限性：①在存在较大不确定性的情况下，有些情景可能不够现实；②在运用情景分析时，主要的难点涉及数据的有效性以及分析师和决策者开发现实情境的能力，这些难点对结果的分析具有修正作用；③如果将情景分析作为一种决策工具，其危险在于所用情景可能缺乏充分的基础，数据可能具有随机性，同时可能无法发现那些不切实际的结果。

六、控制流动性风险的主要做法

对金融机构而言，建立流动性风险管理的配套机制至少包括：

(1) 培养一支专业团队。应该有一个独立、专业的流动性风险管理团队。

(2) 打造一个高效系统。应该有一个能实现日频度现金流计量、统计的专业系统。

(3) 建立一套敏感指标。建立一套对流动性波动高度敏感的限额监控指标体系。

(4) 科学的授权考核。清晰划分流动性风险管理的责、权、利和授权考核机制。

证券公司应明确董事会、经理层及其首席风险官、相关部门在流动性风险管理中的职责和报告路线，建立有效的流动性风险管理组织架构，建立健全有效的考核及问责机制。证券公司董事会应承担流动性风险管理的最终责任，持续关注流动性风险状况并对流动性管理情况进行监督检查，负责审核批准公司的流动性风险偏好、政策、信息披露等风险管理重大事项。

1. 确定流动性风险偏好

根据公司经营战略、业务特点、财务实力、融资能力、突发事件和总体风险偏好，确定流动性风险偏好。证券公司的流动性风险偏好应明确公司在正常和压力情景下愿意并能够承受的流动性风险水平。

2. 计量、监测和报告流动性风险状况

主要根据业务规模、性质、复杂程度及风险状况，对正常和压力情景下未来不同时间段的资产负债期限错配、融资来源的多元化和稳定程度、优质流动性资产及市场流动性等进行监测和分析，对异常情况及时预警。建立现金流测算和分析框架，有效计量、监测和控制正常和压力情景下未来不同时间段的现金流缺口。

3. 制定流动性风险监控指标

流动性风险监管指标包括净稳定资金率和流动性覆盖率。

4. 限额管理及压力测试

证券公司根据其业务规模、性质、复杂程度、流动性风险偏好和外部市场发展变化情况，设定流动性风险限额并对其执行情况进行监控。至少每年评估一次流动性风险限额，每半年开展一次流动性风险压力测试。

5. 制定有效的流动性风险应急计划

在完善流动性风险监测和预警机制的同时，制订切实可行的本外币流动性应急计划至关重要。流动性应急计划主要包括两方面内容：

(1) 危机处理方案。规定各部门沟通或传输信息的程序，明确在危机情况下各自的分工和应采取的措施，以及制定在危机情况下资产和负债的处置措施。

(2)弥补现金流量不足的工作程序。备用资金的来源包括未使用的信贷额度，以及寻求中央银行的紧急支援等。应急计划应尽可能明确预期从上述渠道获得的资金数量、在何种情形下才能使用上述资金渠道，以及资金未来的偿还安排。

【本章练习】

一、选择题

1. 权威信用评级机构将一家受金融危机影响的AAA级企业改评为AA级。则表明与该企业发生业务往来的商业银行所面临的(　　)增加。

A. 声誉风险　　B. 操作风险　　C. 信用风险　　D. 法律风险

2. 信用评分模型是分析借款人信用风险的主要方法之一，下列各模型不属于信用评分模型的是(　　)。

A. 死亡率模型　　B. Logit模型　　C. 线性概率模型　　D. 线性辨别模型

3. 下列关于风险价值(VaR)模型置信水平的描述，正确的是(　　)。

A. 置信水平越高，意味着在持有期内最大损失超出VaR的可能性越小

B. 置信水平越高，意味着在持有期内最大损失超出VaR的可能性越大

C. 置信水平越低，意味着在持有期内VaR的值越大

D. 置信水平越低，意味着在持有期内最大损失超出VaR的可能性越小

4. 假设其他条件保持不变，则下列关于利率风险的表述，正确的是(　　)。

A. 资产以固定利率为主，负债以浮动利率为主，则利率上升有助于增加收益

B. 发行固定利率债券有助于降低利率上升可能造成的风险

C. 购买票面利率为3%的国债，当期资金成本为2%，则该交易不存在利率风险

D. 以3个月LIBOR为参照的浮动利率债券，不存在利率风险

5. 在其它条件保持不变的情况下，金融工具的到期日或距下次重新定价日的时间越长，并且在到期日之前支付的金额越小，则其久期的绝对值(　　)。

A. 越小　　B. 越大　　C. 无法判断　　D. 不受影响

6. 关于收益率曲线风险的表现示例，正确的是(　　)。

A. 利用2年期政府债券空头头寸为3年期政府债券的多头头寸进行对冲，当收益率曲线变陡时，银行经济价值下降

B. 利率变动对存款人有利时，存款人选择重新安排存款，从而对银行产生不利影响

C. 存贷款利率重新定价期限相同，但其基准利率的变化不同步

D. 银行以短期存款作为长期固定利率贷款的融资来源，利率上升导致银行未来收益减少

7. VaR值的局限性不包括(　　)。

A. 无法预测尾部极端损失情况　　B. 无法预测单边市场走势极端情况

C. 无法预测市场非流动性因素　　D. 无法预测市场流动性因素

8. 下列(　　)可用于金融机构评估未来挤兑流动性风险。

A. 现金流分析　　B. 久期分析法　　C. 缺口分析法　　D. 情景分析

9. 在现金流分析中，如果金融机构的资金来源小于资金使用，则表明(　　)。

A. 可能造成支付困难以及由此产生流动性风险

B. 该机构流动性相对充足

C. 该机构的流动性供给大于流动性需求

D. 该机构可以把差额通过其他途径投资

二、组合型选择题

1. 下列关于信用风险预期损失的说法，不正确的有(　　)。

Ⅰ. 是指没有预计到的损失

Ⅱ. 代表大量贷款或交易组合在整个经济周期内的平均损失

Ⅲ. 预期损失率＝预期损失/资产风险敞口

Ⅳ. 代表大量贷款或交易组合过去一段时期的平均损失

A. Ⅰ、Ⅲ　　B. Ⅰ、Ⅳ　　C. Ⅱ、Ⅲ　　D. Ⅲ、Ⅳ

2. 按照风险来源的不同，利率风险可以分为(　　)。

Ⅰ. 重新定价风险　　Ⅱ. 股票价格风险　　Ⅲ. 基准风险　　Ⅳ. 收益率曲线风险

A. Ⅰ、Ⅲ　　B. Ⅲ、Ⅳ　　C. Ⅰ、Ⅲ、Ⅳ　　D. Ⅰ、Ⅱ、Ⅲ、Ⅳ

3. 某3年期债券麦考利久期为2.3年，债券目前价格为105.00元，市场利率为9%。假设市场利率突然上升1%，则按照久期公式计算，该债券价格(　　)。

Ⅰ. 下降2.11%　　Ⅱ. 下降2.50%　　Ⅲ. 下降2.22元　　Ⅳ. 下降2.625元

A. Ⅰ、Ⅲ　　B. Ⅰ、Ⅳ　　C. Ⅱ、Ⅲ　　D. Ⅱ、Ⅳ

4. 缺口分析的局限性包括(　　)。

Ⅰ. 未考虑当利率水平变化时，因各种金融产品基准利率的调整幅度不同而带来的利率风险，即基准风险

Ⅱ. 忽略了同一时间段内不同头寸的到期时间或利率重新定价期限的差异

Ⅲ. 未考虑由于重新定价期限的不同而带来的利率风险

Ⅳ. 大多数缺口分析未能反映利率变动对非利息收入的影响

A. Ⅰ、Ⅱ、Ⅳ　　B. Ⅰ、Ⅲ、Ⅳ　　C. Ⅱ、Ⅲ、Ⅳ　　D. Ⅰ、Ⅱ、Ⅲ、Ⅳ

5. 敏感性分析是指在保持其他条件不变的前提下，研究单个市场风险要素，包括(　　)的微小变化可能会对金融工具或资产组合的收益或经济价值产生的影响。

Ⅰ. 利率　　Ⅱ. 汇率　　Ⅲ. 股票价格　　Ⅳ. 商品价格

A. Ⅰ、Ⅲ　　B. Ⅱ、Ⅲ、Ⅳ　　C. Ⅰ、Ⅳ　　D. Ⅰ、Ⅱ、Ⅲ、Ⅳ

6. 常用的评估流动性风险的方法包括(　　)。

Ⅰ. 缺口分析法　　Ⅱ. 现金流分析法

Ⅲ. 久期分析法　　Ⅳ. 流动性比率/指标法

A. Ⅰ、Ⅱ　　B. Ⅱ、Ⅲ　　C. Ⅰ、Ⅲ、Ⅳ　　D. Ⅰ、Ⅱ、Ⅲ、Ⅳ

7. 制定有效的流动性风险应急计划应符合的要求包括(　　)。

Ⅰ. 合理设定应急计划触发条件　　Ⅱ. 充分考虑流动性转移限制

Ⅲ. 规定应急程序和措施　　Ⅳ. 明确各参与人的权限、职责及报告路径

A. Ⅰ、Ⅲ　　B. Ⅱ、Ⅳ　　C. Ⅰ、Ⅲ、Ⅳ　　D. Ⅰ、Ⅱ、Ⅲ、Ⅳ

8. 信用评分模型在分析借款人信用风险过程中，存在的突出问题有(　　)。

Ⅰ. 是一种向后看的模型，无法及时反映企业信用状况的变化

Ⅱ. 对于多数新兴商业银行而言，所收集的历史数据极为有限

Ⅲ. 无法全面地反映借款人的信用状况

Ⅳ. 无法提供客户违约概率的准确数值

A. Ⅰ、Ⅱ　　B. Ⅱ、Ⅳ　　C. Ⅰ、Ⅳ　　D. Ⅰ、Ⅱ、Ⅳ

9. 止损限额适用的时期为(　　)。

Ⅰ. 一日　　　　Ⅱ. 一周　　　　Ⅲ. 一个月　　　　Ⅳ. 一年

A. Ⅰ、Ⅱ、Ⅲ　　B. Ⅱ、Ⅲ、Ⅳ　　C. Ⅰ、Ⅲ、Ⅳ　　D. Ⅰ、Ⅱ、Ⅲ、Ⅳ

【答案及解析】

一、选择题

1.【答案】C

【解析】信用风险是指债务人或交易对手未能履行合同所规定的义务或信用质量发生变化，影响金融产品价值，从而给债权人或金融产品持有人造成经济损失的风险。该企业的评级下降会使与该企业发生业务往来的商业银行所面临的信用风险增加。

2.【答案】A

【解析】目前，应用最广泛的信用评分模型有：线性概率模型、Logit 模型、Probit 模型和线性辨别模型。A 项，死亡率模型属于违约概率模型。

3.【答案】A

【解析】VaR 值随置信水平和持有期的增大而增加。其中，置信水平越高，意味着最大损失在持有期内超出 VaR 值的可能性越小，反之则可能性越大。

4.【答案】B

【解析】对发行人来说，发行固定利率债券固定了每期支付利率，将来即使市场利率上升，其支付的成本也不随之上升，因而有效地降低了利率上升的风险。A 项，当利率上升时，资产收益固定，负债成本上升，收益减少；C 项，该交易存在基准风险，又称利率定价基础风险；D 项，以 3 个月 LIBOR 为参照的浮动利率债券，其利率会随市场状况波动，存在利率风险。

5.【答案】B

【解析】一般而言，金融工具的到期日或距下一次重新定价日的时间越长，并且在到期日之前支付的金额越小，则久期的绝对值越高，表明利率变动将会对银行的经济价值产生较大的影响。

6.【答案】A

【解析】B 项，存款人有重新安排存款的选择权，属于期权性风险；C 项，重新定价期限相同，但基准利率变化不同步，属于基准风险；D 项，由于短期存款和长期固定利率贷款之间的期限差异使银行未来收益随利率变动而减少，属于重新定价风险。

7.【答案】D

【解析】VaR 值是对未来损失风险的事前预测，VaR 值的局限性包括无法预测尾部极端损失情况、单边市场走势极端情况、市场非流动性因素。

8.【答案】D

【解析】A 项，现金流分析的是正常市场条件下金融机构在未来短期内的流动性状况；B 项，久期分析法属于静态分析，无法对未来特定时段内的流动性进行评估；C 项，缺口分析法与现金流分析法、久期分析法一样，都是基于正常市场条件下的分析。

9.【答案】A

【解析】当资金来源小于资金使用，出现流动性“赤字”时，必须考虑这种资金匮乏可能造成的支付困难以及由此产生的流动性风险。根据历史经验分析可知，当资金剩余额与总资产之比小于3% ~5%，甚至为负数时，商业银行应当对其流动性状况引起高度重视。

二、组合型选择题

1. 【答案】B

【解析】Ⅰ项，预期损失是已经预计到将会发生的损失，而不是没有预计到的损失；Ⅳ项应为代表大量贷款或交易组合在整个经济周期内的平均损失。

2. 【答案】C

【解析】利率风险是指由于利率的不利变动而使银行的表内和表外业务发生损失的风险。利率风险按照来源的不同，可以分为重新定价风险、收益率曲线风险、基准风险和期权性风险。

3. 【答案】A

【解析】根据久期计算公式，$\Delta P/P = -D \times \Delta y/(1+y) = -2.3 \times 1\%/(1+9\%) = -2.11\%$，$\Delta P = -2.11\% \times 105.00 = -2.22$（元）。其中，$P$ 表示债券价格，ΔP 表示债券价格的变化幅度，y 表示市场利率，Δy 表示市场利率的变化幅度，D 表示麦考利久期。

4. 【答案】A

【解析】Ⅲ项，缺口分析只考虑了由于重新定价期限的不同而带来的利率风险，即重新定价风险，未考虑当利率水平变化时，因各种金融产品基准利率的调整幅度不同而带来的利率风险，即基准风险。

5. 【答案】D

【解析】敏感性分析是指在保持其他条件不变的前提下，研究单个市场风险要素（利率、汇率、股票价格和商品价格）的微小变化可能会对金融工具或资产组合的收益或经济价值产生的影响。缺口分析和久期分析就是针对利率风险进行的敏感性分析。

6. 【答案】D

【解析】评估流动性风险的方法很多，包括基于当前持有量进行的简单计算和静态模拟，以及高度复杂的模型。评估流动风险方法主要包括：①流动性比率/指标法；②缺口分析法；③现金流分析法；④久期分析法。

7. 【答案】D

【解析】根据《证券公司流动性风险管理指引》第二十四条，证券公司流动性风险应急计划应符合以下要求：①合理设定应急计划触发条件；②规定应急程序和措施，明确各参与人的权限、职责及报告路径；③列明应急资金来源，合理估计可能的筹资规模和所需时间，充分考虑流动性转移限制，确保应急资金来源的可靠性和充分性。

8. 【答案】D

【解析】信用评分模型是金融机构分析借款人信用风险的主要方法之一，但在使用过程中存在一些突出问题：①信用评分模型是建立在对历史数据（而非当前市场数据）模拟的基础上，因此是一种向后看的模型；②信用评分模型对借款人历史数据的要求相当高，商业银行需要相当长的时间才能建立起一个包括大多数企业历史数据的数据库，此外，对新兴企业而言，由于其成立时间不长，历史数据则更为有限，这使得信用评分模型的适用性和有效性受到影响；③信用评分模型虽然可以给出客户信用风险水平的分数，却无法提供客户违约概率的准确数值，而后者往往是信用风险管理最为关注的。

9. 【答案】A

【解析】止损限额是指所允许的最大损失额。通常，当某个头寸的累计损失达到或接近止损限额时，就必须对该头寸进行对冲交易或立即变现。止损限额适用于一日、一周或一个月等一段时间内的累计损失。

第四部分　专项业务

第六章　品种选择

【知识结构】

- 品种选择
  - 产品选择
    - 证券产品选择的目标
    - 证券产品选择的基本原则
    - 证券产品选择的步骤
    - 不同证券产品的组成及基本特征
    - 产品与客户适配的相关要求
  - 时机选择
    - 买卖证券产品时机的一般原则
    - 证券产品进场时机选择的要求
    - 证券产品买进时机选择的策略
    - 证券产品卖出时机选择的策略
  - 行业轮动
    - 行业轮动的概念、特征
    - 行业轮动的驱动因素
    - 行业轮动的主要策略及配置
    - 不同行业轮动的关联性和介入时点的选择

第一节　产品选择

【大纲要求】

熟悉证券产品选择的目标；掌握证券产品选择的基本原则；掌握证券产品选择的步骤；熟悉现金类、债券类、股票类和衍生产品类证券产品的组成及基本特征；掌握产品与客户适配的相关要求。

【要点详解】

一、证券产品选择的目标

1．本金保障

最常见的投资目的是本金保障，即投资者通过投资保存资本或者资金的购买力。当持有现金数量大于生活所需，又面临通货膨胀时，如果不进行有效益的投资，则会侵蚀现金的购买力。因此，投资的目的是保障资金的购买力不受到侵蚀。

2．资本增值

资本增值是指投资者通过投资工具，以期本金能迅速增长，使财富得以累积。

3．经常性收益

已拥有若干资产且回避风险的人，往往只期待保障本金，同时定期地获得一些经常性收益充当生活费用，例如退休人士进行退休投资计划来获取稳定的退休金。

二、证券产品选择的基本原则

1．收益性原则

收益性原则是选择证券产品最基本的要求。一笔证券投资的收益等于利息、股息等当前收入与资本增值之和。债券的利息率一般是预先确定的，可按利息率的高低确定收益。债券投资给企业带来的资本增值一般为零；普通股票的股息收入和资本增值都具有不确定性。

2. 安全性原则

安全性原则是要保证证券投资的本金不受损失。证券投资安全性原则要求企业进行证券组合，以此分散投资风险。

3. 流动性原则

用收回证券投资本金的速度快慢来衡量流动性。证券的流动性强表明能够以较快的速度将证券兑换成货币，同时以货币计算的价值不受任何损失；证券的流动性弱，则转化为货币需要的时间就较长，支付的费用较多，甚至会遭受价格下跌的损失。

三、证券产品选择的步骤

1. 确定投资政策

获得预期的收益是投资的目标，但风险和收益是共存的。投资者应根据自己的年龄、性格、健康状况、心理素质、家庭情况、财力情况等条件确定自己具体的投资目标以及对风险的态度，根据自己对风险的态度(风险偏爱型和风险厌恶型)，衡量自身的风险承受能力，决定投入的资金量，确定最终的证券产品种类。

2. 了解证券产品的特性

投资者要广泛了解各种证券产品的性质、内容、期限、有无担保、收益高低、支付情况、风险大小等。

3. 分析证券产品

运用基本分析、技术分析和组合理论对具体证券的真实价值、市场价格及价格涨跌趋势进行深入分析，进而选择适合投资者本身的证券品种。

四、现金类、债券类、股票类和衍生产品类证券产品的组成及基本特征

1. 现金类证券产品

现金类证券产品即货币型理财产品。其基本特征为：①收益稳定；②安全性较高；③风险较小。

2. 债券类证券产品

(1)组成

①政府债券

政府债券的发行主体是政府，中央政府发行的债券被称为“国债”，其主要用途是解决由政府投资的公共设施或重点建设项目的资金需要和弥补国家财政赤字。

②金融债券

金融债券的发行主体是银行或非银行金融机构。其目的是筹资用于某种特殊用途或改变本身的资产负债结构。

③公司债券

公司债券是公司依照法定程序发行、约定在一定期限还本付息的有价证券，发行主体是股份公司，但有些国家也允许非股份制企业发行债券。其目的是为了满足经营需要。

在各类债券中，政府债券是信用等级最高的，常被称为“金边债券”，属于国家信用；金融债券的信用等级次之；公司债券的信用等级最低，是商业信用的体现。

【真题6.1】政府债券的功能包括(　　)。

Ⅰ. 是政府筹集资金，扩大公共事业开支的手段

Ⅱ. 政府弥补财政赤字的手段

Ⅲ. 金融商品和信用工具

Ⅳ. 国家实施宏观经济政策、进行宏观调控的工具

A. Ⅰ、Ⅱ、Ⅲ　　B. Ⅰ、Ⅱ、Ⅳ　　C. Ⅱ、Ⅲ、Ⅳ　　D. Ⅰ、Ⅱ、Ⅲ、Ⅳ

【答案】D

【解析】政府债券最初仅是政府弥补赤字的手段，但在现代商品经济条件下，政府债券已成为政府筹集资金、扩大公共开支的重要手段，并且随着金融市场的发展，逐渐具备了金融商品和信用工具的职能，成为国家实施宏观经济政策、进行宏观调控的工具。

(2)基本特征

①偿还性

偿还性是指债券有规定的偿还期限，债务人必须按期向债权人支付利息和偿还本金。这一特征与股票的永久性有很大的区别。

②流动性

流动性是指债券持有人可按需要和市场的实际状况，灵活地转让债券，以提前收回本金和实现投资收益。

③安全性

安全性是指债券持有人的收益相对稳定，不随发行者经营收益的变动而变动，并且可按期收回本金。

债券持有人不能收回投资的情况包括：债务人不履行债务，即债务人不能按时足额按约定的利率支付利息或者偿还本金；债券在市场上转让时因价格下跌而承受损失。

④收益性

收益性是指债券能为投资者带来一定的收入，其表现形式有三种：

a. 利息收入，即债权人在持有债券期间按约定的条件分期、分次取得利息或者到期一次取得利息。

b. 资本损益，即债权人到期收回的本金与买入债券或中途卖出债券与买入债券之间的价差收入。

c. 再投资收益，即投资债券所获现金流量再投资的利息收入。

3. 股票类证券产品

(1)组成

常见的股票类型如表6-1所示。

表6-1　股票的分类

分类标准	类型	说明
股东享有权利	普通股票	持有者享有股东的基本权利和义务，股利完全随公司盈利的高低而变化。在公司盈利和剩余财产的分配顺序上列在债权人和优先股票股东之后
	优先股票	持有者的股东权利受到一定限制，股息率是固定的，在公司盈利和剩余财产的分配顺序上比普通股票股东享有优先权

续表

分类标准	类型	说明
是否记载股东姓名	记名股票	在股票票面和股份公司的股东名册上记载股东姓名的股票
	无记名股票	在股票票面和股份公司股东名册上均不记载股东姓名的股票
是否在股票票面上标明金额	有面额股票	在股票票面上记载一定金额的股票
	无面额股票	也被称为比例股票或份额股票，是指在股票票面上不记载股票面额，只注明它在公司总股本中所占比例的股票

（2）基本特征

①收益性

收益性是指股票可以为持有人带来收益的特性。股票的收益来源可分成两类：

一是股份公司派发的股息、红利。持有者享有公司派发的股息、红利，数量的多少取决于股份公司的经营状况和盈利水平。

二是资本利得。当股票的市场价格高于买入价格时，卖出股票就可以赚取差价收益，即资本利得。

②风险性

风险性是指实际收益与预期收益之间的偏离。

③流动性

流动性是指在本金保持相对稳定、变现的交易成本很小的条件下，股票很容易变现的特性。

④永久性

永久性是指股票所载有权利的有效性是始终不变的。股票的有效期与股份公司的存续期间相联系，二者是并存的关系。

⑤参与性

参与性是指股票持有人有权参与公司重大决策、出席股东大会、行使对公司经营决策的参与权的特性。

4. 衍生产品类证券产品

（1）组成

①金融远期合约

金融远期合约是指交易双方在场外市场上通过协商，按约定价格（远期价格）在约定的未来日期（交割日）买卖某种标的金融资产（或金融变量）的合约，主要包括远期利率协议、远期外汇合约和远期股票合约。

②金融期货

金融期货是指交易双方在金融市场上，以约定的时间和价格，买卖某种金融工具的具有约束力的标准化合约。主要包括货币期货、利率期货、股票指数期货和股票期货四种。

③金融期权

金融期权是指合约买方向卖方支付一定费用（称为“期权费”或“期权价格”），在约定日期内享有按事先确定的价格向合约卖方买卖某种金融工具的权利的契约，包括现货期权和期货期权两大类。

④金融互换

金融互换是指两个或两个以上的当事人按共同商定的条件，在约定的时间内定期交换现金流的金融交易，主要包括货币互换、利率互换、股权互换、信用违约互换等。

⑤结构化金融衍生工具

结构化金融衍生工具是指利用基础金融衍生工具的结构化特性，通过相互结合开发设计出更多具有复杂特性的金融衍生产品。

(2)基本特征

①跨期性。跨期性是指金融衍生工具会影响交易者在未来一段时间内或未来某时间上的现金流。

②杠杆性。杠杆性是指金融衍生工具交易一般只需支付少量的保证金或权利金就可签订大额合约。杠杆效应一定程度上决定了其高投机性和高风险性。

③联动性。联动性是指金融衍生工具的价值与基础产品或基础变量紧密联系、规则变动。

④不确定性或高风险性。不确定性是指金融衍生工具的交易后果取决于交易者对基础工具(变量)未来价格(数值)的预测和判断的准确程度。

五、产品与客户适配的相关要求

投资者适当性制度是境外成熟市场普遍采用的一种保护性措施，避免在金融产品创新过程中，将金融产品提供给风险并不匹配的投资群体。

1. 适当性的定义

根据国际清算银行、国际证监会组织、国际保险监管协会2008年联合发布的《金融产品和服务零售领域的客户适当性》所给出的定义，适当性是指"金融中介机构所提供的金融产品或服务与客户的财务状况、投资目标、风险承受水平、财务需求、知识和经验之间的契合程度"。即投资适当性的要求是"适合的投资者购买恰当的产品"。

2. 适当性原则被忽视的原因

(1)投资者不一定能够掌握有关产品的充分信息；

(2)投资者因自身经验和知识的欠缺，即便掌握了充分的相关信息，也不一定能够评估产品的风险水平；

(3)投资者对自身的风险承受能力可能缺乏正确认知。

3. 我国法律法规对适当性原则的规定

《证券公司投资者适当性制度指引》第二十一条规定，证券公司销售金融产品，应当向客户充分揭示金融产品的信用风险、市场风险、流动性风险等可能影响客户权益的主要风险特征。

《证券公司投资者适当性制度指引》第二十四条规定，证券公司向客户销售的金融产品或提供的金融服务，应当符合以下要求：

(1)投资期限和品种符合客户的投资目标；

(2)风险等级符合客户的风险承受能力等级；

(3)客户签署风险揭示书，确认已充分理解金融产品或金融服务的风险。

【真题6.2】证券公司销售金融产品，应当向客户充分揭示金融产品的(　　)等主要风险特征。

Ⅰ. 信用风险　Ⅱ. 市场风险　Ⅲ. 流动性风险　Ⅳ. 操作风险

A. Ⅰ、Ⅱ、Ⅲ　B. Ⅰ、Ⅲ、Ⅳ

C. Ⅰ、Ⅱ、Ⅲ、Ⅳ　D. Ⅱ、Ⅲ、Ⅳ

【答案】A

【解析】根据《证券公司投资者适当性制度指引》第二十一条，证券公司销售金融产品，应当向客户充分揭示金融产品的信用风险、市场风险、流动性风险等可能影响客户权益的主要风险特征。

第二节　时机选择

【大纲要求】

掌握买卖证券产品时机的一般原则；熟悉证券产品进场时机选择的要求；熟悉证券产品买进时机选择的策略；熟悉证券产品卖出时机选择的策略。

【要点详解】

一、买卖证券产品时机的一般原则

(1)掌握先机；

(2)选股不如选时；

(3)抓住买进时机与卖出时机；

(4)挫落是获利的契机；

(5)淡季是进场的时机。

二、证券产品进场时机选择的要求

(1)进场时机的选择应结合证券市场环境；

(2)以理财的角度进行资产配置；

(3)流动性强的投资产品可考虑随时进场；

(4)进场时机选择应当在构建投资组合的基础之上；

(5)选择进场时机需要积极的投资思维跟进；

(6)进场时机的选择应当制定合理的退出目标。

三、证券产品买进时机选择的策略

1. 谷底买进战略

股价跌落谷底，而不容易回升时买进，这是股票投资的良机。股票在“股市萧条时买进”的原则，是不会变的。

2. 高价买进战略

高价买进战略是短期投资的一项策略。高价买进的战略若要成功，须具备三个条件：

(1)具有良好展望的股类；

(2)行情看涨；

(3)选择公司业绩良好的股类。

3. 其他买进策略要点

(1)重大利多因素正在酝酿时买进；

(2)不确切的传言造成非理性下跌时买进；

(3)总体经济环境因素逐渐趋向有利的时候或政府正在拟定重大的激励措施时买进。

四、证券产品卖出时机选择的策略

1. 卖出策略要点

(1)股票价格走势达到高峰，再也无力继续攀上时，应卖出股票；

(2)重大不利因素正在酝酿时应卖出股票；

(3)从高价跌落10%时应卖出股票。

2. 设置止盈、止损点并严格控制

依股票种类的不同，买进时最好先制定一个令自己满意的卖价目标。此价格以不使自己利益受损为原则，当股市行情到了自己预期的目标时，应及时抛出。

第三节　行业轮动

【大纲要求】

了解行业轮动的特征；了解行业轮动的驱动因素；了解行业轮动的主要策略及配置；了解不同行业轮动的关联性和介入时点的选择。

【要点详解】

一、行业轮动的概念、特征

1. 概念

行业轮动是利用市场趋势获利的一种主动交易策略，其本质是利用不同投资品种强势时间的错位对行业品种进行切换以达到投资收益最大化的目的。

2. 特征

行业轮动必须建立在对具体的体制、制度以及发展阶段的分析基础之上，并且关注经济的周期变化。不同制度的国家、不同的经济体系、不同的发展阶段，轮动策略不同。行业轮动有如下特征：

(1)行业轮动与经济周期和货币周期紧密联系，相互作用和影响；

(2)行业轮动必须注意经济体系的特征和经济变量的相互作用方式。

二、行业轮动的驱动因素

行业轮动的实质是一种行业受经济周期影响的现象，而不是行业本身的兴起或衰退。行业轮动研究的顺序是由经济的谷底开始，然后发展到高潮，再转向谷底。市场、政府、外需构成了促使经济走出低谷的三大基本动力。

1. 市场驱动

市场驱动的分析从对利率和成本最为敏感的行业展开。

利率和成本的下降，首先刺激房地产和汽车行业的复苏；当先导产业汽车和房地产从低谷逐步上升时，钢铁、有色、建材等行业会随之复苏；随后煤炭和电力行业景气轮动；最后，港口、集装箱运输、船舶行业也会随之联动。与此相反，当先导行业需求下滑的时候，所有行业将因此轮动向下。行业轮动的市场逻辑如图 6－1 所示。

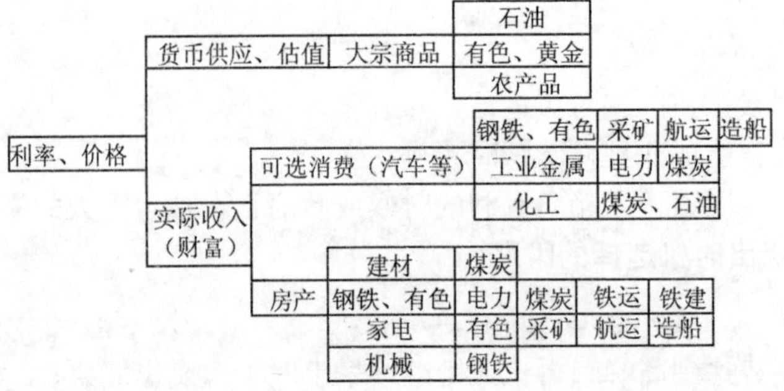

图 6－1　行业轮动的市场逻辑

2. 政府驱动

政府施行扩张性财政政策，是经济复苏的重要动力。

财政政策一般包括两个方面：

(1)增加财政支出用于基本建设。这样会推动建筑、建材、钢铁、有色等的需求，并沿产业链向下。

(2)鼓励扶持新技术的应用，目的是促进经济的长期持续发展。

行业轮动的财政支出逻辑如图6-2所示。

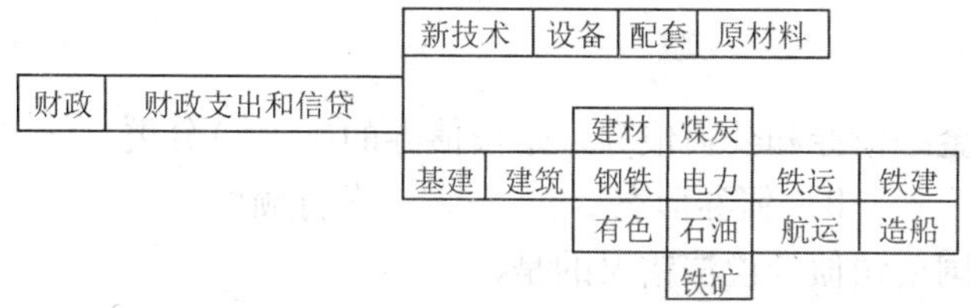

图6-2　行业轮动的财政支出逻辑

3. 出口拉动

世界经济的好转会带动一国经济的发展，促进该国出口增加，并沿产业链带动经济全面发展。世界经济对一国经济的影响主要有两条路径：①推动必需品需求，包括纺织服装、家具卫浴等；②推动机电产品出口，并沿产业链向下，如图6-3所示。

图6-3　行业轮动的出口逻辑

三、行业轮动的主要策略及配置

在一个完整的经济周期中，有些行业是先行行业，有些行业是跟随行业。例如，对某个地方基础设施的投资，钢铁、水泥、机械属于先行行业，投资完成后会带来房地产、消费、文化行业的发展，这些行业属于跟随行业。研究在一个经济周期中的行业轮动顺序，从而在轮动开始前进行配置，在轮动结束后进行调整，可以获取超额收益。

研究表明，行业收益差在扩张性政策和紧缩性政策下具有显著的差异。因此，进行周期性和防御性的轮动配置是机构投资者最普遍采用也最为获利的盈利模式。在国内目前情况下，根据货币供应量的变化来判断货币政策周期，是一个不错的选择。具体来说，在货币政策扩张时可等权重配置周期性行业的股票，而在货币政策紧缩时可等权重配置非周期性行业的股票。

四、不同行业轮动的关联性和介入时点的选择

行业轮动的关联性是指不同行业轮动的相关性及顺序模式，包括哪些行业同时轮动、哪些行业顺序轮动等。

对投资者来说，最理想的投资是每一波行情中都持有具有超越大盘收益的强势行业的股票，即选择能超越指数的多个行业进行组合投资，这就需要研究行业的关联性，也即当一个行业具有超越指数的能力时，哪些行业同时也具备超越指数的能力。曾有数据显示，信息与

医药行业是比较适宜同时投资的两大行业，但从整体来看并没有很稳健的行业同时轮动规律。

行业的顺序轮动分为单个行业的顺序轮动和多行业的顺序轮动。一般来说，单个行业的顺序轮动较难出现稳健的模式，但多行业复合判断可能发现一些稳健的顺序模式，比如材料、消费和金融行业某月同时超越指数，那么下月材料行业有较大的概率超越指数。那些小概率的行业顺序轮动模式在实务中通常意味着高风险，在行业轮动配置中应以规避。

行业轮动的时机选择是比较困难的，必须结合估值和品质综合考量。

【本章练习】

一、选择题

1. 政府债券、金融债券和公司债券，是按债券的(　　)分类。

A. 付息方式　　B. 债券形态　　C. 发行额度　　D. 发行主体

2. 以下关于我国公司债券说法错误的是(　　)。

A. 发行人可以是股份有限公司

B. 约定在一年以上期限内还本付息

C. 经中国证监会核准后方可发行

D. 目前一些公司债券已在银行间市场上市流通

3. 一般情况下，优先股票的股息率是(　　)的，其持有者的股东权利受到一定限制。

A. 随公司盈利变化而变化　　B. 浮动

C. 不确定　　D. 固定

4. 小李观察到最近股票价格由于政治事件发生波动，于是他将手中的股票抛出并换成了债券，这是因为股票的(　　)增大。

A. 流动性　　B. 期限性　　C. 风险性　　D. 收益性

5. 金融衍生工具的价值与基础产品或基础变量紧密相联，具有规则的变动关系，这体现了金融衍生工具的(　　)。

A. 跨期性　　B. 期限性

C. 联动性　　D. 不确定性或高风险性

6. 两个或两个以上的当事人按共同商定的条件在约定的时间内定期交换现金流的金融交易，称之为(　　)。

A. 金融期权　　B. 金融期货

C. 金融互换　　D. 结构化金融衍生工具

7. 下列关于证券产品进场时机选择的说法中，不正确的是(　　)。

A. 进场时机的选择应结合证券市场环境

B. 进场后，投资者需要积极的投资思维跟进

C. 一旦决定进场，就应下定决心，不达止盈点位不罢休

D. 进场时应设置合理的止盈及止损点

8. 下列哪种情况下，卖出证券比较好？(　　)

A. 重大利多因素正在酝酿时　　B. 不确切的传言造成非理性下跌时

C. 经济衰退到极点时　　D. 股价从高价跌落10%时

二、组合型选择题

1. 关于我国金融债券，下列说法正确的有(　　)。

Ⅰ．我国金融债券的发行始于北洋政府时期

Ⅱ．新中国成立之后的金融债券发行始于 1982 年，国家开发银行于这一年率先在日本的东京证券市场发行了外国金融债券

Ⅲ．1985 年，中国工商银行、中国农业银行发行金融债券，开办特种贷款，这是我国经济体制改革以后国内发行金融债券的开端

Ⅳ．1993 年，中国国际信托投资公司被批准在境内发行外币金融债券，这是我国首次发行境内外币金融债券

A. Ⅰ、Ⅱ　　B. Ⅰ、Ⅲ　　C. Ⅱ、Ⅲ　　D. Ⅱ、Ⅳ

2. 下列关于股票的风险性的说法，正确的有(　　)。

Ⅰ．投资者在买入股票时，对其未来收益会有一个估计，但事后看，真正实现的收益可能会远低于原先的估计，这就是股票的风险

Ⅱ．股票风险的内涵是股票投资收益的不确定性

Ⅲ．风险不等于损失，高风险的股票可能给投资者带来较大损失，也可能带来较大的未预期收益

Ⅳ．实际收益与预期收益之间的偏离程度体现了股票的风险性

A. Ⅰ、Ⅱ　　B. Ⅰ、Ⅳ　　C. Ⅰ、Ⅲ、Ⅳ　　D. Ⅱ、Ⅲ、Ⅳ

3. 金融衍生工具的基本特征包括(　　)。

Ⅰ．杠杆性　　Ⅱ．跨期性

Ⅲ．不确定性或高风险性　　Ⅳ．联动性

A. Ⅰ、Ⅱ、Ⅲ　　B. Ⅰ、Ⅱ、Ⅳ　　C. Ⅰ、Ⅲ、Ⅳ　　D. Ⅰ、Ⅱ、Ⅲ、Ⅳ

4. 高价买进战略成功的条件包括(　　)。

Ⅰ．必须具备有良好展望的股类　　Ⅱ．必须是行情看涨时

Ⅲ．选择公司业绩良好的股类　　Ⅳ．最好是市场波动起伏较大时

A. Ⅰ、Ⅱ、Ⅲ　　B. Ⅰ、Ⅱ、Ⅳ　　C. Ⅰ、Ⅲ、Ⅳ　　D. Ⅰ、Ⅱ、Ⅲ、Ⅳ

【答案及解析】

一、选择题

1. **【答案】**D

【解析】债券可以依据不同的标准进行分类，具体为：①根据发行主体的不同，债券可以分为政府债券、金融债券和公司债券；②根据债券发行条款中是否规定在约定期限向债券持有人支付利息，债券可分为贴现债券、附息债券和息票累积债券；③根据债券券面形态可以分为实物债券、凭证式债券和记账式债券；④根据募集方式，债券可分为公募债券和私募债券；⑤根据担保性质，债券可分为有担保债券和无担保债券。

2. **【答案】**D

【解析】D 项，中国人民银行规定，符合条件的公司债券可以进入银行间市场发行、交易流通和登记托管，但目前所有公司债券都仅在证券交易所市场上市。

3. **【答案】**D

【解析】优先股票的股息率是固定的，其持有者的股东权利受到一定限制，但在公司盈利和剩余财产的分配顺序上比普通股票股东享有优先权。

4. **【答案】**C

【解析】股票风险的内涵是股票投资收益的不确定性，或者说实际收益与预期收益之间

的偏离。由于发生政治事件，股票收益的不确定性加大，所以，该股票的风险性增大。

5.【答案】C

【解析】联动性是指金融衍生工具的价值与基础产品或基础变量紧密联系，具有规则的变动关系。通常，金融衍生工具与基础变量相联系的支付特征由衍生工具合约规定，其联动关系既可以是简单的线性关系，也可以表达为非线性函数或者分段函数。

6.【答案】C

【解析】金融互换是指两个或两个以上的当事人按共同商定的条件，在约定的时间内定期交换现金流的金融交易。可分为货币互换、利率互换、股权互换、信用违约互换等类别。从交易结构上看，可以将互换交易视为一系列远期交易的组合。

7.【答案】C

【解析】进场时机的选择应当制定合理的退出目标。投资者在进行证券产品投资前，一定要制定相应的投资目标和计划。投资者只有在目标和计划的指引下，才能够严格执行操作纪律，设置合理的止盈及止损点，从而做到从容投资。

8.【答案】D

【解析】D项，从高价跌落10%时，表示股价已逐渐步入下跌趋势了，此时应毫不犹豫卖出。

二、组合型选择题

1.【答案】B

【解析】Ⅱ项，1982年，中国国际信托投资公司率先在日本的东京证券市场发行了外国金融债券；Ⅳ项，1993年，中国投资银行被批准在境内发行外币金融债券，这是我国首次发行境内外币金融债券。

2.【答案】D

【解析】风险本身是一个中性概念，投资者在买入股票时，对其未来收益会有一个估计，但事后看，真正实现的收益可能会高于或低于原先的估计，这就是股票的风险。风险不等于损失，高风险的股票可能给投资者带来较大损失，也可能带来较大的未预期收益。

3.【答案】D

【解析】金融衍生工具是与基础金融产品相对应的一个概念，指建立在基础产品或基础变量之上，其价格取决于基础金融产品价格（或数值）变动的派生金融产品。金融衍生工具的特性包括：①跨期性；②杠杆性；③联动性；④不确定性或高风险性。

4.【答案】A

【解析】高价买进战略是短期投资的一项策略。以高价买进的战略若要成功，必须具备三个条件：①必须具备有良好展望的股类。这类股富有良好的展望及获利率高等特点。②必须是行情看涨时。只要在行情的看涨期，即使目前不受人欢迎，也极可能提早恢复股票的知名度。③选择公司业绩良好的股类，在市场景气复生时，那些公司的业绩也会迅速恢复，其股价通常会大大上扬。

第七章 投资组合

【知识结构】

- 投资组合
  - 投资组合管理概述
    - 投资组合管理的目标
    - 投资组合管理的步骤
    - 证券组合的业绩评估
    - 投资组合管理的方法
  - 股票投资组合
    - 股票投资风格分类体系
    - 积极型股票投资策略操作方法
    - 简单型消极投资策略
    - 指数型消极投资策略的市值法和分层法
    - 加强指数法
  - 债券投资组合
    - 积极型债券组合管理策略
    - 消极型债券组合管理策略
    - 投资者的选择
  - 衍生工具
    - 实施对冲策略的主要步骤
    - 风险敞口分析和对冲比率确定的主要内容
    - 常见的对冲策略有效性评价方法
    - 套利交易
    - 套利方法

第一节 投资组合管理概述

【大纲要求】

熟悉投资组合管理的目标；熟悉投资组合管理的步骤；了解投资组合管理的基本策略；掌握积极型管理、被动型管理的假设前提、基本原理及适用范围。

【要点详解】

一、投资组合管理的目标

证券组合管理的意义在于采用适当的方法选择多种证券作为投资对象，以达到在一定预期收益的前提下投资风险最小化或在控制风险的前提下投资收益最大化的目标，避免投资过程的随意性。

证券组合管理特点主要表现在两个方面：①投资的分散性；②风险与收益的匹配性。

二、投资组合管理的步骤

证券组合管理通常包括确定证券投资政策、进行证券投资分析、构建证券投资组合、投资组合的修正和投资组合业绩评估五个步骤，具体如表 7－1 所示。

表 7－1 投资组合管理的步骤

步骤	说明
确定证券投资政策	证券投资政策是投资者为实现投资目标应遵循的基本方针和基本准则，包括确定投资目标、投资规模和投资对象三方面的内容以及应采取的投资策略和措施等。投资目标的确定应包括风险和收益两项内容。投资规模是指用于证券投资的资金数量。投资对象是指证券组合管理者准备投资的证券品种

续表

步骤	说明
进行证券投资分析	进行证券投资分析的一个目的是明确这些证券的价格形成机制和影响证券价格波动的诸因素及其作用机制，另一个目的是发现那些价格偏离价值的证券
构建证券投资组合	主要是确定具体的证券投资品种和在各证券上的投资比例。在构建证券投资组合时，投资者需要注意个别证券选择、投资时机选择和多元化三个问题
投资组合的修正	随着时间的推移，过去构建的证券组合对投资者来说可能已经不再是最优组合了，这可能是因为投资者改变了对风险和回报的态度，或者是其预测发生了变化。投资者可能会对现有的组合进行必要的调整，以确定一个新的最佳组合。通过对客户现有投资组合进行分析，证券投资顾问需要明确以下几点：①客户现有投资组合中的资产配置状况；②注意客户现有投资组合的突出特点；③根据经验或者规律，对客户现有投资组合情况做出评价
投资组合业绩评估	对证券投资组合业绩进行评估时，不能仅仅比较投资活动所获得的收益，而应该综合衡量投资收益和所承担的风险情况

【真题 7.1】证券组合管理的几个基本步骤，按先后顺序应该是(　　)。

Ⅰ. 确定证券投资政策　　Ⅱ. 构建证券投资组合

Ⅲ. 进行证券投资分析　　Ⅳ. 投资组合的修正

A. Ⅱ、Ⅲ、Ⅳ、Ⅰ　　B. Ⅰ、Ⅱ、Ⅲ、Ⅳ

C. Ⅰ、Ⅲ、Ⅱ、Ⅳ　　D. Ⅱ、Ⅰ、Ⅲ、Ⅳ

【答案】C

【解析】证券组合管理的目标是实现投资收益的最大化，也就是使组合的风险和收益特征能够给投资者带来最大满足。证券组合管理通常包括以下几个基本步骤：①确定证券投资政策；②进行证券投资分析；③构建证券投资组合；④投资组合的修正；⑤投资组合业绩评估。

三、证券组合的业绩评估

1. 证券组合的业绩评估指数

(1) Jensen(詹森)指数

詹森指数是1969年由詹森提出的，它以证券市场线为基准，以证券组合的实际平均收益率与由证券市场线所给出的该证券组合的期望收益率之间的差为指数值。即：

$$J_P = r_P - \{r_F + [E(r_M) - r_F]\beta_P\}$$

式中：J_P——Jensen 指数；r_P——证券组合 P 的实际平均收益率；r_F——考察期内无风险收益率；β_P——组合的系统风险。

詹森指数就是证券组合所获得的高于市场的那部分风险溢价，风险由 β 系数测定。詹森指数值代表证券组合与证券市场线之间的落差，又称为 α 或超额收益率。如果证券组合的詹森指数为正，则其位于证券市场线的上方，绩效好；如果组合的詹森指数为负，则其位于证券市场线的下方，绩效不好。

(2) Treynor(特雷诺)指数

特雷诺指数是1965年由特雷诺提出的，它用获利机会来评价绩效。该指数值由每单位风险获取的风险溢价来计算，风险仍然由 β 系数来测定，即：

$$T_P = \frac{r_P - r_F}{\beta_P}$$

式中：T_P——Treynor 指数；r_P——证券组合 P 的实际平均收益率；r_F——无风险收益率；β_P——组合的系统风险。

特雷诺指数是连接证券组合与无风险证券直线的斜率。当这一斜率大于证券市场线的斜率($T_P > T_M$)时，组合的绩效好于市场绩效，此时组合位于证券市场线上方；相反，斜率小于证券市场线的斜率($T_P < T_M$)时，组合的绩效不如市场绩效好，此时组合位于证券市场线下方。

(3)Sharpe(夏普)指数

夏普指数(又称夏普比率)是1966年由夏普提出的，它以资本市场线为基准，指数值等于证券组合的风险溢价除以标准差，即：

$$S_P = \frac{r_P - r_F}{\sigma_P}$$

式中：S_P——Sharpe 指数；r_P——证券组合 P 的实际平均收益率；r_F——考察期内无风险收益率；σ_P——组合的标准差。

夏普指数是连接证券组合与无风险资产的直线的斜率。一个高的夏普指数表明该管理者比市场经营得好，而一个低的夏普指数表明经营得比市场差。前者的组合位于资本市场线上方，后者的组合则位于资本市场线下方。位于资本市场线上的组合的夏普指数与市场组合的夏普指数均相等，表明管理具有中等绩效。

夏普比率在计算上尽管非常简单，但在具体运用中仍需要对夏普比率的适用性加以注意：

①用标准差对收益进行风险调整，其隐含的假设就是所考察的组合构成了投资者投资的全部；

②使用标准差作为风险指标也被人们认为不很合适的；

③夏普比率的有效性还依赖于可以以相同的无风险利率借贷的假设；

④夏普比率没有基准点，因此其大小本身没有意义，只有在与其他组合的比较中才有价值；

⑤夏普比率是线性的，但在有效前沿上，风险与收益之间的变换并不是线性的；

⑥夏普比率未考虑组合之间的相关性，因此纯粹依据夏普值的大小构建组合存在很大问题；

⑦夏普比率与其他很多指标一样，衡量的是基金的历史表现，因此并不能简单地依据基金的历史表现进行未来操作；

⑧在计算方面，夏普指数同样存在一个稳定性问题即夏普指数的计算结果与时间跨度和收益计算的时间间隔的选取有关。

2. 业绩评估应注意的问题

使用詹森指数、特雷诺指数以及夏普指数评价组合业绩存在不足，主要表现在三个方面：

(1)三种指数均以资本资产定价模型为基础，后者隐含与现实环境相差较大的理论假设，可能导致评价结果失真。

(2)三种指数中都含有用于测度风险的指标，而计算这些风险指标有赖于样本的选择。这可能导致基于不同的样本选择所得到的评估结果不同，也不具有可比性。

(3)三种指数的计算均与市场组合发生直接或间接关系，而现实中用于替代市场组合的证券价格指数具有多样性。这同样会导致基于不同市场指数所得到的评估结果不同，也不具有可比性。

四、投资组合管理的方法

根据组合管理者对市场效率的不同看法，其采用的管理方法可大致分为被动管理和主动管理两种类型，具体如表 7－2 所示。

表 7－2　投资组合管理的方法

方法	含义	对市场效率的看法及策略
被动管理	指长期稳定持有模拟市场指数的证券组合以获得市场平均收益的管理方法	证券市场是有效市场，凡是能够影响证券价格的信息均已在当前证券价格中得到反映。证券价格的未来变化是无法估计的，坚持"买入并长期持有"的投资策略
主动管理	指经常预测市场行情或寻找定价错误证券，并借此频繁调整证券组合以获得尽可能高的收益的管理方法	市场不总是有效的，加工和分析某些信息可以预测市场行情趋势和发现定价过高或过低的证券，进而对买卖证券的时机和种类作出选择，以实现尽可能高的收益

第二节　股票投资组合

【大纲要求】

熟悉股票投资风格分类体系；掌握股票投资风格绩效评价的指标体系和计算方法。

掌握积极型股票投资策略操作方法；了解简单型消极投资策略；掌握指数型消极投资策略的市值法和分层法；熟悉加强指数法。

【要点详解】

一、股票投资风格分类体系

股票投资风格分类体系，是指按照不同标准将股票划分为不同的集合，具有相同特征的股票集合共同构成一个系统的分类体系。股票投资风格的划分关键是对股票特征的把握和分类标准的选取。

按照不同的标准，股票投资风格可划分为不同的类别，如表 7－3 所示。

表 7－3　股票投资风格的分类

标准	分类	内容
按公司规模	小型资本股票	流动性较低，回报率更高
	大型资本股票	流动性较高，回报率较低
	混合型资本股票	流动性、回报率均介于小型资本股票与大型资本股票之间
按股票价格行为	增长类股票	同类股票内部的相关系数均为正而且较大，不同类型的股票之间的相关性则不高
	周期类股票	
	稳定类股票	
	能源类股票	
按公司成长性	增长类股票	增长速度超过经济发展速度的股票
	非增长类(收益率)股票	随经济发展速度同步增长的股票

【真题 7.2】股票投资风格分类体系的标准不包括(　　)。

A. 公司规模　B. 股票价格行为　C. 公司成长性　D. 股票的风险特征

【答案】D

二、积极型股票投资策略操作方法

1. 以技术分析为基础的投资策略

以技术分析为基础的投资策略是在否定弱式有效市场的前提下，以历史交易数据为基础，预测单只股票或市场总体未来变化趋势的一种投资策略。

不同技术分析方法的主要观点如表7－4所示。

表7－4 以技术分析为基础的投资策略的主要观点

分析方法	主要观点
道氏理论	①市场价格指数可以解释和反映市场的大部分行为； ②市场波动具有三种趋势：主要趋势、次要趋势和短暂趋势； ③交易量在确定趋势中具有重要作用，趋势反转点是作出判断的一个重要参考指标； ④收盘价是最重要的价格
超买超卖型指标	①简单过滤器规则：以某一时点的股价作为参考基准，预先设定一个股价上涨或下跌的百分比作为买入和卖出股票的标准； ②移动平均法：以一段时期内的股票价格移动平均值为参考基础，在股票价格超过平均价的某一百分比时买入该股票，在股票价格低于平均价的一定百分比时卖出该股票（常用指标有乖离率）； ③价量关系指标：价稳量增、价量齐升、价涨量稳、价涨量缩、价稳量缩、价跌量缩、价格快速下跌而量小、价稳量增（逆时针曲线理论的八大循环）

2. 以基本分析为基础的投资策略

基本分析是在否定半强式有效市场的前提下，以公司基本面状况为基础进行的分析。不同基本分析方法的应用法则如表7－5所示。

表7－5 以基本分析为基础的投资策略的应用法则

分析方法	应用法则
低市盈率（P/E 比率）	选择市盈率和市净率较低的股票，因为这两类股票的股价有较高的实际收益的支持
股利贴现模型（DDM）	①净现值（NPV）法：$NPV<0$，股票价格被高估，卖出。 ②内含报酬率（IRR）法：$IRR>$资本必要收益率，买入；$IRR<$资本必要收益率，卖出

3. 市场异常策略

（1）小公司效应

小公司效应，又称规模效应，指股票的平均收益与公司的规模之间有着规律性的负相关关系，即以市场资本总额衡量的小型资本股票，其投资组合收益通常优于股票市场的整体表现。多数情况下，小公司的投资回报要优于大公司。

（2）低市盈率效应

低市盈率效应是指由低市盈率股票组成的投资组合的表现要优于由高市盈率股票组成的投资组合的表现。其表现在：

①这类股票的市场价格更接近于价值，或者出现价值被低估的情况；

②这类股票往往是市场投资者关注较少的股票，或者不是短期内的热点。

（3）日历效应

日历效应是指金融市场与日期相联系的非正常收益、非正常波动，包括季节效应、月份效应、星期效应和假日效应。市场走势通常会表现出一些特定的规律。一些有经验的投资经理会选择股价走势通常较好的时期，作为买入时点，而在股价走势较弱的月份选择卖出。

(4)遵循内部人的交易活动

内部人通常可以利用其特殊地位提前于投资者获得公司尚未公布的信息，或者掌握比普通投资者更多的信息，并以此获得超额回报。因此有些投资者采取跟随内部人的方式实施其投资策略，在有些时候也可以分享一部分超额收益。

(5)股价随信息披露改变

股价随信息披露改变表现为：收益公布为利好消息的公司，其异常报酬可能会在盈利公告后至少两个月内向上波动，而那些收益公布为坏消息的公司在相同期间内异常报酬持续向下波动。

4. 各投资策略的比较和主流变换

以技术分析为基础和以基本分析为基础的投资策略各具优劣，其具体区别如表7-6所示。

表7-6　技术分析和基本分析投资策略的比较

区别	技术分析	基本分析
对市场有效性的判定不同	以否定弱式有效市场为前提，认为投资者可以通过对以往价格进行分析而获得超额利润	以否定半强式有效市场为前提，认为公开资料没有完全包括有关公司价值的信息、有关宏观经济形势和政策方面的信息
分析基础不同	以市场上历史的交易数据(股价和成交量)为研究基础，认为市场上的一切行为都反映在价格变动中	以宏观经济、行业和公司的基本经济数据为研究基础，通过对公司业绩的判断确定其投资价值
使用的分析工具不同	以市场历史交易数据的统计结果为基础，通过曲线图的方式描述股票价格运动的规律	以宏观经济指标、行业基本数据和公司财务指标等数据为基础进行综合分析

目前，以基本分析为主，辅以技术分析成为投资策略的主流。以基本分析作为判断公司投资价值的基础，以技术分析观察股价市场走势判断买卖时机。

三、简单型消极投资策略

1. 定义

简单型消极投资策略一般是在确定了恰当的股票投资组合之后，在3~5年的持有期内不再发生积极的股票买入或卖出行为的投资策略。

2. 优缺点及适用性

(1)优点：交易成本和管理费用最小化。

(2)缺点：放弃从市场环境变化中获利的可能。

(3)适用性：适用于资本市场环境和投资者偏好变化不大，或者改变投资组合的成本大于收益的情况。

四、指数型消极投资策略的市值法和分层法

指数型消极投资策略是指通过复制一个与市场结构相同的指数组合，从而排除非系统性风险的干扰，获得与市场相同或相近的投资回报。其核心思想是相信市场是有效的。

1. 市值法

选择指数成分股中市值最大的部分股票，按照其在股价指数所占比例购买，将剩余资金平均分配在剩下的成分股中。

2. 分层法

将指数的成分股按照某个因素分类，然后按照各类股票在股价指数中的比例构造投资组

合，至于各类中的具体股票可以随机或按照其他原则选取。

【真题7.3】指数型股票投资策略的基本理念是(　　)。

A. 证券的价格波动很大，而其内在价值稳定且可测量，短期内证券市场价会经常偏离其内在价值，但市场存在自我纠偏的机制，长期来看市场价格与其内在价值趋同

B. 在市场中筛选出预期利润或收入具有高增长潜力的成长型上市公司，且公司当前股价能够反映公司的成长性，从而在未来具有较大的上升空间。投资者投资于此公司的股票获得收益

C. 通过购买一部分或全部的某指数所包含的股票，来构建指数基金的投资组合，目的是使这个投资组合的变动趋势与该指数相一致，以取得与指数大致相同的收益率

D. 证券的价格可通过对过往价格走势进行分析，从而在此基础上，对未来的的股价进行预测

【答案】C

【解析】指数型消极投资策略是指通过复制一个与市场结构相同的指数组合，构建指数基金的投资组合，从而排除非系统性风险的干扰，获得与市场相同或相近的投资回报。

五、加强指数法

1. 定义

加强指数法是指基金管理人将指数化管理方式与积极型股票投资策略相结合，在盯住选定的股票指数的基础上做适当的主动性调整的股票投资策略。

2. 核心思想

加强指数法的核心思想是将指数化投资管理与积极型股票投资策略相结合。

3. 加强指数法与积极型股票投资策略的区别

加强指数法与积极型股票投资策略的区别主要在于风险控制程度不同。

(1)加强指数法

在复制组合的基础上加强风险控制，其目的不在于积极寻求投资收益的最大化，因此通常不会引起投资组合特征与基准指数之间的实质性背离。

(2)积极型股票投资策略

对投资组合与基准指数的拟合程度要求不高，因此，经常会出现与基准指数的特征产生实质性偏离的情况。

第三节　债券投资组合

【大纲要求】

掌握水平分析、债券互换、骑乘收益率曲线等积极型债券组合管理策略。

掌握指数策略、免疫策略等消极型债券组合管理策略。

【要点详解】

一、积极型债券组合管理策略

积极型债券组合管理策略包括了水平分析、债券互换、骑乘收益率曲线等类型，其具体内容如表7-7所示。

表 7－7 积极型债券组合管理策略的种类及应用法则

投资策略类型		说明
水平分析		①主要形式：利率预期策略。指债券投资者基于其对未来利率水平的预期来调整债券资产组合，使其保持对利率变动的敏感性。 ②主要情形：a. 预期利率下降时，增加投资组合的持续期；b. 预期利率上升时，缩短投资组合的持续期
债券互换	替代互换	①定义：是指在债券出现暂时的市场定价偏差时，将一种债券替换成另一种完全可替代的债券，以期获取超额收益。 ②风险来源：a. 纠正市场定价偏差的过渡期比预期的更长；b. 价格走向与预期相反；c. 全部利率反向变化
	市场间利差互换	①定义：是不同市场之间债券的互换。投资者进行这种互换操作的动机，是由于投资者认为不同市场债券的利差偏离了正常水平并以某种趋势继续运行。 ②操作思路：a. 买入一种收益相对较高的债券，卖出当前持有的债券；b. 买入一种收益相对较低的债券，卖出当前持有的债券
	税差激发互换	①目的：通过债券互换来减少年度的应付税款，从而提高债券投资者的税后收益率。 ②影响途径：债券收入现金流本身的税收特性不同、现金流的形式、现金流的时间特征。 ③类型：a. 把免税的政府债券换成具有同等风险的应税企业债券；b. 当资本利得税率低于利息收入税率时，把高票面利率债券替换成低票面收益率债券
骑乘收益率曲线		①概述：骑乘收益率曲线又称收益率曲线追踪策略，可以被视作水平分析的一种特殊形式。 ②分类：a. 子弹式策略（使投资组合中债券的到期期限集中于收益曲线的一点）；b. 两极策略（将组合中债券的到期期限集中于两极）；c. 梯式策略（将组合中债券的到期期限进行均匀分布）。 ③应用法则：a. 收益率曲线很陡时，子弹组合的业绩常优于两极组合；b. 当收益率曲线斜率为正，且预计收益率曲线不变时，长期债券的收益率较短期债券的收益率更高

其中，债券互换是指同时买入和卖出具有相近特性的两个以上债券品种，从而获取收益级差的行为。其主要目的是通过债券互换提高组合的收益率。一般而言，只有在存在较高的收益级差和较短的过渡期时，债券投资者才会进行互换操作。过渡期是指债券价格从偏离值返回历史平均值的时间。收益级差越大，过渡期越短，投资者从债券互换中获得的收益率就越高。

二、消极型债券组合管理策略

消极型债券组合管理策略是指消极的债券组合管理者往往把市场价格视为均衡交易价格，于是他们并不寻找低估的品种，而只关注于控制债券组合的风险。一般使用两种消极管理策略：一种是指数策略；另一种是免疫策略。

1. 指数化投资策略

(1)指数化的目标和动机

①目标：使债券投资组合达到与某个特定指数相同的收益。

②动机包含三方面内容：

a. 经验证据表明积极型的债券投资组合的业绩并不好；

b. 所收取的管理费用更低；

c. 有助于基金发起人增强对基金经理的控制力。

(2)指数的选择

投资者可以根据自身的投资范围等条件选择相应的指数作为参照物。

(3)指数化的方法

指数化的方法可分为分层抽样法、优化法、方差最小化法，其基本内容及适用情况如表7-8所示。

表7-8 指数化方法的种类及适用情况

方法	基本内容	适用情况
分层抽样法	将指数的特征排列组合后分为若干个部分，在构成该指数的所有债券中按规定的比例选取能代表每一个部分的债券，以不同特征债券在指数中的比例为权重建立组合	债券数目较小
优化法	在满足分层抽样法要达到的目标的同时，还满足一些其他的条件，并使其中的一个目标实现最优化，如在限定修正期限与曲度的同时使到期收益最大化	债券数目较大
方差最小化法	债券组合收益与指数收益之间的偏差称为追随误差，为指数中每一种债券估计一个价格函数，然后利用大量的历史数据估计追随误差的方差，并求得追随误差方差最小化的债券组合	债券数目较大，且要求采用大量的历史数据

(4)指数化的衡量标准

跟踪误差是衡量资产管理人管理绩效的指标。

指数构造中所包含的债券数量越少，由交易费用所产生的跟踪误差就越小，但由于投资组合与指数之间的不匹配所造成的跟踪误差就越大；反之，如果指数构造中所包含的债券数量越多，由交易费用所导致的跟踪误差就越大，但由于投资组合与指数之间的配比程度的提高，因而可以降低跟踪误差。

(5)指数化的局限性

①指数的业绩并不一定代表投资者的目标业绩，与指数相配比也并不意味着资产管理人能够满足投资者的收益率需求目标。

②资产管理人在构造指数化组合时将面临的其他困难：

a. 构造投资组合时的执行价格可能高于指数发布者所采用的债券价格，导致投资组合业绩劣于债券指数业绩；

b. 公司债券或抵押支持债券可能包含大量的不可流通或流动性较低的投资对象，其市场指数可能无法复制或者复制成本很高；

c. 总收益率依赖于对息票利息再投资利率的预期。

(6)加强的指数化

加强的指数化是通过一些积极的但是低风险的投资策略提高指数化组合的总收益。

2. 免疫策略

(1)满足单一负债要求的投资组合免疫策略

①组合构建

投资者构造债券投资组合的目的是在最大限度避免市场利率变动影响的同时，使实际收益低于目标收益的风险最小化。

为了保证至少能够实现目标收益，投资者应当构造买入这样一种债券组合：当市场利率下降时，债券价格上升带来的收益抵消再投资收益下降导致的损失之后还有盈余；当市场利率上升时，债券再投资收益的增加在抵消债券价格下降导致的损失之后还有盈余。

为使债券组合最大限度地避免市场利率变化的影响，组合应满足以下条件：

a. 债券投资组合的久期等于负债的久期；

b. 投资组合的现金流量现值与未来负债的现值相等。

在以上两个条件与其他方面的需求确定的情况下，求得规避风险最小化的债券组合。

零息债券的规避风险为零，是债券组合的理想产品。在实践中，零息债券的组合收益往往要低于附息债券的组合收益，因此它要求有一个较低的目标收益率。

②常用方法

或有规避是一种常用的投资方法，投资者首先要确定准确的规避收益，然后确定一个能满足目标收益的可规避的安全收益水平。当实际收益高于目标收益时，投资者可采取积极的投资策略，争取获得更高的收益；而当实际收益接近安全收益水平时，投资者应立刻采取规避策略，以保证获得目标收益。其间，要有一个有效的检测程序，确保至少能够实现安全收益。

(2)多重负债下的组合免疫策略

组合应满足以下条件：

①债券组合的久期与负债的久期相等；

②组合内各种债券的久期的分布必须比负债的久期分布更广；

③债券组合的现金流现值必须与负债的现值相等。

在上述三个条件满足的情况下，用数学规划的方法求得规避风险最小化的债券组合。

(3)多重负债下的现金流匹配策略

①含义：现金流匹配策略是按偿还期限从长到短的顺序，挑选一系列的债券，使现金流与各个时期现金流的需求相等，是一种完全免疫策略。

②优点：没有任何免疫期限的现值；不承担任何市场利率风险。

③缺点：成本往往较高。

【真题7.4】以下投资策略中，不属于积极债券组合管理策略的是(　　)。

Ⅰ. 指数化投资策略

Ⅱ. 多重负债下的组合免疫策略

Ⅲ. 多重负债下的现金流匹配策略

Ⅳ. 债券互换

A. Ⅰ、Ⅱ、Ⅲ　　B. Ⅱ、Ⅳ

C. Ⅲ、Ⅳ　　D. Ⅰ、Ⅱ、Ⅲ、Ⅳ

【答案】A

【解析】积极债券组合管理策略包括：水平分析、债券互换、应急免疫、骑乘收益率曲线；消极债券组合管理策略包括指数化投资策略、久期免疫策略、现金流匹配策略、阶梯形组合策略、哑铃型组合策略等。

三、投资者的选择

面对各种债券投资组合管理策略，具体选择哪一种策略，投资者需要根据市场的实际情况与自身需求来确定：

(1)经过对市场的有效性进行研究，如果投资者认为市场效率较强时，可采取指数化的投资策略。

(2)当投资者对未来的现金流量有着特殊的需求时，可采用免疫和现金流匹配策略。

(3)当投资者认为市场效率较低，而自身对未来现金流没有特殊的需求时，可采取积极的投资策略。

(4)积极与消极相结合的混合策略：应急免疫。

应急免疫是一种债券组合管理的混合策略，它既可满足债券管理者实行积极管理的要求，又可满足将利率反向变动带来的不利影响最小化的需要。

投资者可以通过常规的利率免疫方法锁定收益率。关键点是计算在当前利率水平下，在特定期限需要锁定多少投资进行利率免疫，才能够保证达到规定的最低组合价值。这个值就是紧急免疫的触发点。一旦组合资产规模降到触发点，积极的管理就会停止。

第四节　衍生工具

【大纲要求】

熟悉实施对冲策略的主要步骤；掌握风险敞口分析和对冲比率确定的主要内容；掌握主要条款比较法、比率分析法和回归分析法等常见的对冲策略有效性评价方法。

熟悉实施套利策略的主要步骤；熟悉期现套利、跨期套利、跨商品套利和跨市场套利等套利方法。

【要点详解】

一、实施对冲策略的主要步骤

1. 对冲的含义

对冲，又称套期保值，是指与现货市场相关的经营者或交易者在现货市场上买进或卖出一定数量的现货品种的同时，在期货市场上卖出或买进与现货品种相同、数值相当但方向相反的期货合约，以期在未来某一时间，通过同时将现货和期货市场上的头寸平仓后，以一个市场的盈利弥补另一个市场的亏损，达到规避价格风险的目的。

2. 对冲的经济原理

对冲之所以能够规避价格风险，是因为期货市场上存在以下经济原理：

(1)同品种的期货价格走势与现货价格走势一致；

(2)随着期货合约到期日的临近，现货与期货价趋向一致。

3. 进行套期保值要遵循的基本原则

一般而言，进行套期保值操作要遵循下述基本原则：

(1)买卖方向对应的原则。

(2)品种相同原则。

(3)数量相等原则。

(4)月份相同或相近原则。

4. 实施对冲策略的主要步骤

最传统的对冲策略是套利策略，其本质是金融产品定价的“一价原理”。

对冲策略的制定是企业开展对冲业务的核心环节之一，通常需要风险敞口分析、市场分析、对冲工具的选择、对冲比率的确定等几个步骤。

二、风险敞口分析和对冲比率确定的主要内容

1. 风险敞口分析

(1)风险敞口的定义

风险敞口是指暴露在外未加保护的，会对企业经营产生消极影响的风险。

企业风险的不确定性包括两个方面：

①发生时间的不确定性；

②影响程度的不确定性。

(2)企业风险敞口的类型

①单向敞口

单向敞口是指企业的原材料或产品中，只有一方面临较大的价格变动风险，而另一方的价格较为确定。

根据原材料价格风险与产品价格风险的大小关系，单向敞口又可以分为：

a. 上游敞口下游闭口：原材料价格风险较大，产品价格比较稳定；

b. 上游闭口下游敞口：原材料价格比较稳定，产品价格波动较大。

②双向敞口

双向敞口是指原材料和产品都面临较大的价格波动风险。

(3)风险敞口的识别

企业的风险敞口由企业的类型决定。站在产业链的角度，企业可以分为生产型、贸易型、加工型、消费型四类基本形式。企业类型与风险敞口对冲方式如表7－9所示。

表7－9 企业类型与风险敞口对冲方式

企业类型	所属风险敞口类型	对冲方式
生产型	上游闭口、下游敞口型	卖出对冲
贸易型	双向敞口类型	①针对不同的时间窗口采取不同的对冲方式； ②这种企业往往既需要买入对冲也需要卖出对冲
加工型	双向敞口类型	
消费型	下游闭口、上游敞口类型	买入对冲

对于大型企业，其业务可能覆盖上、中、下游的两个或三个领域，应采取"先拆分，再整合"的方式，分别梳理每个业务部分的风险点以后，再联合起来看某些风险点是否可以相互覆盖。从风险管理的角度讲，全产业链的模式本身也是大型企业管理风险的一种方法。

(4)风险敞口的度量

量化风险的手段和工具有很多，包括VaR法、敏感性分析法、情景分析法、压力测试、波动率分析法等常用量化工具。

2. 对冲比率的确定

(1)对冲比率的计算

$$对冲比率=\frac{持有期货合约的头寸大小}{资产风险暴露数量}$$

传统对冲理论中，对冲比率为1。其前提是期货的标的资产要完全等同于风险资产。在绝大多数情况下，恰当的对冲比率并非等于1。

【真题7.5】某公司从现货市场买入5000桶原油，为了对冲风险，公司在期货市场卖出4000桶原油期货，其对冲比率是(　　)。

A. 0.8　　B. 0.75　　C. 1.25　　D. 1

【答案】A

【解析】对冲比率的计算公式为：对冲比率 $=\frac{\text{持有期货合约的头寸大小}}{\text{资产风险暴露数量}}$，代入数据，对冲比率 $=4000/5000=0.8$。

(2)最小方差对冲比率

将现货头寸和期货头寸作为资产组合来看待，使组合的收益方差最小化的对冲比率即为最小方差对冲比率。最小方差对冲比率取决于现货价格变化与期货价格变化之间的关系。

其表达式为：

$$h^{*}=\rho\frac{\sigma_{\Delta S}}{\sigma_{\Delta F}}$$

其中，h^{*} 为最小方差对冲比率；Δs 为在对冲期限内，现货价格 s 的变化；ΔF 为在对冲期限内，期货价格 F 的变化；$\sigma_{\Delta S}$ 为 Δs 的标准差；$\sigma_{\Delta F}$ 为 ΔF 的标准差；ρ 为两者之间的相关系数。

若 $\rho=1$ 和 $\sigma_{\Delta F}=\sigma_{\Delta S}$，则期货价格完全等于现货价格，此时最小方差对冲比率 h^{*} 为1.0；

若 $\rho=1$ 和 $\sigma_{\Delta F}=2\sigma_{\Delta S}$，则期货价格的变动幅度是现货价格变动幅度的2倍，此时最小方差对冲比率 h^{*} 为0.5。

(3)价格敏感性对冲比率

基于久期的对冲比率也被称为价格敏感性对冲比率。其表达式可分为两个：

①表达式一：

$$N_{f}^{*}=-\left(\frac{MD_{B}}{MD_{f}}\right)\left(\frac{B}{f}\right)$$

其中，f 为利率期货合约的价格；MD_{f} 为期货标的资产在期货到期日的修正久期；B 为被对冲的债券组合在对冲到期日的远期价值，通常假定该价格等于债券组合的当前价格；MD_{B} 为被对冲的债券组合在对冲到期日的修正久期。

利用这一关系式，可以使得资产组合的久期变为0。

②表达式二：

$$N_{f}^{*}=\beta\frac{PVBP_{B}}{PVBP_{f}}$$

其中，$PVBP_{B}$ 表示一个基点的利率变化导致债券价格的变化值，即 $\Delta B/\Delta y_{B}$ 或 $-MD_{B}\cdot B$；$PVBP_{f}$ 表示一个基点的利率变化导致期货价格的变化值，即 $\Delta f/\Delta y_{f}$ 或 $-MD_{f}\cdot f$。

收益率贝塔(β)是由债券收益率对期货隐含收益率回归产生的回归系数。假设债券收益率与期货隐含收益率按一比一的比例变化，则 β 就等于1。但该收益率贝塔并不恒为1，则通过收益率贝塔调整后的价格敏感性公式为：

$$N_{f}^{*}=-\left(\frac{MD_{B}}{MD_{f}}\right)\left(\frac{B}{f}\right)\beta_{y}$$

(4)股指期货的对冲比率

股指期货的最小方差对冲比率为：

$$N_{f}=-\left(\frac{\beta_{S}}{\beta_{f}}\right)\left(\frac{S}{f}\right)$$

其中，S 为股票组合的价值；f 为股指期货合约的价格；β_S 为股票组合的贝塔系数；β_f 为期货合约的贝塔系数。

该对冲方法没有考虑资产组合中股票的红利。

(5)不同风险敞口下对冲比率的计算

①价格风险的对冲

a. 根据公式 $h^* = \rho \frac{\sigma_{\Delta S}}{\sigma_{\Delta F}}$ 计算；

b. 通过普通最小二乘(OLS)回归分析进行估计。

特别注意：在进行计算或回归分析时，应关注的是价格的变化而不是价格本身。

②收益风险的对冲

这时我们用案例来进行具体分析：

某玉米农场主想对其在秋季收成的价格风险进行对冲，为了确定风险最小化的对冲比率，他可以以其耕种玉米的现货价格为被解释变量，以玉米的期货价格为解释变量，进行回归，然后将斜率系数的估计值乘以收成总量，再除以期货的合约规模，从而得到要卖出的合约手数。

但上面的分析过于简化了农场主的问题，当他春季播种时，秋季收获时的玉米价格 S_T 以及每亩产量 n_T 都是未知的。农场主更关心如何降低收益风险，而不单是价格风险。于是，有：$Var(R_T) = Var(n_T S_T + hF_T)$。其中，$Var$ 表示方差，R_T 为秋季收货玉米时的收益，h 为对冲比率，F_T 为期货合约价格。

价格和产量之间的关系在一定程度上就是一种自然的对冲，若收成减少，玉米价格可能升高；反之亦然。假设其他因素不变，价格和数量间的负向关系有助于降低收入风险。

要找出收入风险最小化的对冲，需替换回归式 $\Delta S_T = \alpha_0 + \alpha_1 \Delta F_T + \varepsilon_T$ 中的被解释变量，用每亩收入的变换替换玉米价格的变化。

③利润风险的对冲

毛利润风险指生产总收益和生产总成本之间的差额，即：

$$M_T = n_0 S_{0,T} - n_1 S_{1,T} - \text{固定成本}$$

其中，n_0 是产出在 T 时刻价格为 $S_{0,T}$时的需求量，n_1 是生产要素投入的数量，$S_{1,t}$是每单位要素投入的成本。

④资产组合价值的对冲

资产组合价格风险的表达式为：

$$Var(V_T + hF_T)$$

其中，V_T 是资产组合中所有证券在时刻 T 的市场价格总和，F_T 是期货价格。

待对冲的资产组合价值和期货价格之间存在如下关系：

$$\ln V_T = \alpha_0 + \alpha_1 \ln F_T + \varepsilon_T$$

其中，α_1 是价格弹性，表示对于期货价格百分之一的变化，资产组合价格变化的百分比。

将上式差分，得回归方程：

$$R_{V,t} = \alpha'_0 + \alpha_1 R_{F,t} + \varepsilon'_t$$

式中，$R_{V,t} = \ln(V_t / V_{t-1})$，$R_{F,t} = \ln(F_t / F_{t-1})$。

⑤多种风险源的对冲

采用回归方法估计风险最小化的对冲比率，不仅方便，而且还可用于存在多种风险因素的情况。为了估计多种风险来源的对冲比率，可利用多元回归模型：

$$R_V = \alpha_0 + \alpha_1 R_{F,1} + \alpha_2 R_{F,2} + \cdots + \alpha_n R_{F,n} + \tilde{\varepsilon}$$

用于对冲的期货合约的选择原则是其收益率会影响资产组合的价值。

三、常见的对冲策略有效性评价方法

主要条款比较法、比率分析法和回归分析法是最常见的对冲策略有效性评价方法，其主要内容及优缺点如表 7 – 10 所示。

表 7 – 10　不同对冲策略有效性评价方法的比较

评价方法	主要内容	说明
主要条款比较法	通过比较对冲工具和被对冲项目的主要条款(名义金额或本金、到期期限、内含变量、定价日期、商品数量、货币单位等)，以确定对冲是否有效。如果对冲工具和被对冲项目的所有主要条款均能准确地匹配，可认定因被对冲风险引起的对冲工具和被对冲项目公允价值或现金流量变动可以相互抵销	①优点：评估方式直接明了，操作简便，主要观察对冲的“四项基本原则(品种相同、数量相等、方向相反、时间相近)”是否符合 ②缺点：以定性分析为主，定量检测不够，忽略基差风险的存在
比率分析法	通过比较被对冲风险引起的对冲工具和被对冲项目公允价值或现金流量变动比率，以确定对冲是否有效。企业可以根据自身风险管理政策的特点选择以累积变动数(即自套期开始以来的累积变动数)为基础比较，或以单个期间变动数为基础比较。如果上述比率在 80% 至 125% 的范围内，可以认定套期是高度有效的	①优点：计算方式简单明了，考虑了基差的变化 ②缺点：缺乏对冲操作过程的监测和实时的效果评估，仅考虑了对冲期初和期末的盈亏变化
回归分析法	分析对冲工具和被对冲项目价值变动之间是否具有高度相关性，判断对冲是否有效	回归分析法中，自变量可反映出被对冲项目公允价值变动或预计未来现金流量现值变动；因变量可反映出对冲工具公允价值变动

【真题 7.6】下列关于对冲策略有效性评价方法的说法，错误的是(　　)。

Ⅰ. 主要条款比较法，是通过比较对冲工具和被对冲项目的主要条款，以确定对冲是否有效

Ⅱ. 比率分析法如果在 50% 以下是高度有效的

Ⅲ. 回归分析法是在掌握一定数量观察数据基础上，利用数理统计方法建立自变量和因变量之间回归关系函数的方法

Ⅳ. 回归分析法不需要分析对冲工具和被对冲项目价值变动之间的相关性

A. Ⅰ、Ⅱ　　B. Ⅱ、Ⅲ　　C. Ⅱ、Ⅳ　　D. Ⅰ、Ⅳ

【答案】C

【解析】Ⅱ项，比率分析法，是通过比较被套期风险引起的套期工具和被套期项目公允价值或现金流量变动比率，以确定套期是否有效的方法。如果上述比率在 80% 至 125% 的范围内，可以认定套期是高度有效的。Ⅳ项，回归分析法分析对冲工具和被对冲项目价值变动之间是否具有高度相关性，判断对冲是否有效。

四、套利交易

1. 含义、经济学原理及原则

套利，是指在买入(卖出)一种资产的同时卖出(买入)另一个暂时出现不合理价差的相

同或相关资产，并在未来某个时间将两个头寸同时平仓获取利润的交易方式。

套利的经济学原理是一价定律，即如果两个资产是相等的，它们的市场价格就应该相同，一旦存在两种价格就出现了套利机会，投资者可以买入低价资产同时卖出高价资产赚取价差。

套利需遵循下述基本原则：①买卖方向对应的原则。即在建立买仓同时建立卖仓，而不能只建买仓，或是只建立卖仓。②买卖数量相等原则。在建立一定数量的买仓同时要建立同等数量的卖仓。③同时建仓的原则。一般来说，多空头寸的建立，要在同一时间。④同时对冲原则。套利头寸经过一段时间的波动之后达到了一定的所期望的利润目标时，需要通过对冲来结算利润，对冲操作也要同时进行。⑤合约相关性原则。套利一般要在两个相关性较强的合约间进行，而不是所有的品种(或合约)之间都可以套利。

2. 主要步骤

以跨市套利策略为例，其步骤如下：

机会识别⟹历史确认⟹概率分布及相关性确认⟹置信区间及状态确认⟹基本面因素分析⟹基金持仓验证⟹补救措施

3. 套利交易对期货市场的作用

套利交易对期货市场的正常运行起到了非常有益的作用：①有利于被扭曲的价格关系恢复到正常水平；②有利于市场流动性的提高；③抑制过度投机。

五、套利方法

1. 期现套利

(1)概念

期现套利是指利用期货市场与现货市场之间的不合理价差，通过在两个市场上进行反向交易，待价差趋于合理而获利的交易。

(2)形成

期现套利的理论依据是持有成本理论。当期货价格与现货价格的价差高于持仓成本，就会有人买进现货，卖出期货，最终会促进价差重新回归到正常区间水平。

(3)期现套利的操作技巧

①应选择与企业经营有关的商品。

②要确定好套利的方向：有正向期现套利和反向期现套利两种。

a. 正向期现套利

原理：当期货价格大于现货价格时，称正向市场。当期货价格对现货价格的升水大于持仓成本时，套利者可以实施正向期现套利，即在买入(持有)现货的同时卖出同等数量的期货，等待期现价差收敛时平掉套利头寸或通过交割结束套利。

持有成本的计算：正向期现套利持有成本 = 交易和交割手续费 + 运输费 + 入库费 + 检验费 + 仓单升贴水 + 仓储费 + 增值税 + 资金占用费用。

b. 反向期现套利

原理：当期货价格小于现货价格时，称为反向市场。反向套利是构建现货空头和期货多头的套利行为(在期现套利中就是做空基差)。

③股指期货期现套利的现货组合构建方法。

在股指期货期现套利中，由于现货指数本身不能直接买卖，需要构建现货组合才能实施套利。利用沪深300成分股构建组合是期现套利的主要选择。沪深300期现套利的现货组合构建方法有完全复制法、市值加权法、分层市值加权法和最优化方法。具体如表7－11所示。

表7－11　沪深300期现套利的现货组合构建方法

现货组合构建方法	含义
完全复制法	把标的指数中所包含的股票全部复制到组合中，个股投资比例和标的指数完全一致
市值加权法	根据指数成分股的市值权重，按从大到小的顺序，选取前N只股票模拟股票指数
分层市值加权法	首先对指数成分股按照某种标准进行分类，然后在每个分类中再度按照权重选取前几位的股票构建模拟组合
最优化方法	—

(4)期现套利常见的风险

①进行投机操作。一些企业操作一段时间后，开始转变成投机操作，结果因经验不足等原因造成损失。

②卖出数量超出实际现货数量。部分现货企业在进行套期保值和套利时，超出预计对冲的现货数量，超出部分成为投机交易，价格大幅上涨，因没有足够的现货可供交割，造成损失。

③对期货交易的保证金制度了解不够。当行情出现较大波动时，因为无力追加保证金而被迫“砍仓”，从而出现亏损。

(5)期现套利应注意的事项

①商品必须符合期货交割要求；

②要保证运输和仓储；

③有严格的财务预算；

④注意增值税风险。

2．跨期套利

(1)概念

跨期套利是指在同一市场买入(或卖出)某一交割月份期货合约的同时，卖出(或买入)另一交割月份的同种商品期货合约，以期在两个不同月份的期货合约价差出现有利变化时对冲平仓获利。

(2)理论基础

基差随交割月份的临近逐渐趋于零；同一商品不同月份合约之间的最大月间价差由持有成本来决定。

理论期货价格＝现货价格＋运输费用＋持有成本

远期合约期货价格≤近期合约期货价格＋持有成本，持有成本＝交易费用＋增值税＋仓储费＋存货资金占用成本＋其他费用。理论上，不同月份合约间的正常价差应该小于或者等于持有成本，否则就会出现套利机会。

(3)类型

跨期套利与现货市场价格无关，只与期货可能发生的升水和贴水有关。在实际操作中，根据套利者对不同合约月份中近月合约与远月合约买卖方向的不同，跨期套利可分为牛市套利、熊市套利和蝶式套利。具体如表7－12所示。

表 7-12 跨期套利的类型

类型	含义	适用情形
牛市套利	买入较近月份的合约同时卖出较远月份的合约进行套利	当市场出现供给不足、需求旺盛或者远期供给相对旺盛的情形，导致较近月份合约价格上涨幅度大于较远月份合约价格的上涨幅度，或者较近月份合约价格下降幅度小于较远月份合约价格的下跌幅度
熊市套利	卖出较近月份的合约同时买入较远月份的合约进行套利	当市场出现供给过剩，需求相对不足时，一般来说，较近月份的合约价格下降幅度要大于较远月份合约价格的下降幅度，或者较近月份的合约价格上升幅度小于较远月份合约价格的上升幅度
蝶式套利	买入(或卖出)较近月份合约，同时卖出(或买入)居中月份合约，并买入(或卖出)较远月份合约，其中，居中月份合约的数量等于较近月份和较远月份合约数量之和	—

【真题 7.7】证券投资基金在期货市场买入近期的股指期货，并同时卖出远期的股指期货是(　　)。

A. 熊市套利　　B. 跨商品套利　　C. 牛市套利　　D. 期现套利

【答案】C

【解析】当市场出现供给不足、需求旺盛或者远期供给相对旺盛的情形，导致较近月份合约价格上涨幅度大于较远月份合约价格的上涨幅度，或者较近月份合约价格下降幅度小于较远月份合约价格的下跌幅度，此时，进行牛市套利，即买入较近月份的合约同时卖出较远月份的合约进行套利，盈利的可能性比较大。

3. 跨商品套利

(1)概念

跨商品套利是指利用两种或两种以上相关联商品的期货合约的价格差异进行套利交易，即买入某一商品的期货合约，同时卖出另一相同交割月份、相互关联的商品期货合约，以期在有利时机同时将这两种合约对冲平仓获利。

(2)种类

跨商品套利包括：①相关商品之间的套利；②原料和原料下游品种之间的套利。

(3)基本条件

跨商品套利的主导思想是促使价格从非正常区域回归正常区域。追逐商品价格之间的价差利润，要具备一定的条件(以两种商品为例)：

①高度相关和同方向运动；

②波动程度相当；

③投资回收需要一定的时间周期；

④有资金规模的要求。

(4)特征

除套利交易中混合套利之外，跨商品套利最为复杂。主要表现在：

①出现套利机会的概率较大。跨商品套利是在不同商品之间进行的，由于导致不同商品价格之间出现套利机会的因素很多，获利空间将维持更长久时间。

②相应风险大。由于不同商品具有不同的个体特征，其相关程度和同种商品相比相对较低，波动性也不一致，使得跨商品套利中商品价差的变化区间并非一成不变，波动程度也更为剧烈。

4. 跨市场套利

(1)概念

跨市场套利是指在某个市场买入(或者卖出)某一交割月份的某商品合约的同时，在另一个市场卖出(或者买入)同种商品相应的合约，以期利用两个市场的价差变动来获利。

(2)前提

①期货交割标的物的品质相同或相近；

②期货品种在两个期货市场的价格走势具有很强的相关性；

③进出口政策宽松，商品可以在两国自由流通。

(3)分类

如果贸易方向和套利方向一致，称为正向套利；反之，称为反向套利。

(4)风险分析

①比价稳定性。比价稳定是相对的，一旦时间和空间这两个条件被打破，将有可能导致比价偏离均值后缺乏“回归性”。

②市场风险。指在特定的市场环境下或时间范围内，套利价格的异常波动，如不采取应对措施，可能会有获利头寸被强行平仓，留下亏损的单向头寸，导致套利失败。

③交易成本。交易成本包括买卖期货合约的手续费，如果涉及实物交割，还需要支付交割手续费。若交易成本非常高，会蚕食掉相当比重的获利。

④信用风险。指境内企业委托境外小规模代理机构进行外盘跨市套利操作，存在一定的信用风险。

⑤时间敞口风险。主要指内外盘交易时间存在一定差异，加大了跨市套利的操作性风险。

⑥政策性风险。也称系统性风险，指国家对有关商品进出口政策的调整、关税及其他税收政策的大幅变动等。

⑦交易风险。指行情剧烈变化的情况下，价格起伏波动太快，一些原本空间不大的套利在开平仓时，随时都可能出现价格或者持仓数量的失误，导致套利操作的混乱，直接影响和改变该次套利投资的结果。

【本章练习】

一、选择题

1. 按公司规模进行的分类，可以将股票划分为小型资本股票、大型资本股票和(　　)资本股票。

A. 价值型　　B. 混合型　　C. 投机型　　D. 能源型

2. 加强指数法与积极型股票投资策略之间的显著区别在于(　　)。

A. 投资管理方式不同　　B. 风险控制程度不同

C. 收益率不同　　D. 交易成本和管理费用不同

3. 以技术分析为基础的投资策略与以基本分析为基础的投资策略的区别不包括(　　)。

A. 使用的分析工具不同　　B. 对市场有效性的判定不同

C．分析基础不同　　D．使用者不同

4．技术分析是建立在否定(　　)的基础之上。

A．有效市场　　B．半强式有效市场

C．强式有效市场　　D．弱式有效市场

5．(　　)属于消极型资产配置策略。

A．投资组合保险策略　　B．恒定混合策略

C．买入并长期持有策略　　D．动态资产配置策略

6．下列属于消极型股票投资策略的是(　　)。

A．以技术分析为基础的投资策略　　B．以基本分析为基础的投资策略

C．市场异常策略　　D．指数型投资策略

7．债券投资管理中的免疫法，主要运用了(　　)。

A．流动性偏好理论　　B．久期的特性

C．理论期限结构的特性　　D．套利原理

8．如果期权价格超出现货价格的程度远远低于持仓费，套利者适合选择(　　)的方式进行期现套利。

A．卖出现货，同时卖出相关期权合约　　B．买入现货，同时买入相关期权合约

C．卖出现货，同时买入相关期权合约　　D．买入现货，同时卖出相关期权合约

二、组合型选择题

1．按股票价格行为所表现出来的行业特征，可将股票分为(　　)。

Ⅰ．增长类股票　　Ⅱ．稳定类股票　　Ⅲ．周期类股票　　Ⅳ．能源类股票

A．Ⅰ、Ⅱ　　B．Ⅰ、Ⅲ、Ⅳ　　C．Ⅱ、Ⅲ　　D．Ⅰ、Ⅱ、Ⅲ、Ⅳ

2．下列关于消极债券组合管理策略的描述，正确的是(　　)。

Ⅰ．通常使用两种消极管理策略：一种是指数策略；另一种是免疫策略

Ⅱ．消极的债券组合管理策略将市场价格假定为公平的均衡交易价格

Ⅲ．如果投资者认为市场效率较高，可以采取消极的指数策略

Ⅳ．试图寻找被低估的品种

A．Ⅰ、Ⅱ、Ⅲ　　B．Ⅱ、Ⅲ、Ⅳ　　C．Ⅰ、Ⅲ、Ⅳ　　D．Ⅰ、Ⅱ、Ⅳ

3．企业的风险敞口由企业的类型决定。站在产业链的角度，企业可以分为(　　)这几种基本形式。

Ⅰ．生产型　　Ⅱ．贸易型　　Ⅲ．加工型　　Ⅳ．消费型

A．Ⅰ、Ⅱ、Ⅲ　　B．Ⅰ、Ⅱ、Ⅳ　　C．Ⅰ、Ⅲ、Ⅳ　　D．Ⅰ、Ⅱ、Ⅲ、Ⅳ

4．主要条款比较法是通过比较对冲工具和被对冲项目的主要条款，以确定对冲是否有效的方法。它的缺点有(　　)。

Ⅰ．评估方式不够简明

Ⅱ．操作复杂

Ⅲ．评估以定性分析为主，定量检测不够

Ⅳ．忽略基差风险的存在

A．Ⅰ、Ⅲ　　B．Ⅰ、Ⅳ　　C．Ⅱ、Ⅲ　　D．Ⅲ、Ⅳ

5．下列属于跨期套利的有(　　)。

Ⅰ．买入A期货交易所5月菜籽油期货合约，同时卖出A期货交易所9月棕榈油期货合约

Ⅱ. 卖出 A 期货交易所 4 月锌期货合约，同时买入 A 期货交易所 5 月锌期货合约

Ⅲ. 卖出 A 期货交易所 6 月棕榈油期货合约，同时买入 B 期货交易所 6 月棕榈油期货合约

Ⅳ. 买入 A 期货交易所 5 月豆粕期货合约，同时卖出 A 期货交易所 9 月豆粕期货合约

A. Ⅰ、Ⅳ　　B. Ⅱ、Ⅳ　　C. Ⅱ、Ⅲ　　D. Ⅲ、Ⅳ

6. 某交易者欲利用到期日和标的物均相同的期权构建套利策略，当预期标的物价格下跌时，其操作方式应为(　　)。

Ⅰ. 买进较低执行价格的看跌期权，同时卖出较高执行价格的看跌期权

Ⅱ. 买进较低执行价格的看涨期权，同时卖出较高执行价格的看涨期权

Ⅲ. 买进较高执行价格的看跌期权，同时卖出较低执行价格的看跌期权

Ⅳ. 买进较高执行价格的看涨期权，同时卖出较低执行价格的看涨期权

A. Ⅰ、Ⅳ　　B. Ⅱ、Ⅲ　　C. Ⅲ、Ⅳ　　D. Ⅰ、Ⅱ

7. 消极的债券组合管理策略不包括(　　)。

Ⅰ. 指数策略

Ⅱ. 债券互换

Ⅲ. 满足单一负债要求的投资组合免疫策略

Ⅳ. 应急免疫

A. Ⅰ、Ⅲ　　B. Ⅱ、Ⅳ　　C. Ⅱ、Ⅲ、Ⅳ　　D. Ⅰ、Ⅱ、Ⅲ、Ⅳ

8. 关于套利交易对期货市场的作用，下列说法错误的有(　　)。

Ⅰ. 有利于被扭曲的价格关系回复到正常水平

Ⅱ. 可以适当降低市场的流动性

Ⅲ. 可以抑制市场的过度投机

Ⅳ. 有利于对冲价格风险

A. Ⅰ、Ⅲ、Ⅳ　　B. Ⅱ、Ⅳ　　C. Ⅰ、Ⅱ、Ⅳ　　D. Ⅱ、Ⅲ

【答案及解析】

一、选择题

1. **【答案】**B

【解析】不同风格股票的划分具有不同的方法：①按公司规模划分的股票投资风格通常包括小型资本股票、大型资本股票和混合型资本股票三种类型；②按股票价格行为所表现出来的行业特征，可以将其分为增长类、周期类、稳定类和能源类等类型；③按照公司成长性可以将股票分为增长类股票和非增长类(收益率)股票。

2. **【答案】**B

【解析】虽然加强指数法的核心思想是将指数化投资管理与积极型股票投资策略相结合，但是加强指数法与积极型股票投资策略之间仍然存在着显著的区别，即风险控制程度不同。

3. **【答案】**D

【解析】A 项，技术分析通过股价、成交量、涨跌幅、图形走势等研究市场行为，以推测未来价格的变动趋势；基本面分析对经济情况、行业动态以及各个公司的经营管理状况等因素进行分析，以此来研究股票的价值，衡量股价的高低。B 项，技术分析是以否定弱式有效市场为前提的，而基本面分析是以否定半强式有效市场为前提的。C 项，技术分析只关心证券市场本身的变化，而不考虑基本面因素。

4.【答案】D

【解析】以技术分析为基础的投资策略是以否定弱式有效市场为前提的，认为投资者可以通过对以往价格进行分析而获得超额利润。

5.【答案】C

【解析】股票投资策略可分为：①主动策略，又称积极策略，即试图通过寻找被低估或高估的资产类别、行业、证券或市场择时来跑赢市场；②消极型资产配置策略，可分为简单型长期持有策略和科学组合型长期持有策略两种，其中，简单型长期持有策略以买入并长期持有战略为主，一旦确定了投资组合，就不再发生积极的股票买入或卖出行为。

6.【答案】D

【解析】消极投资策略分为简单型消极投资策略和指数型消极投资策略。

7.【答案】B

【解析】如果债券基金经理能够较好地确定持有期，那么就能够找到所有的久期等于持有期的债券，并选择凸性最高的债券。这类策略称为免疫策略。

8.【答案】C

【解析】期现套利是通过利用期货市场和现货市场的不合理价差进行反向交易而获利的交易。如果价差远远低于持仓费，套利者则可以通过卖出现货，同时买入相关期权合约，待合约到期时，用交割获得的现货来补充之前所卖出的现货。价差的亏损小于所节约的持仓费，因而产生盈利。

二、组合型选择题

1.【答案】D

【解析】不同风格股票的划分具有不同的方法：①按公司规模划分的股票投资风格通常包括小型资本股票、大型资本股票和混合型资本股票三种类型；②按股票价格行为所表现出来的行业特征，可以将其分为增长类、周期类、稳定类和能源类等类型；③按照公司成长性可以将股票分为增长类股票和非增长类(收益率)股票。

2.【答案】A

【解析】Ⅳ项，消极的债券组合管理者通常把市场价格看作均衡交易价格，因此，他们并不试图寻找低估的品种，而只关注于债券组合的风险控制。

3.【答案】D

【解析】站在产业链的角度，企业可以分为生产型、贸易型、加工型、消费型四类基本形式。生产型的企业一般拥有生产所需的原料；贸易型企业既担心涨价，又担心跌价；加工型企业同贸易企业类似，其风险也属于双向敞口；消费类企业的风险一般情况下存在于采购成本环节。

4.【答案】D

【解析】主要条款比较法的优点是评估方式直接明了，操作简便，主要观察对冲的“四项基本原则”是否符合，但缺点是评估以定性分析为主，定量检测不够，同时忽略基差风险的存在。

5.【答案】B

【解析】跨期套利是指在同一市场(交易所)同时买入、卖出同一期货品种的不同交割月份的期货合约，以期在有利时机同时将这些期货合约对冲平仓获利。

6.【答案】C

【解析】当投资者预期标的物价格下跌时，可考虑采用熊市价差策略。熊市价差策略可通过购买一个确定执行价格的看涨期权和出售另一个相同标的、到期日相同的较低执行价格的看涨期权得到，也可以通过购买较高执行价格的看跌期权并出售较低执行价格的看跌期权得到。

7.【答案】B

【解析】在债券投资组合管理过程中，通常使用两种消极管理策略：①指数策略，目的是使所管理的资产组合尽量接近于某个债券市场指数的表现；②免疫策略，包括满足单一负债要求的投资组合免疫策略、多重负债下的组合免疫策略和多重负债下的现金流匹配策略。Ⅱ、Ⅳ两项属于积极债券组合管理策略。

8.【答案】B

【解析】套利交易是一种特殊的投机形式，这种投机的着眼点是价差，因而对期货市场的正常运行起到了非常有益的作用：①有利于被扭曲的价格关系恢复到正常水平；②有利于市场流动性的提高；③抑制过度投机。操纵市场、进行过度投机的交易者往往利用各种手段将价格拉抬或打压到不合理的水平以从中获利。如果市场有大量的套利者存在，过度投机行为会被有效抑制。

第八章　理财规划

【知识结构】

- 理财规划
  - 现金、消费和债务管理
    - 现金、消费和债务管理的目标
    - 现金预算编制的内容和程序
    - 现金预算控制的方法
    - 现金预算与实际的差异分析
    - 应急资金管理的内容
    - 即期消费和远期消费
    - 消费支出预期及其他消费
    - 信用与债务管理
    - 债务管理应注意的事项
    - 家庭财务预算的综合分析
  - 保险规划
    - 保险基本原理和我国主要的保险品种
    - 保险规划的目标
    - 制定保险规划的原则
    - 保险规划的主要步骤和风险类型
  - 税收规划
    - 我国的税收体系和主要税种
    - 税收规划的目标和原则
    - 税收规划的基本内容和主要步骤
  - 人生事件规划
    - 教育规划的分类、内容和制定方法
    - 退休规划的误区和步骤
    - 遗产规划工具和策略的选择
  - 投资规划
    - 投资规划目标和基本内容
    - 投资规划的步骤和实际运用

第一节　现金、消费和债务管理

【大纲要求】

熟悉现金、消费和债务管理的目标；熟悉现金预算编制的内容和程序；了解现金预算控制的方法；了解现金预算与实际的差异分析；了解应急资金管理的内容。

熟悉即期消费和远期消费的内容；熟悉消费支出预期的内容；了解其他消费的内容。

熟悉有效债务管理的目标；熟悉银行借贷品种及还款方式的选择及需要考虑的因素；了解个人信贷能力的决定因素；了解债务管理应注意的事项。

掌握家庭财务预算的综合分析。

【要点详解】

一、现金、消费和债务管理的目标

消费贯穿于个人的一生，而收入与支出却呈现较大的波动性。因此，对现金、消费及债务的管理非常必要，其目的在于使可用的资金保障计划内、计划外的支出。这种对现金、消费及债务的管理是实现个人理财规划所必要的。

1. 现金管理的目标

现金管理是对现金和流动资产的日常管理。其目的在于：①满足日常的、周期性支出的需求；②满足应急资金的需求；③满足未来消费的需求；④满足财富积累与投资获利的需求。

理财规划师进行理财规划时，既要保证客户资金的流动性，又要考虑现金的持有成本，通过现金规划使短期需求可用手头现金来满足，预期的现金支出通过各种储蓄或短期投资工具来满足。

【真题8.1】对于李某的下列理财需求，可归纳为客户的现金管理需求的有(　　)。

Ⅰ. 满足应急资金的需求　　Ⅱ. 满足未来消费的需求

Ⅲ. 保障家庭生活的安全、稳定　　Ⅳ. 满足财富积累和投资获利的需求

A. Ⅱ、Ⅲ　　B. Ⅰ、Ⅳ　　C. Ⅰ、Ⅱ、Ⅳ　　D. Ⅰ、Ⅲ、Ⅳ

【答案】C

【解析】客户现金管理的目的可归纳为：①满足日常的、周期性支出的需求；②满足财富积累与投资获利的需求；③满足应急资金的需求；④满足未来消费的需求。Ⅲ项，保障家庭生活的安全、稳定是客户进行保险规划的目的，而非现金管理的目的。

2. 消费管理的目标

消费管理的目标表现为合理的消费支出。理财规划的目的在于使个人财务状况稳健合理。在实际生活中，减少个人开支有时比寻求高投资收益更容易达成理财目标。个人(家庭)的信用卡消费或大额消费支出如购房、购车往往对家庭生活影响较大。有效的消费支出规划可提高家庭生活的质量。

3. 债务管理的目标

债务管理的目标表现为适度的债务负担。随着经济和金融市场的发展，普通民众理财意识和需求日渐强烈，同时金融机构各种理财产品工具(包括不同的借贷形式)不断创新和丰富，驱动人们超前消费，越来越多的人积极借助各类个人信贷工具以实现个人家庭不同时期的理财需求(个人生命周期不同时期收支结余的差异为个人信贷提供了可能)，杠杆投资等家庭财务活动也日趋普遍，因此在理财规划中家庭债务管理的重要性逐步体现出来。

在有效债务管理中，应先算好可负担的额度，再拟定偿债计划，按计划还清负债，负债是平衡现在与未来享受的工具。

二、现金预算编制的内容和程序

1. 内容

合理的现金预算是实现个人理财规划的基础，现金预算是帮助客户达到短期财务目标的需要。用一定的时间去评估现有的财务状况、支出模式及目标，会得到一项比较实际的预算。预算必须符合个人的生活方式、家庭状况和价值观。

2. 程序

(1)设定长期理财规划目标。如退休、子女教育及买房等，并计算达到各类理财规划目标所需的年储蓄额。

(2)预测年度收入。收入稳定的国家机关工作人员或在大企业工作的工薪阶层，可以较准确地预估年度收入；收入淡旺季差异大的市场销售人员或自由职业者，须以过去的平均收入为基准，做最好与最坏状况下的分析。

(3)算出年度支出预算目标：

$$\text{年度收入} - \text{年储蓄目标} = \text{年度支出预算}$$

(4)对预算进行控制与差异分析。

三、现金预算控制的方法

认知需要是储蓄的动力，开源或节流产生储蓄。通过合理的工作安排，增加家庭收入，将“衣、食、住、行、教育、娱乐”中支出较高的部分作为节约支出的重点控制项目。

认知需要 = 储蓄动机 + 开源节流的努力方向

为了控制费用与投资储蓄，应该建议客户开立三种类型的银行账户：

(1)定期投资账户：达到强迫储蓄的功能；

(2)扣款账户：若有贷款本息要缴，则在贷款行开一个扣款账户，方便随时掌握贷款的本息交付状况；

(3)开立信用卡账户：弥补临时性资金不足，减少低收益资金的比例。

四、现金预算与实际的差异分析

每月按照预算科目记账，可以得出实际的收入、费用支出、资本支出与储蓄及预算金额的比较。根据差异的金额或比率大小，可分析差异原因来改进。差异分析应注意以下要点：

(1)总额差异的重要性大于细目差异；

(2)要定出追踪的差异金额或比率门槛；

(3)依据预算的分类个别分析；

(4)刚开始做预算若差异很大，应每月选择一个重点项目改善；

(5)若实在无法降低支出，需设法增加收入。

【真题8.2】下列关于预算与实际的差异分析，说法正确的是(　　)。

A. 总额差异的重要性低于细目差异

B. 若差异很大的需要各个项目同时进行改善

C. 不能调整收入

D. 依据预算的分类个别分析

【答案】D

【解析】差异分析应注意的要点如下：①总额差异的重要性大于细目差异；②要定出追踪的差异金额或比率门槛；③依据预算的分类个别分析；④刚开始做预算若差异很大，应每月选择一个重点项目改善；⑤如果实在无法降低支出，就要设法增加收入。

五、应急资金管理的内容

应急资金可以应对失业或失能带来的工作收入中断，应对紧急医疗或意外带来的超支费用。

1. 以现有资产状况来衡量应急资金的应变能力

失业保障月数 = 存款、可变现资产或净资产/月固定支出

意外或灾害承受能力 =(可变现资产 + 保险理赔金 - 现有负债)/基本费用

其中，可变现资产包括现金、活期存款、定期存款、股票、基金等，不包括汽车、房地产、古董字画等变现性较差的资产；固定支出除生活费开销以外，还包括房贷本息支出、分期付款支出等已知负债的固定现金支出。失业保障月数的指标越高，表示即使失业也暂时不会影响生活，可审慎地寻找下一个适合的工作。最低标准的失业保障月数是三个月，能维持六个月的失业保障较为妥当。

2. 应急资金的储存形式

(1)流动性高的活期存款、短期定期存款或货币市场基金；

(2)利用贷款额度。

以贷款额度作为预备，一旦动用就要支付高利息。以存款作为储备可以保持资金的流动性，但可能达不到长期投资的平均报酬率。存款利率与短期信用贷款利率的差距越大，以部分资金保留流动性，而以存款当做紧急预备金的诱因就越大。最好是上述两种方式搭配使用。

六、即期消费和远期消费

根据消费时间不同，消费可分为即期消费和远期消费。

(1)即期消费是指消费者为了获得某一方面生活的满足，根据消费能力对商品的当前消费行为。

(2)远期消费是指在较长时间才需要实现的消费，一般指时间在 3 年以上的消费。

七、消费支出预期及其他消费

1. 消费支出预期

消费支出预期是指在安排人生大事的时候要在财务上有充分的准备。

2. 其他消费

(1)孩子的消费：孩子消费问题是国内不合理消费最多的地方；

(2)住房、汽车等大额消费：随着社会的发展和生活水平的提高，住房和汽车消费在我们的消费中占的比重越来越大，这两项消费容易出现超出消费能力的提前消费或过度追求高消费，由此带来财务上的危害；

(3)保险消费：保障的支出水平应当和自身的收入水平相适应。

八、信用与债务管理

1. 信用

信用本质上是一种承诺，是指在获得商品、服务或资金时，承诺在未来一段时间内偿还。个人应当尽早建立信用记录，最简单的方法是与银行建立借贷关系，例如向银行申请信用卡。

(1)信用额度

①最大信用额度的确定

在合理的利率成本下，信用额度主要取决于收入能力与抵押资产价值。

最大信用额度 = 最大信用贷款额度 + 最大抵押贷款额度

其中，最大信用贷款额度 = 税后月收入 × 信贷倍数上限，信用贷款倍数通常是月收入的三到十倍；最大抵押贷款额度 = 资产 × 贷款成数上限，贷款成数通常为五到七成。信贷倍数上限和贷款成数上限由央行和商业银行的信贷政策决定。

【真题 8.3】下列关于信用额度的说法，正确的是(　　)。

Ⅰ. 最大信用额度 = 最大信用卡消费额度 - 最大抵押贷款额度

Ⅱ. 最大信用额度的计算，与央行、商业银行的信贷政策所决定的信贷倍数上限、贷款成数上限有关

Ⅲ. 银行核定信用额度考虑的因素包括借款人的年薪、职业、在职年数、家庭状况，是否有其他借还款记录、是否提供非配偶保证人等

Ⅳ. 个人信用记录对信用额度有很大影响，如有信用卡或贷款违约的记录，很多银行就会马上退回贷款申请，或者需要增加抵押品或增加保证人才能受理贷款申请

A. Ⅰ、Ⅱ　　B. Ⅰ、Ⅱ、Ⅲ　　C. Ⅱ、Ⅲ、Ⅳ　　D. Ⅲ、Ⅳ

【答案】C

【解析】I 项，最大信用额度 = 最大信用贷款额度 + 最大抵押贷款额度，其中，最大信用贷款额度 = 税后月收入 × 信贷倍数上限，信用贷款倍数通常是月收入的三到十倍；最大抵押贷款额度 = 资产 × 贷款成数上限，贷款成数通常为五到七成。信贷倍数上限和贷款成数上限由央行和商业银行的信贷政策决定。

②信用额度的核定标准

a. 借款人的信用记录评估。在对借款人的信用记录进行评估时，需考虑的借款人因素包括：有无贷款违约或被停卡记录；本利摊还额占月收入比例；借款人职业与在职年数；借款人家庭状况与负担；是否有其他借还款记录；是否提供非配偶保证人；是否投保房贷险等。

b. 担保品评估。对担保品的评估需考虑的因素包括：担保品估价报告、抵押物所在地城市、房龄与房况、抵押物类型和用途、借款人是否为担保品所有权人、经济适用房的特殊考虑等。

(2)银行的信贷品种

银行的信贷品种如表 8－1 所示。

表 8－1　银行的信贷品种

分类标准	类型	举例	说明
目标是否确定	目标确定贷款	购房贷款、购车贷款、耐用消费品贷款	借款目的确定，借款为完成标的物购买过程的一个步骤，购置标的物可当作所借额度的担保品；通常利率较低
	目标开放贷款	存单/保单/证券质押贷款、信用卡循环信用、小额消费贷款	不限制借款用途，借款目标不确定，可用于消费或投资；利率视有无担保品而定，通常利率较目标确定贷款要高
借款用途	投资性贷款	住房净值贷款；创业贷款	贷款的目的是投资，当投资报酬率高于贷款利率时，财务杠杆倍数愈高，净值报酬率愈高，可加速资产成长
	消费性贷款	房贷、车贷、信用卡循环信用	贷款的目的是弥补收支差异或提前置产
是否有担保	担保贷款	抵押贷款、质押贷款、保证贷款	提供物的担保(抵押/质押)或人的担保(保证人)，通常贷款期限较长，贷款金额较高，利率较低
	信用贷款	—	以借款人本身的信用为贷款审核依据，贷款金额较低，利率较高

(3)信用卡的使用

①含义及类型

信用卡又称为贷记卡，是由银行或专门的信用卡公司签发，证明持卡人信誉良好、可以在指定场所进行直接消费的一种非现金交易的消费信贷凭证。

信用卡分为贷记卡和准贷记卡。贷记卡是指银行发行的，并给予持卡人一定信用额度，持卡人可在信用额度内先消费后还款的信用卡。准贷记卡是指银行发行的，持卡人按要求交存一定金额的备用金，当备用金账户余额不足支付时，可在规定的信用额度内透支的贷记卡。一般所说的信用卡，单指贷记卡。

②免息还款期

信用卡的申请人在经过银行审核授信成功后，可在规定额度内随意用信(非现金交易)，并可享有 20～56 天不等的免息期，具体视各银行规定，按时全额还款则无利息产生。如按发卡行规定的最低还款额进行还款，则不能享受免息还款期待遇。最低还款额是指使用循环信用时最低需要偿还的金额。最低还款额 = 信用额度内未还消费款的 10% + 预借现金交易款的100% +前期最低还款额未还部分的100% +超过信用额度消费款的100% +费用和利息的100%。

【真题8.4】下列关于信用卡“最低还款额”的说法，正确的是(　　)。

Ⅰ. 是指使用循环信用时最低需要偿还的金额

Ⅱ. 包括信用额度内消费款的10%

Ⅲ. 包括前期最低还款额未还部分、超过信用额度消费款，但不包括预借现金交易款

Ⅳ. 包括费用和利息

A. Ⅰ、Ⅱ、Ⅲ、Ⅳ　　B. Ⅱ、Ⅲ、Ⅳ

C. Ⅰ、Ⅳ　　D. Ⅰ、Ⅱ、Ⅳ

【答案】C

【解析】信用卡的最低还款额是指使用循环信用时最低需要偿还的金额，即持卡人在到期还款日(含)前偿还全部应付款项有困难的，按发卡行规定的最低还款额进行还款，但不能享受免息还款期待遇。最低还款额的计算公式为：最低还款额 = 信用额度内未还消费款的10% + 预借现金交易款的100% + 前期最低还款额未还部分的100% + 超过信用额度消费款的100% + 费用和利息的100%。

③信用卡的使用技巧

a. 申请几张不同结账日的信用卡，每次消费时选择离结账日最远的信用卡进行消费，充分运用免息还款期。

b. 善于利用分期付款。在价格相同的情况下，刷卡分期付款可以节省利息支出。

c. 充分利用优惠条件。分析哪一张信用卡与自己的消费习惯最为契合，实惠最大。

(4)信用的管理常用的控制比率

①贷款安全比率

贷款安全比率 = 每月偿债现金流量/每月净现金收入

其中，每月偿债现金流量 = 当月应付利息 + 计划偿付的本金；每月净现金收入 = 当月税前收入 - 所得税扣缴额 - 五险一金扣缴额。

消费性贷款安全比率上限，若包括房贷一般可设定为35%，不包括房贷可设定为20%。若每月只还银行规定的最低还款金额，则贷款安全比率应该在5%以内，且这种情况不应持续3个月以上。若卡债最低还款额占净现金流入的比率已达30%以上，则信用危机迫在眉睫。

②贷款计划还清年数

低利率的房屋贷款建议用等额本息偿还法，20年还清。

高利率的信用卡或现金卡贷款余额，建议用等额本金偿还法在一年内加速还清，免得影响长期理财计划。

③借款额度运用比率

假如银行给你的信用额度，已经运用超过50%，应该开始踩刹车，不要再增加新增贷款。假如已经超过70%，则必须开始采取加速还本计划，否则额度运用到100%，刷爆卡只是时间问题。

2. 债务管理

(1)有效债务管理的考虑因素

选择最佳的信贷品种和还款方式(即有效债务管理)需要考虑以下因素：

①贷款需求；

②家庭现有经济实力；

③预期收支情况；

④还款能力；

⑤合理选择贷款种类和担保方式；

⑥选择贷款期限与首期用款及还贷方式；

⑦信贷策划特殊情况的处理（例如还款期内银行利率调整对还款额的影响，住房公积金贷款的选择，提前还贷等）。

（2）影响个人信贷能力的因素

①决定因素

在合理的利率成本下，个人的信贷能力取决于客户收入能力和客户资产价值。一般而言，客户收入能力越高，个人信贷能力越强；客户资产价值与信贷能力呈正方向关系。

②影响因素

影响个人贷款还款能力的具体因素有以下几点：

a. 年龄：年龄较小或较大，还款能力均不佳。通常，借款人的年龄在25到55岁之间，较为容易获得贷款。

b. 收入情况：收入越高，还款能力越强。

c. 身体状况：身体状况越好，越容易获得贷款。

d. 职业性质：职业工作稳定，职业收入也稳定，还款能力越强。

e. 负债：借款人若每月收入较高，负债也较高，则还款能力相对较弱。通常，新旧贷款每月的还款额不超过个人月收入的50%。

f. 工作时间：通常，工作时间较长的人士，收入较高，工作较稳定，还款能力相对较高。

（3）偿债规划

①偿债现金流量规划。偿还债务时常用的还款方式有等额本息偿还和等额本金偿还。

等额本息还款法是每月以相等的额度偿还贷款本息，其中归还的本金和利息的配给比例是逐月变化的，利息逐月递减，本金逐月递增。每月还款额的计算公式为：

$$每月还款额=\frac{月利率\times(1+月利率)^{还款期数}}{(1+月利率)^{还款期数}-1}\times 贷款本金$$

等额本金还款法是指在贷款期内每月等额偿还贷款本金，贷款利息随本金逐月递减。每月还款额计算公式如下：

$$每月还款额=\frac{贷款本金}{还款期数}+(贷款本金-已归还贷款本金累计额)\times 月利率$$

从每月还款的角度讲，等额本息还款法是固定的，而等额本金还款法每月偿还数额不等，在还款初期的负担高于等额本息还款法。因此，等额本息偿还适合还款能力固定者；等额本金偿还适合前期还款能力强，想减轻利息负担者。

②偿债顺序规划。应优先偿还临近到期和利率较高的借款。存在明显利差的情况下，高利率的消费贷款，应该随借随还，有钱就优先偿还来降低利息负担。平时只还利息和最低还款额，年终时可利用年度的自由储蓄，一次还清短期消费借贷，或提早还清中长期置产贷款

③偿还期限规划。借款金额较大的房贷或创业贷款，通常采用等额本息偿还的方式，在5~20年间还清。

④转贷规划。以低利率负债置换高利率负债。

九、债务管理应注意的事项

家庭债务管理力主“量力而行”，其核心就是评估未来的还贷能力以及借贷活动对家庭财务的影响。在帮助客户进行借贷决策时，应该以其未来的还贷能力为出发点，对客户家庭财务进行全面评估，分析利率上升等风险后，才能确定借贷金额。

进行债务管理时应注意：

(1)债务总量与资产总量的合理比例。如总负债通常不超过净资产。

(2)债务期限与工作时间的合理关系。如还贷款的期限不要超过退休的年龄。

(3)债务支出与家庭收入的合理比例。一般来说，债务支出与家庭收入的合理比例是0.4，但还要考虑家庭结余比例、收入变动趋势、利率走势等其他因素。

(4)短期债务和长期债务的合理比例。没有一定之规，要充分考虑债务的时间特性和客户生命周期以及家庭财务资源的时间特性之间的匹配。

(5)债务重组。债务问题出现危机时，债务重组是实现财务状况改善的重要方式。

十、家庭财务预算的综合分析

1. 家庭收支状况的分析

(1)收支盈余情况分析

总收入减去总支出后的结余如果为负，则家庭当年的收支出现入不敷出的情况；反之，则反映出当年家庭收支出现盈余。如果统计年度出现“其他收入”，则应该考虑排除“其他收入”后，当年收支是否能够得以平衡或出现盈余。

①收支平衡点收入

收支平衡点收入＝固定支出负担/工作收入净结余比例，其中，工作收入净结余比例＝(工作收入－税保费－交通费用－外食费－置装费)/工作收入。如果把应有储蓄列入收支平衡点，则收支平衡点收入＝(固定支出负担＋每月应有储蓄)/工作收入净结余比例。

②安全边际率

安全边际率测算当收入减少或固定费用增加时，有多大的缓冲空间。安全边际率的计算公式为：

安全边际率＝(当前收入－收支平衡点收入)/当前收入

【真题8.5】张某的工资薪金10000元，所得税扣缴800元，社保扣缴200元，每月工作日的通勤油钱、停车费或交通费500元，工作日午餐外食费200元，为工作所花置装费月分摊300元，张某每月固定生活开销为每月3000元，房贷本息支出为每月2000元，则张某收支平衡点收入为(　　)元。

A. 6000　　B. 6250　　C. 3000　　D. 7000

【答案】B

【解析】收支平衡点收入＝固定负担/工作收入净结余比例；工作收入净结余比例＝(工作收入－税保费－交通费用－外食费－置装费)/工作收入。张先生每月的工作净结余为：10000－(800＋200＋500＋200＋300)＝8000(元)，净结余比例为：8000/10000×100%＝80%。张先生每月支出合计为5000元，故其收支平衡点收入为5000/80%＝6250(元)。

(2)财务自由度的分析

财务自由度＝理财收入/生活支出

财务自由度越接近“1”或者大于“1”，财务自由度就越高，表明理财收入已基本能够覆盖生活支出。如果理财收入中包括了资本利得、财产转让所得等无法持续获得的收入，财务自由度的指标未必能够完全体现未来的家庭收支情况。

(3)收入支出结构分析

①收入结构分析

工作收入占比、理财收入占比和其他收入占比的比较，可体现出家庭收入的组成结构。

理财收入占比越大，则家庭对工作收入的依赖越低；工作收入的占比越大，则家庭对工作收入的依赖性就越大。

如果理财收入中包括了资本利得、财产转让所得等无法持续获得的收入，或者统计年度出现了其他收入时，收入结构的比较只能体现被统计年度的收入情况。

②生活支出结构分析

在收入支出表中可以较直观地看到生活支出中各类支出子项目的占比情况，应对统计年度中出现占比较高的项目加以留意。

③结余能力分析

a. 通过对生活结余占比和理财结余占比的比较看出家庭盈余的主要来源；

b. 通过客户对结余的支配情况的分析，观察到客户结余管理效率的高低；

c. 自由结余占比越大，客户的结余使用效率越低；

d. 总储蓄为正，自由结余为负，则说明家庭已出现流动性问题，可以适当调整已支配结余的额度，或者通过调整生活支出，来达到收支平衡。

④应急能力分析

通过资产负债表中的流动性资产额度除以家庭月支出(收入支出表中的总支出额度除以12)得到家庭紧急预备金月数，以此来衡量家庭的应急能力。

通常会要求客户建立紧急预备金账户，并保持较高的流动性；紧急预备金额度通常为家庭月支出的3~6倍为宜。

2. 家庭债务管理状况的分析

(1)资产负债率分析

资产负债率=总负债/总资产

资产负债率体现了家庭总体负债情况，也反映出客户的综合偿债能力。若该比率超过50%，则客户的总体负债偏高。

(2)融资比率分析

融资比率的计算公式为：融资比率=投资性负债/投资性资产。

该比率体现了客户家庭的理财积极程度。

(3)负债结构分析

①消费负债比率

消费负债比率的计算公式为：消费负债比率=消费性负债/总负债。

如果消费性负债是逾期的信用卡债，需向客户了解信用卡债的形成原因，或者比较有针对性地向客户了解，其家庭是否出现过流动性问题。

②投资性负债比率

投资性负债比率的计算公式为：投资性负债比率=投资性负债/总负债。

当该比率较高或者只有投资性负债时，说明家庭的生活品质已经到了一定的水平。

③自用性负债比率

自用性负债比率的计算公式为：自用性负债比率=自用性负债/总负债。

当自用性负债是家庭的主要负债时，客户家庭可能还处在提升家庭生活品质的阶段，也可能是在财富积累的初级阶段。

(4)偿债能力分析

①平均负债利率分析

平均负债利率的计算公式为：平均负债利率=统计年度利息支出/总负债。

当该比率高于基准贷款利率的20%以上时，一方面需提醒客户关注自己的财务负担，另一方面则可根据实际情况，在负债管理计划中提出债务重组的建议。

②债务负担率分析

债务负担率的计算公式为：债务负担率=统计年度的本息支出/税后工作收入。

该比率超过40%，对生活品质可能会产生影响。

(5)注意事项

由于存量债务不可能在短时间内得到解决，因此家庭债务管理可能是一个长期的过程。家庭债务管理过程中应注意以下事项：

①在客户家庭拥有不同种类的债务时，其平均负债利率较高，证券投资顾问应当帮助客户寻求债务重组的可能性。

②偿债本息支出作为家庭支出中最重要的刚性支出之一，是客户家庭必须要优先满足的；而且，偿债本息支出通常是按月偿还，应该提醒客户把家庭偿债本息支出预算落实到月，而不是年度。

③对于家庭每年盈余的运用，在预期投资收益低于负债利率的情况下，应优先考虑提前还贷；对于其投资收益高于负债利率的情况下，则可结合投资标的的风险，以及其他家庭财务状况(如负债比率，债务负担率等)，利用财务杠杆进行投资。但需要注意的是，财务杠杆是把“双刃剑”，海外部分发达国家往往对投资相关支出予以税前抵扣的优惠政策，导致融资利率相对较低，而国内并无此类税务政策。因此，切莫只因为客户没有负债，就觉得客户应该采用财务杠杆进行投资。

④对于没有商业保险的客户家庭，理财师应根据实际情况，向客户提供家庭财务保障建议或者保险规划，在收支管理过程中，预备保费支出预算，以保证客户家庭的债务管理得以顺利实施。

第二节　保险规划

【大纲要求】

了解保险基本原理和我国主要的保险品种；熟悉保险规划的目标；掌握制定保险规划的原则；掌握保险规划的主要步骤；熟悉保险规划的风险类型；熟悉保险规划的典型案例。

【要点详解】

一、保险基本原理和我国主要的保险品种

1. 保险基本原理

(1)大数法则

大数法则是指当有规律性重复一件事的次数越多，所得的预估发生率就会越接近真实的发生率。

(2)风险分散原则

风险分散原则即不要把鸡蛋放在同一个篮子里。风险分散原则需要同质的参保对象间具有较好的独立性，不会出现大量参保对象同时发生事故的情况。

(3)风险选择原则

风险选择原则是指保险人在承保时，对投保人所投保的风险种类、风险程度和保险金额等要有充分和准确的认识，并作出承保或拒保或者有条件承保的选择。

保险人对风险的选择表现在两个方面：①尽量选择同质风险的标的承保；②淘汰那些超出可保风险条件或范围的保险标的。

2. 保险的基本原则

保险的基本原则包括保险利益原则、最大诚信原则、近因原则和损失补偿原则。

(1)保险利益原则

保险利益是指投保人或者被保险人对投保标的具有的法律上承认的利益。确认投保人或者被保险人对投保标的所具有的利益是否能够构成保险利益，必须符合3个条件：①保险利益必须是合法的利益；②保险利益必须是确定的利益；③保险利益必须是经济利益。

保险利益原则的本质内容是要求投保人或者被保险人必须对保险标的具有保险利益。如果投保人以不具有保险利益的标的投保，保险人可单方面宣布保险合同无效。即使是已经生效的保险合同，如果投保人或被保险人失去了对保险标的拥有的保险利益，保险合同也会随之失效；而当保险标的因保险责任事故的发生遭到损失时，被保险人不得因保险而获得保险利益限度以外的额外利益。

(2)最大诚信原则

最大诚信的含义是指当事人自愿地向对方充分而准确地告知有关保险的所有重要事实，不允许存在任何虚伪、欺骗、隐瞒行为。

最大诚信原则是指保险合同当事人订立合同及在合同有效期内，应依法向对方提供影响对方做出订约与履约决定的全部重要事实，同时绝对信守合同订立的约定与承诺。否则，受到损害的一方，可以此为由宣布合同无效或不履行合同的约定义务或责任，甚至对因此而受到的损害还可要求对方予以赔偿。

最大诚信原则的内容包括告知、保证、说明、弃权与禁止反言。

(3)近因原则

近因并非指时间上或空间上与损失最接近的原因，而是指造成损失的起主导性作用或支配性作用的有效原因。近因是指引起一系列事件发生并导致一定后果出现的能动的、起决定作用的因素；这一因素作用的过程中没有来自新的、独立渠道的能动力量的介入。

在保险中，近因原则是判明风险事故与保险标的损失之间的因果关系，以确定保险责任的一项基本原则。按照这一原则，当被保险人的损失是直接由于保险责任范围内的事故造成时，保险人才给予赔付。即保险人的赔付限于以保险事故的发生为原因，以造成保险标的损失为结果，只有在风险事故的发生与造成损失结果之间具有必然的因果关系时才构成保险人的赔付责任。

(4)损失补偿原则

损失补偿是指当保险事故发生造成保险标的毁损致使被保险人遭受经济损失时，保险人在责任范围内对被保险人所受的实际损失进行补偿。其目的在于通过弥补被保险人的损失，使其尽快地恢复生产和安定生活。

损失补偿原则的基本含义有两层：①只有保险事故发生造成保险标的毁损致使被保险人

遭受经济损失时，保险人才承担损失补偿的责任；②被保险人可获得的补偿量，仅以其保险标的遭受的实际损失为限。

3. 我国主要的保险品种

我国的保险品种较多，其具体含义及分类如表 8－2 所示。

表 8－2　我国主要的保险品种及其具体分类

品种	定义	具体分类
人寿保险	以被保险人的寿命为保险标的、以被保险人的生存或死亡为保险事故的一种保险	①普通型人寿保险 ②年金保险 ③新型人寿保险
人身意外伤害保险	被保险人因遭受意外伤害，而导致残疾或死亡时，保险公司按照合同约定的残疾给付比例支付残疾保险金或者按规定的保险金额支付身故保险金的一种人身保险产品	①按保险风险可分为： a. 普通意外伤害保险 b. 特定意外伤害保险 ②按保险期限可分为： a. 1 年期意外伤害保险 b. 极短期意外伤害保险 c. 多年期意外伤害保险
健康保险	以被保险人的身体为保险标的，对被保险人因疾病或意外事故所致伤害时发生的直接费用和间接损失进行补偿的一种人身保险	①疾病保险 ②医疗保险 ③收入保障保险 ④长期护理保险
财产保险	广义：以财产及其有关的经济利益和损害赔偿责任为保险标的的保险	①财产损失保险 ②责任保险 ③信用保险 ④保证保险
	狭义：以物质财产为保险标的的保险	——
团体保险	以团体为保险对象，以集体名义投保并由保险人签发一份总的保险合同，保险人按合同规定向其团体中的成员提供保障的保险	①团体人寿保险 ②团体意外伤害保险 ③团体健康保险

二、保险规划的目标

1. 风险保障

风险保障是家庭配置保险的基本目的。家庭风险保障项目可分为阶段项目和长期项目两类，阶段项目主要包括贷款还款、子女教育金、遗属生活等保障项目；长期项目主要包括养老、应急基金、丧葬费用等保障项目。应根据家庭主要保障项目配置合适的保险保障，对于阶段性的保障项目应该为客户配置定期寿险，以应对阶段性的风险保障需求；对于长期的保障项目(如养老、应急基金、丧葬费用)，应该为客户配置终身寿险，以应对家庭长期的风险保障需求。

2. 储蓄投资

很多保险产品都具有风险保障和储蓄投资的双重功能，如分红型保险、万能型保险和投资连结型保险。这类保险产品不仅能够保障家庭的财务安全，同时还有强制储蓄的功能。

3. 财产安排

保险法规定，当保险给付风险未发生时，保单的现金价值和分红属于投保人；当保险给付风险发生时，保险给付属于被保险人或受益人。财富保障可以通过设置不同的被保险人和受益人达到财产安排的目的。

4. 遗产规划

人寿保险是遗产规划的有效工具。首先，人寿保险的身故保险金属于免税资产；其次，可以用身故保险金支付个人和企业其他不动产的遗产税，防止因无钱支付遗产税而被迫廉价出售企业或不动产。

三、制定保险规划的原则

制定保险规划应遵循转移风险、量力而行、分析客户保险需要三大原则，其需要考虑的因素如表 8 -3 所示。

表 8 -3　制定保险规划的原则及需考虑的因素

原则	考虑因素
转移风险	①家庭的主要风险； ②合理地将风险通过保险规划进行转移的方式
量力而行	根据客户的经济实力量力而行
分析客户保险需要	①适应性：根据客户需要保障的范围考虑购买的险种； ②客户经济支付能力； ③选择性：在有限的经济能力下，为成人(特别是家庭的“经济支柱”)投保比为儿女投保更实际

【真题 8.6】制定保险规划的原则不包括(　　)。

Ⅰ. 转移风险的原则　　Ⅱ. 规避风险的原则

Ⅲ. 目的性原则　　Ⅳ. 量力而行原则

A. Ⅰ、Ⅲ、Ⅳ　　B. Ⅱ、Ⅲ　　C. Ⅰ、Ⅳ　　D. Ⅰ、Ⅱ、Ⅳ

【答案】B

【解析】保险规划具有风险转移和合理避税的功能。在为客户设计保险规划时主要应掌握的原则有：①转移风险的原则；②量力而行的原则；③分析客户保险需要的原则。

四、保险规划的主要步骤和风险类型

1. 主要步骤

(1)确定保险标的

保险标的是指作为保险对象的财产及其有关利益，或者人的寿命和身体。各国保险法律都规定，只有对保险标的有可保利益才能为其投保，否则，该投保行为无效。

根据《保险法》第十二条，人身保险的投保人在保险合同订立时，对被保险人应当具有保险利益。财产保险的被保险人在保险事故发生时，对保险标的应当具有保险利益。根据《保险法》第三十一条，在人身保险合同中，投保人对下列人员具有保险利益：①本人；②配偶、子女、父母；③前项以外与投保人有抚养、赡养或者扶养关系的家庭其他成员、近亲属；④与投保人有劳动关系的劳动者。

可保利益应该符合三个要求：

①必须是法律认可的利益。若投保人投保的利益的取得或者保留不合法甚至违法，则这种利益不能成为可保利益。

②必须是客观存在的利益。若投保人投保的利益不确定，或者仅仅只是一种预期，就不能成为一种可保利益。

③必须是可以衡量的利益。这样才能确定保险标的大小，并以此来确定保险金额。

(2)选定保险产品

从业人员要帮助客户准确判断保险标的具体情况(保险标的所面临的风险的种类、各类风险发生的概率、风险发生后可能造成损失的大小，以及客户自身的经济承受能力)，进行综合的判断与分析，帮客户选择对其合适的保险产品，较好地回避各种风险。

在确定购买保险产品时，还应该注意合理搭配险种；在全面考虑所有需要投保的项目时，还需要进行综合安排，应避免重复投保。

(3)确定保险金额

保险金额是当保险标的发生保险事故时，保险公司所赔付的最高金额。通常，保险金额的确定应该以财产的实际价值和人身的评估价值为依据。

(4)明确保险期限

保险期限涉及投保人预期缴纳保险费的多少与频率，与客户未来的预期收入关系密切。

财产保险、意外伤害保险、健康保险等保险品种，多为中短期(半年或一年)保险合同，在保险期满之后可以选择续保或停止投保；人寿保险保险期限一般较长。在为客户制订保险规划时，应该将长短期险种结合起来综合考虑。

2. 风险类型

(1)未充分保险的风险

该风险既可能体现在对财产的保险上，也可能出现在对人身的保险上。如对财产进行的保险是不足额保险，或者在对人身进行保险时保险金额太小或保险期限太短。

(2)过分保险的风险

该风险可能发生在财产保险、人身保险或制订保险产品组合计划时。比如，对财产的超额保险或重复保险，保险过度或者重叠等。

(3)不必要保险的风险

有些风险若通过自保险或风险保留来解决，方便、简单，节省费用，能够取得资金运用收益；若进行保险，会增加机会成本，造成资金的浪费。

【真题 8.7】下列保险规划中，存在过分保险风险的是(　　)。

Ⅰ. 某人认为自己家庭财产价值 100 万元，向某财产保险公司投保保险金额为 200 万元的家庭财产险

Ⅱ. 某人的爱车价值 20 万元，分别向两家保险公司投保了保险金额为 20 万元的机动车辆保险

Ⅲ. 某人为从不坐飞机的父母购买巨额航空意外险

Ⅳ. 某人为不到 5 岁的儿子购买年保费为 300 元的少儿综合保险

A. Ⅰ、Ⅱ、Ⅲ　　B. Ⅰ、Ⅱ　　C. Ⅲ、Ⅳ　　D. Ⅰ、Ⅱ、Ⅳ

【答案】B

【解析】过分保险的风险可能发生在财产保险、人身保险或制定保险产品组合计划时，比如对财产的超额保险或重复保险，保险过度或者重叠等。Ⅲ项为不必要保险的风险；Ⅳ

项为合理的保险规划。

第三节　税收规划

【大纲要求】

了解我国的税收体系和主要税种；熟悉税收规划的目标；熟悉税收规划的原则；熟悉税收规划的基本内容；熟悉税收规划的主要步骤；熟悉税收规划的典型案例。

【要点详解】

一、我国的税收体系和主要税种

1. 税收体系

目前，我国现行税制中一共有18个税种，包括：增值税、消费税、企业所得税、个人所得税、资源税、城市维护建设税、房产税、印花税、城镇土地使用税、土地增值税、车船使用税、船舶吨税、车辆购置税、关税、耕地占用税、契税、烟叶税、环境保护税。其中，进口的增值税和消费税、关税和船舶吨税由海关负责征收管理，其他税种由税务机关负责征收管理。我国税制体系按征税对象的性质大致可以分为以下5类：流转税类、所得税类、资源税类等，具体如表8－4所示。

表8－4　中国税制体系介绍

特种功能和性质	包含税种
流转税类	增值税、消费税、关税
所得税类	企业所得税、个人所得税
资源税类	资源税、城镇土地使用税
特定目的税类	城市维护建设税、耕地占用税、烟叶税、环境保护税、土地增值税
财产和行为税类	房产税、车船税、印花税、契税、车辆购置税、船舶吨税

2. 分类

我国税收的分类及其含义如表8－5所示。

表8－5　我国税收分类及其含义

划分依据	种类	含义
计税依据	价内税	以含税价格作为计税依据
	价外税	以不含税价格作为计税依据
税收负担能否转嫁	直接税	税收负担不能转嫁出去，必须由纳税人负担，如所得税、财产税、社会保险税等
	间接税	税负可以转嫁出去，不由纳税人负担，如消费税
税收管理和受益权限	中央税	属于中央财政固定收入，归中央政府支配和使用，如关税、消费税等
	地方税	属于地方财政固定收入，归地方政府支配和使用，如房产税
	中央地方共享税	属于中央政府和地方政府共同享有，按一定比例分成，如增值税

二、税收规划的目标和原则

1. 税收规划的目标

税收规划的目标，是指在遵循税收法律、法规的情况下，个人、企业自行或者委托代理人充分利用税法所提供的一切优惠对经营、投资、理财等事项进行安排和策划，选择最优的纳税方案，最终实现自身价值最大化或股东权益最大化。

纳税人在不违反法律、政策规定的前提下，通过对经营、投资、理财活动的安排和筹划，尽可能减轻自身税负，以获得“节税”利益的行为，都属于税收规划。

【真题8.8】下列关于税收规划的说法，正确的是(　　)。

A. 税收规划不可能达到收益与税务负担的最佳配比

B. 税收规划的目的是中介机构通过减轻纳税人的税收负担，实现收益最大化

C. 纳税人可以是税收规划的行为人，也可以聘请税务顾问和会计师进行税收规划

D. 税收规划的行为主体是税务顾问或会计师

【答案】C

【解析】A项，在纳税成为不可避免的情况下，纳税人依托国家法律法规和政策导向，通过资金的合理配置，行为的恰当选择，获取收益与纳税负担的最佳配比；B项，税收规划的目的是通过减轻纳税人的税收负担，实现税后收益最大化；D项，税收规划的行为主体是纳税人，纳税人本身可以是税收规划的行为人，也可以聘请税务顾问或会计师进行税收规划。

2. 税收规划的原则

税收规划的基本原则是以税法的基本原则为基础来定义的，税法的基本原则包括税收法定原则、税收公平原则、税收效率原则和实质课税原则，税收规划的基本原则包括合法性原则、目的性原则、规划性原则及综合性原则。

(1)合法性原则

合法性原则是税收规划最基本的原则，由税法的税收法定原则决定，这一原则可以从根本上区分税收规划、偷税漏税和避税行为。

(2)目的性原则

目的性原则是税收规划最根本的原则，是由税法基本原则中的税收公平原则所决定的，指从业人员在制订税收规划时应该有很强的为客户减轻税负、取得节税收益，降低税收成本以达到总体效益最大化的动机。

(3)规划性原则

规划性原则是税收规划最有特色的原则，指税收规划通过事先的计划、设计和安排，在进行经营、投资、理财等活动前，把这些行为所承担的相应税负作为影响最终财务成果的重要因素来考虑，通过趋利避害来选取最有利的方式。

(4)综合性原则

综合性原则是指进行税收规划时，必须综合考虑规划使客户整体税负水平降低。为客户进行税收规划不能只以税负轻重作为选择纳税的唯一标准，应以实现客户的综合利益为目标。

三、税收规划的基本内容

1. 税收规划的基本原理

税收规划的基本原理包括绝对节税、相对节税、风险节税和组合节税。具体如表8－6所示。

表 8-6 税收规划的基本原理

原理	说明
绝对节税	绝对节税是指税收规划直接使纳税人缴纳税款的绝对额减少。绝对节税原理是：在各种可供选择的纳税方案中，选择缴纳税款最少的方案
相对节税	相对节税是指一定时期纳税人的纳税总额并没有减少，但一段时间内各个纳税期的纳税数额发生变化，主要是纳税时间推迟，或前期纳税少、后期纳税多
风险节税	风险节税是指一定时期和一定环境条件下，将风险考虑到纳税方案中，把风险降低到最小程度去获取超过一般税收筹划所节减的税额。风险节税原理又分为确定性风险节税原理和不确定性风险节税原理，具体如表 8-7 所示
组合节税	组合节税主要是考虑到各种税收筹划方法、技术间的相互影响，在一定时期和一定环境下，通过多种技术和方法的综合运用，使节税总额最大化、节税风险最小化

表 8-7 风险节税原理

	确定性风险节税	不确定性风险节税
概念	确定性风险因素在税收筹划时必须要考虑进去，可以作为一个定量考虑进去，这种风险节税称为确定性风险节税	不确定性风险因素在税收筹划时也是必须要考虑的，这种风险节税称为不确定性风险节税
节税风险程度的衡量	一般根据以往的数据和经验，运用概率论来量化风险，用计算期望值的方法来选择节税方案	一般用标准差来反映不确定性节税的风险程度，标准差越大，风险程度也越大。标准差是一个绝对值，只能用于税收期望值相同的节税方案，对于税收期望值不同的不确定性节税方案，则要用标准差系数来反映风险程度。同样，节税方案的标准差系数越大，风险程度也越大

2. 税收规划的分类

税收规划由于其依据的原理不同，采用的方法和手段也不同，主要可分为三类，即避税规划、节税规划和转嫁规划，具体如表 8-8 所示。

表 8-8 税收规划的分类及特征

种类	定义	特征
避税规划	指纳税人在充分了解现行税法的基础上，在不触犯税法的前提下，利用所掌握的会计知识对筹资、投资、经营等经济活动进行巧妙的筹划和安排，这种安排手段处在合法与非法之间的灰色地带，来达到规避或减轻税负的目的	①非违法性； ②策划性； ③权利性； ④规范性
节税规划	指采用合法手段，例如利用税法规定的税收优惠和税收惩罚等倾斜调控政策，为客户获取节税利益的规划	①合法性； ②政策导向性； ③策划性
转嫁规划	指通过价格的调整和变动，将税负转嫁给他人承担，从而减轻税负的经济行为	①纯经济行为； ②以价格为主要手段，不影响财政收入； ③促进企业改善管理、改进技术

3. 税收规划的主要方法

税收规划的基本方法包括：避免应税收入(或所得)的实现、避免适用较高税率、充分利用“税前扣除”、推迟纳税义务发生时间和利用税收优惠。具体如表 8-9 所示。

表8-9 税收规划的方法

方法	解释/举例
避免应税收入(或所得)的实现	纳税人要尽量取得不被税法认定为是应税收入(或所得)的经济收入。例如，财产的增值部分只要不变现一般就不对其课征所得税。个人尽量不要将财产的增值部分变现，如果需要资金，可以用财产作抵押进行信贷融资(当然还要比较税款和利息成本的大小)
避免适用较高税率	尽量使所从事的经济活动适用较低的税率。在纳税人一定时期内收入总额既定的情况下，其分摊到各个纳税期内的收入应尽量均衡，最好不要大起大落，以避免增加纳税人的税收负担
充分利用"税前扣除"	充分利用税前扣除的规定，多扣除一些费用，缩小税基，减轻税负。例如个人出租房屋。按《个人所得税法》规定，装修费每月可以在税前列支800元(上限)，按20%的税率计算，列支了这800元的装修费每月可以少纳税160元，每年少纳税1920元
推迟纳税义务发生时间	推迟纳税可以使个人在不减少纳税总量的情况下获得货币的时间价值。例如销售货物缴纳增值税的问题。纳税人应尽量多采取直接收款、预收货款、委托代销等销售或结算方式，以推迟销项税额的确认时间，避免在没有收到货款的情况下先行缴纳税款
利用税收优惠	利用税收优惠的方法包括直接利用筹划、地点流动筹划和创造条件筹划。 利用税收优惠可以利用的税制构成要素包括利用免税筹划、利用减税筹划、利用税率差异筹划、分劈技术、利用税收扣除筹划、利用税收抵免筹划、利用退税筹划。例如，企业可以利用高新技术企业15%的税率优惠，减少企业所得税负，获得更多的税后收益。个人所得税也包含很多免税项目，如国债和国家发行的金融债券利息；按照国家统一规定发给的补贴、津贴；福利费、抚恤金、救济金；保险赔款；军人的转业费、复员费；按照国家统一规定发给干部、职工的安家费、退职费、退休工资、离休工资、离休生活补助费；拆迁补偿款等

4. 所得税规划方法

我国现行个人所得税采用综合与分类相结合的税制模式。具体来讲，工资、薪金所得，劳务报酬所得，稿酬所得和特许权使用费所得等4项所得属于居民个人的综合所得，按年计征，适用7级超额累进税率；个体工商户、个人独资企业、合伙企业从事生产、经营活动取得的所得以及个人承包、承租、转包、转租取得的所得等个人从事生产、经营活动取得的所得按照经营所得项目缴纳个人所得税，适用5级超额累进税率；利息、股息、红利所得，财产租赁所得，财产转让所得和偶然所得仍分项计征，适用20%的比例税率。

所得税规划方法主要包括针对纳税人的规划和计税依据的规划。

(1)针对纳税人的规划

①居民个人与非居民个人的规划

根据我国《个人所得税法》的规定，个人所得税的纳税义务人划分为居民个人和非居民个人。居民个人是指在中国境内有住所，或者无住所而一个纳税年度内在中国境内居住累计满183天的个人；非居民个人，是指不符合居民纳税义务人判定标准(条件)的纳税人，即习惯性居住地不在中国境内，而且不在中国居住，或者在一个纳税年度内，在中国境内居住累计不满183天的个人。

居民个人在我国负有无限纳税义务，要就来源于境内外的所得纳税；非居民个人在我国负有有限纳税义务，只就来源于境内的所得纳税。纳税人性质及其纳税义务如表8-10所示。

表 8－10　纳税人性质及其纳税义务

类型	判定标准	纳税义务
居民个人	在中国境内有住所的个人	就其从中国境内和境外取得的所得，向中国政府缴纳个人所得税
	在中国境内无住所而一个纳税年度内在中国境内居住累计满 183 天的个人	
非居民个人	在中国境内无住所又不居住的个人	仅就其从中国境内取得的所得，向中国政府缴纳个人所得税
	在中国境内无住所而一个纳税年度内在中国境内居住累计不满 183 天的个人	

【提示 1】居民个人和非居民个人的界定有两个标准：①住所地标准；②居住时间标准。二者符合其一即为我国个人所得税的居民个人，二者均不符合则为非居民个人。

【提示 2】在中国境内无住所的居民个人，在境内居住累计满 183 天的年度连续不满 6 年（“6 年豁免”）的，或者满 6 年但其间有单次离境超过 30 天（“坐月子条款”）情形的，其取得的全部工资薪金所得，除归属于境外工作期间且由境外单位或者个人支付的工资薪金所得部分外，均应计算缴纳个人所得税；在境内居住累计满 183 天的年度连续满 6 年的纳税人，且在 6 年内未发生单次离境超过 30 天情形的，从第 7 年起，凡一个纳税年度内在中国境内居住累计满 183 天的，应当就其来源于中国境内外的全部所得缴纳个人所得税。

【真题改编 8.9】对于在我国境内无住所的外籍人士，（　　）不需要对境外支付的境外所得缴纳个人所得税。

Ⅰ. 一个纳税年度内在我国居住累计不满 90 天的非居民个人

Ⅱ. 一个纳税年度内在我国居住累计超过 90 天但不满 183 天的非居民个人

Ⅲ. 一个纳税年度内在我国居住累计满 183 天的年度连续不满 6 年的居民个人

Ⅳ. 一个纳税年度内在我国居住累计满 183 天的年度连续满 6 年的居民个人

A. Ⅲ、Ⅳ　　B. Ⅱ、Ⅲ、Ⅳ　　C. Ⅰ、Ⅱ　　D. Ⅰ、Ⅱ、Ⅲ

【答案】D

②有限责任公司与个体工商户、个人独资企业、合伙制企业的选择

从 2000 年 1 月 1 日起，我国对个人独资企业、合伙制企业停征企业所得税，其投资所得比照个体工商户的生产经营所得征收个人所得税。在收入相同的情况下，个体工商户、个人独资企业、合伙制企业、有限责任公司（企业所得税纳税人）的税负是不一样的，有限责任公司的税负最重。但个人独资企业、合伙制企业、有限责任公司等三种企业，在发票申购、纳税人认定方面有优势，比较容易展开业务，并享受国家的一些优惠政策。

(2)计税依据的规划

①工资薪金福利化。个人取得的工资薪金收入，可以通过雇主将其中的一部分现金收入转化为雇主提供的福利，同样可以满足其日常消费需要，却可以由此少负担个人所得税。

②征收范围的筹划。由支付所得的一方承担取得所得的相关费用，只支付扣除费用的所得给个人，使个人取得所得的费用可以在税前扣除，由此负担更少的个人所得税。

③个人年终奖的筹划。自 2019 年 1 月 1 日至 2021 年 12 月 31 日，个人取得全年一次性奖金符合规定的，可以选择并入综合所得计算纳税；也可以选择不并入综合所得，以全年一次性奖金收入除以 12 个月得到的数额，按照按月换算的综合所得税率表（如表 8－11 所示）单独计算纳税。

表 8－11　按月换算后的综合所得税率表

级数	全月应纳税所得额	税率(%)	速算扣除数
1	不超过 3000 元的	3	0
2	超过 3000 元至 12000 元的部分	10	210
3	超过 12000 元至 25000 元的部分	20	1410
4	超过 25000 元至 35000 元的部分	25	2660
5	超过 35000 元至 55000 元的部分	30	4410
6	超过 55000 元至 80000 元的部分	35	7160
7	超过 80000 元的部分	45	15160

④利息、股息、红利所得的筹划。企业向职工借款等集资活动而支付的所得，将支付的利息通过提高职工工资来解决，使职工的个人收入不但没有减少，而且还会降低利息所得项目应纳的个人所得税。

⑤雇佣关系的筹划。个人取得的不同性质的所得适用不同的税率和课征办法。

现行《个人所得税》将工资、薪金所得，劳务报酬所得，稿酬所得，特许权使用费所得并入综合所得按年征收个人所得税，综合所得适用 7 级超额累进税率，如表 8－12 所示。

表 8－12　个人所得税税率表(适用于综合所得)

级数	年应纳税所得额	税率(%)	速算扣除数
1	不超过 36000 元的部分	3	0
2	超过 36000 元至 144000 元的部分	10	2520
3	超过 144000 元至 300000 元的部分	20	16920
4	超过 300000 元至 420000 元的部分	25	31920
5	超过 420000 元至 660000 元的部分	30	52920
6	超过 660000 元至 960000 元的部分	35	85920
7	超过 960000 元的部分	45	181920

居民个人取得综合所得，以每年收入额减除费用 60000 元以及专项扣除、专项附加扣除和依法确定的其他扣除后的余额，为应纳税所得额。个人所得税专项附加扣除项包括子女教育、继续教育、大病医疗、住房贷款利息或者住房租金、赡养老人等 6 项。

劳务报酬所得、稿酬所得、特许权使用费所得以收入减除 20% 的费用后的余额为收入额。

因此，将工资薪金转化为劳务报酬，可在税前额外扣除 20% 的费用，有利于节税。但也要考虑预扣预缴所占用的货币的时间价值。

工资薪金与劳务报酬预扣预缴方法的不同导致占用货币的时间价值不同。

工资、薪金所得应当按照累计预扣法计算预扣税，适用表 8－13 的预扣预缴税率表。具体方法如下：

本期应预扣预缴税额＝(累计预扣预缴应纳税所得额×预扣率－速算扣除数)－累计减免税额－累计已预扣预缴税额

累计预扣预缴应纳税所得额＝累计收入－累计免税收入－累计减除费用－累计专项扣除－累计专项附加扣除－累计依法确定的其他扣除

（其中：累计减除费用，按照5000元/月乘以纳税人当年截至本月在本单位的任职受雇月份数计算。）

表8-13　居民个人工资薪金所得预扣预缴税率表

级数	累计预扣预缴应纳税所得额	预扣率(%)	速算扣除数
1	不超过36000元的部分	3	0
2	超过36000元至144000元的部分	10	2520
3	超过144000元至300000元的部分	20	16920
4	超过300000元至420000元的部分	25	31920
5	超过420000元至660000元的部分	30	52920
6	超过660000元至960000元的部分	35	85920
7	超过960000元的部分	45	181920

劳务报酬所得预扣预缴的方法是，每次收入不超过4000元的，减除费用800元；4000元以上的，减除20%的费用，其余额为应纳税所得额。适用比例税率，预扣税率为20%。对劳务报酬所得一次收入畸高的，可以实行加成征收。劳务报酬所得预扣税率如表8-14所示。

表8-14　居民个人劳务报酬所得预扣预缴税率表

级数	每次应纳税所得额	税率(%)	速算扣除数
1	不超过20000元部分	20	0
2	超过20000至50000元部分	30	2000
3	超过50000元部分	40	7000

因此，在对选择工资薪金或者劳务报酬方式纳税的筹划时，要根据自身的需求，考虑最终所负担的总税额的同时，也要考虑每次预缴所纳的税款占用货币的时间价值，最后选择一种最佳的纳税方案。

⑥稿酬所得的规划。稿酬所得，指个人作品以图书、报刊形式出版、发表取得的所得。

a. 对稿酬所得征税的相关规定。稿酬所得，以每次出版、发表取得的收入为一次计算个人所得税，具体可分为：同一作品再版取得的所得，应视为另一次稿酬所得计征个人所得税；同一作品先在报刊上连载，然后再出版，或者先出版，再在报刊上连载的，应视为两次稿酬所得征税，即连载作为一次，出版作为另一次；同一作品在报刊上连载取得收入的，以连载完成后取得的所有收入合并为一次，计征个人所得税；同一作品出版和发表时，以预付稿酬或分次支付稿酬等形式取得的稿酬收入，应合并计算为一次；同一作品出版、发表后，因添加印数而追加稿酬的，应与以前出版、发表时取得的稿酬合并计算为一次，计征所得税。

现行《个人所得税》规定，工资、薪金所得，劳务报酬所得，稿酬所得，特许权使用费所得属于综合所得，按年征收个人所得税，适用7级超额累进税率，劳务报酬所得、稿酬所得、特许权使用费所得以收入减除20%的费用后的余额为收入额，稿酬所得的收入额减按70%计算。

b. 稿酬所得的税收规划方法。针对稿酬所得计税的相关特点，有如下几种税收规划方法：第一，系列丛书筹划法。如果一本书采取系列丛书的形式，则它将被认定为几个单独的作品，单独计算纳税，可能会节税。第二，再版筹划。在作品市场看好时，与出版社商量采取分批印刷的方法，以减少每次收入量。第三，增加前期写作费用筹划。将费用转移给出版社，自己基本上不负担费用，使得自己的稿酬所得相当于享受到两次费用抵扣，减少应纳税额。其中第一、二种税收规划方法可能最终汇算清缴所计算的总税额相同，但这两种方法减少了预扣预缴的税额，相当于延迟缴纳一部分税款，获得了货币的时间价值。

⑦经营所得的税收规划。经营所得，以每一纳税年度的收入总额，减除成本、费用以及损失后的余额，为应纳税所得额。经营所得应纳税额的计算公式如下：

应纳税额 = 应纳税所得额 × 适用税率 - 速算扣除数

= [全年收入总额 - 成本、费用以及损失 - 60000 元/年(5000 元/月)]

× 适用税率 - 速算扣除数

经营所得适用5% ~35%的超额累进税率，如表 8 - 15 所示。

表 8 - 15　个人所得税税率表(适用于经营所得)

级数	全年应纳税所得额	税率(%)	速算扣除数
1	不超过 30000 元的	5	0
2	超过 30000 元至 90000 元的部分	10	1500
3	超过 90000 元至 300000 元的部分	20	10500
4	超过 300000 元至 500000 元的部分	30	40500
5	超过 500000 元的部分	35	65500

a. 增加费用扣除。通过合理的方法来增加纳税年度的成本、费用等扣除项目以达到降低应纳税所得额的目的。可以使用的方法包括：第一，使用家庭成员或雇用临时工，扩大工资等费用支出范围；第二，将个人或家庭的一些与企业生产经营有关的固定资产投入到企业，以增加折旧费用；第三，将个人的资金以债务的方式投入到自己的企业，以获得利息扣除。

b. 递延收入以降低税率。一般递延收入的方式有：一是让客户暂缓支付货款和劳务费用；二是改一次性收款销售为分期收款销售。但要考虑因此而损失货币的时间价值。

5. 增值税规划方法

(1)纳税人身份的规划

增值税纳税人身份的规划即如何选择一般纳税人和小规模纳税人身份以实现节税的目的。小规模纳税人增值税征收率为3%，应纳增值税额 = 销售额 × 征收率(3%)；根据 2019 年 3 月出台的《关于深化增值税改革有关政策的公告》，一般纳税人的增值税税率调整为 13%、9%、6%三档，应纳增值税额 = 销项税额 - 进项税额。从现行增值税的计税方法来看，当纳税人的购进项目较少时，作为小规模纳税人是较为有利的。这可以从以下几个方面来进行比较：

①无差别平衡点抵扣率判别法

一般纳税人税负高低取决于可抵扣的进项税额的多少，其他条件不变的情况下，若可抵扣的进项税额较多，则适于选择一般纳税人，反之则适于做小规模纳税人。当抵扣额占销售额的比重(抵扣率)达到某一数值时，两种纳税人的税负相等，称之为无差别平衡点抵扣率。

一般纳税人应纳增值税额 = 销项税额 - 进项税额

因为，进项税额 = 可抵扣购进项目金额 × 增值税税率，抵扣率 = 可抵扣购进项目金额 ÷

销售额

其中，销售额与购进项目金额均为不含税金额。

所以，进项税额 = 可抵扣购进项目金额 × 增值税税率 = 销售额 × 抵扣率 × 增值税税率

由此，一般纳税人应纳增值税额 = 销项税额 - 进项税额 = 销售额 × 增值税税率 ×（1 - 抵扣率）

小规模纳税人应纳增值税额 = 销售额 × 征收率(3%)

当两者税负相等时，其抵扣率则为无差别平衡点抵扣率，即：

销售额 × 增值税税率(1 - 抵扣率) = 销售额 × 征收率

抵扣率 = 1 -（征收率/增值税税率）

当增值税税率为13%，征收率为3%时，抵扣率 = 76.92%。

结论：对于小规模纳税人，当抵扣率为76.92%时，两种纳税人的税负相同；当抵扣率低于76.92%适宜选择作为小规模纳税人；当抵扣率高于76.92%时，适宜选择作为一般纳税人。

②企业产品增值率判断法

从增值税的课税原理看，纳税人的货物增值率越高作为增值税一般纳税人的税负就越重，在小规模纳税人实行简易办法征税的情况下，在货物增值率较高的情况下，作为小规模纳税人的税负要轻于一般纳税人。因此，可以根据销售货物的增值率的高低来选择增值税的纳税人身份，从而降低税负。一般增值率与进项税额成反比例关系，与应纳税额成正比关系，可以据此计算增值率。

一般纳税人应纳税额 = 当期销项税额 - 进项税额

= 购进项目价款 ×（1 + 增值率）× 13% - 购进项目价款 × 13%

= 购进项目价款 × 13% × 增值率

小规模纳税人应纳税额 = 购进项目价款 ×（1 + 增值率）× 3%

应纳税额差别平衡点得计算如下：

购进项目价款 × 13% × 增值率 = 购进项目价款 ×（1 + 增值率）× 3%

增值率 = 3%/（13% - 3%）× 100% = 30%

结论：当小规模纳税人的增值率为30%时，小规模纳税人与一般纳税人税负相同，当增值率低于30%时，小规模纳税人的税负重于一般纳税人，当增值率高于30%时，一般纳税人税负重于小规模纳税人。

作为一般纳税人还是小规模纳税人往往不由纳税人自行决定，其认定要受税法上某些规定的制约，但即便如此，纳税人仍可考虑采取合并、分立、新建等方式进行税收筹划。即小规模纳税人可通过联合的方式使销售额符合一般纳税人的标准，进而完善会计核算转变成一般纳税人；而一般纳税人则可通过分立方式，缩小分立后各自的销售额，使其具备小规模纳税人的条件而转变为小规模纳税人，从而得到节税利益。

【真题改编8.10】某公司是一家生产企业，2019年5月不含税销售额90万元，不含税外购货物额60万元。对于该公司，下列说法正确的是（　　）。

Ⅰ. 该公司如果作为增值税小规模纳税人，适用的税率为3%

Ⅱ. 该公司如果作为增值税一般纳税人，适用的税率为13%

Ⅲ. 为节税，该公司应申请成为增值税小规模纳税人

Ⅳ. 为节税，该公司应申请为增值税一般纳税人

A. Ⅱ、Ⅳ　　　　B. Ⅰ、Ⅱ、Ⅳ　　　　C. Ⅰ、Ⅱ、Ⅲ　　　　D. Ⅰ、Ⅲ

【答案】C

【解析】根据增值税相关法律法规，小规模纳税人增值税征收率为3%，一般纳税人增值税征收率为13%。若该公司申请成为增值税一般纳税人，则应纳增值税最少为：(90－60)×13%＝3.9(万元)；若该公司申请成为增值税小规模纳税人，则应纳增值税为：90×3%＝2.7(万元)。所以该公司应申请成为增值税小规模纳税人。

(2)进项税额的规划

①选择供货方的规划。由于增值税小规模纳税人不能取得和开具增值税专用发票，也不能进行进项税额的抵扣，所以对于小规模纳税人而言，只要比较一下采购货物的含税价格，从中选择货物价格较低的供货方就可以达到增加税后收益的目的。对于增值税一般纳税人，进项税额的取得能起到抵税的效果。只有取得法定扣税凭证才能作为进项税额抵扣。

②兼营免税或简易计税方法计税项目的规划。纳税人兼营免税项目或简易计税方法计税项目，应当正确划分其不得抵扣的进项税额。对不能准确划分的，按下列公式计算不得抵扣的进项税额：

不得抵扣的进项税额＝当月无法划分的全部进项税额×(当月免税、简易计税方法计税项目销售额合计/当月全部销售额合计)

纳税人可根据免税项目或简易计税方法计税项目的情况，首先按照上述公式计算不得抵扣的进项税额与实际免税项目、简易计税方法计税项目不应抵扣的进项税额对比，如果前者大于后者，则应正确划分并按规定转出进项税额；如果前者小于后者，则无须在核算时进行划分，而按上述公式计算划分不得抵扣的进项税额。

6. 消费税规划方法

(1)针对纳税人的规划

可以通过生产相关应税消费品的企业合并，达到递延纳税或节省税款的目的。若两家企业生产的产品均为消费税的应税消费品，并且一家企业的应税消费品为另一家企业生产的原材料。在没有合并之前，两家企业均需要就自己生产的应税消费品在出厂销售环节缴纳消费税。合并后，原来企业间的购销关系转变为企业内部自产应税消费品，这一环节的消费税得到了递延；若作为原材料的应税消费品属于不允许抵扣应税消费品已纳的消费税税款的产品，企业合并后则可以减轻企业的消费税税负。

(2)针对计税依据的规划

①设立独立核算的销售部门。

②选择合理的加工方式。

(3)税率的规划

纳税人应针对消费品税率多档次的特点，正确进行必要的合并核算和分开核算，以求达到节税目的。当企业兼营不同税率的应税消费品时，应当分别核算不同税率应税消费品的销售额、销售数量。若未分别核算，从高适用税率，无疑将增加企业税负。同时，对于适用不同税率的应税消费品需要组成成套消费品销售的，可以通过分别销售，由商业企业进行简单包装的方式，避免组成的成套消费品适用高税率计税的情况发生。

四、税收规划的主要步骤

1. 了解客户的基本情况和要求

(1)婚姻状况。客户的婚姻状况会影响某些税种的扣除以及某些行为的免税优惠。

(2)子女及其他赡养人员。2018 年修订的《个人所得税法》中加入的专项附加扣除包括子女教育和赡养老人等支出，即抚养子女及赡养其他人员可以享有一定的扣除、抵免或免税，会对客户的应纳税额产生影响。

(3)财务情况。财务情况包括客户的收入情况、支出情况及财产情况；财产包括客户的动产和不动产。

(4)投资意向。投资意向包括客户的投资方向和投资额。客户投资方向和投资额的大小与税收规划的投资方向、投资形式、投资优惠规划、适用税率设计、风险分析等都有直接的关系。

(5)对风险的态度。节税与风险并存，节税越多，风险越大，两者的权衡取决于客户对风险的态度等多种因素。

(6)纳税历史情况。纳税历史情况包括客户以前所纳税的税种、纳税金额以及减免税的情况。

(7)要求增加短期所得还是长期资本增值。客户对财务利益的要求大致有三种：要求最大限度地节约每年税收成本，增加每年客户可支配的税后利润；要求若干年后因为采用了较优的纳税方案，而达到所有者权益的最大的增值；既要求增加短期税后利润，也要求长期资本增值。

(8)投资要求。根据客户要求进行税收规划，提出投资建议或提出修改客户要求的建议。

【真题 8.11】在税收规划中，了解客户的基本情况和要求包括(　　)。

Ⅰ. 婚姻状况　　Ⅱ. 子女及其他赡养人员

Ⅲ. 对风险的态度　　Ⅳ. 要求增加短期所得还是长期资本增值

A. Ⅰ、Ⅲ　　B. Ⅰ、Ⅲ、Ⅳ　　C. Ⅱ、Ⅲ、Ⅳ　　D. Ⅰ、Ⅱ、Ⅲ、Ⅳ

【答案】D

2. 控制税收规划方案的执行

税收规划实施后，从业人员还需要经常、定期地通过一定的信息反馈渠道来了解纳税方案执行的情况。

(1)当反馈的信息表明客户没有按设计方案的意见执行税收规划时，税收规划人应给予提示，指出其可能产生的后果；

(2)当反馈的信息表明从业人员设计的税收规划有误时，从业人员应及时修订其设计的税收规划；

(3)当客户经济情况中出现新的变化时，从业人员应介入判断是否改变税收规划。

第四节　人生事件规划

【大纲要求】

掌握教育规划的分类、内容和制定方法；掌握退休规划的误区和步骤；熟悉遗产规划工具和策略的选择。

【要点详解】

一、教育规划的分类、内容和制定方法

1. 分类和内容

教育规划是指为了需要时能支付教育费用所制定的计划。按照不同的教育对象，教育规

划一般分为以下两类：

(1)个人教育规划

个人教育是针对自身的职业晋升和个人发展而进行专业和技术方面的继续教育，比如MBA、专业证书的相关培训学习等。

(2)子女教育规划

子女教育规划是家庭教育理财规划的核心，通常由基本教育与素质教育组成。基本教育的成本一般包括基础教育与高等教育的学费等常规费用；素质教育的成本则包括兴趣技能培训班、课外辅导班等一些校外课堂的费用。

2. 制定方法

(1)确定教育目标

①确定客户对子女学历的基本要求。从业人员需要了解客户对子女可接受教育程度的期望，这对教育投资规划的资金需求有很大影响。其中广义的学历要求包括大学类型、受教育程度、是否出国深造等。

②确定客户子女的读书地点与专业。

③确定客户子女的兴趣与天赋。

(2)计算教育资金需求

按照客户需求，测算当前其子女教育所需费用和从当前时点到客户子女接受高等教育时的学费增长率，从而估算出届时客户子女上学需要的教育资金需求。

(3)计算教育资金缺口

按照客户教育目标和已有子女教育金储蓄、投资情况，测算出实现客户子女教育规划目标的资金需求的缺口。

(4)制作教育投资规划方案、选择合适的投资工具

确定客户开始执行教育投资规划的时间和每年能够为此储蓄的金额，根据时间长短确定合适的投资收益率，选择与此风险收益相匹配的投资工具。短期教育投资规划工具主要包括学校学生贷款、国家助学贷款、商业助学贷款等。长期教育投资规划工具包括教育储蓄、银行储蓄、教育保险、基金产品、教育金信托和其他投资理财产品(股票、政府或公司债券、银行的其他理财产品)等。

(5)教育投资规划的跟踪与执行

定期检测教育投资规划的执行情况，从而对于经济、金融环境和客户自身情况的变化等及时做好教育投资规划的调整。

总体来看，鉴于教育投资规划一般期限较长，在前期可以采取较为积极的投资策略，后期由于距离使用教育金的时间越来越近，应采取稳健保守的投资策略。

【真题 8.12】教育投资规划要遵循提前规划、目标合理、定期定额、专款专用、保值增值的原则，教育投资规划的步骤主要包括(　　)。

Ⅰ. 确立子女培养目标　　Ⅱ. 教育费用估算

Ⅲ. 预测教育费用的增长率　　Ⅳ. 选择适当的教育投资工具

A. Ⅰ、Ⅱ、Ⅲ、Ⅳ　B. Ⅰ、Ⅱ、Ⅲ　C. Ⅰ、Ⅲ、Ⅳ　D. Ⅰ、Ⅱ、Ⅳ

【答案】A

【解析】教育投资规划的步骤主要包括：①确定教育目标，包括确定客户对子女学历的基本要求、读书地点与专业以及兴趣与天赋；②计算教育资金需求；③计算教育资金缺口，

按照客户教育目标和已有教育金储蓄、投资情况，测算实现客户子女教育规划目标的资金需求的缺口；④制作教育投资规划方案、选择合适的投资工具；⑤教育投资规划的跟踪与执行。

二、退休规划的误区和步骤

1. 误区

(1)计划开始太迟；

(2)对收入和费用的估计太乐观；

(3)投资过于保守。

上述三个方面的误区通常并不单独出现，其影响的叠加会给从业人员为客户制定退休规划带来更大障碍。

2. 步骤

(1)确定退休目标

退休后的家庭开支由对生活品质的要求直接决定。因此，客户应根据前期收入、负债情况等合理规划退休生活品质，避免过高追求带来过大压力。

(2)计算资金需求和退休收入

①资金需求的计算

退休养老需要的费用受到生存寿命、个人和家庭成员的健康状况、医疗养老制度的改革、通胀率等诸多因素的影响，很难准确估算，要求投资顾问根据专业知识大体估算。

②退休收入的计算

退休收入包括社会养老金、家庭存款、企业年金、商业保险、其他收入等。社会养老金是退休收入的主要来源，企业年金、家庭存款方面等个体差异较大。

估算社会养老金收入最主要的困难在于社会养老制度的不断变化与调整。

(3)计算资金缺口

退休规划的资金缺口是指退休后需要花费的资金(即资金需求)和可收入的资金之间的差距，即客户应该自筹的退休资金。

退休养老基金的“大缺口”＝*PV*退休需求－*PV*退休后既定养老金

退休养老基金的“小缺口”又称“养老金赤字”，其计算公式为：

养老金赤字＝养老金总需求－养老金总供给

＝*PV*退休需求－(*FV*退休前资金积累＋*PV*退休后既定养老金)

其中，“*PV*退休需求”反映退休后在保持一定生活水平下的养老金总需求在退休时点的现值，即需要准备的养老金总需求；“*FV*退休前资金积累”来自工作期间的储蓄和投资，到退休时点可以积累的资产的未来值；“*PV*退休后既定养老金”来自退休后社保养老金等既定养老金在退休时点的现值。

解决养老金赤字是退休养老规划的核心，主要方法包括：①提高储蓄比率；②延长工作年限或推迟退休；③提高投资收益率；④减少退休后的开销；⑤参加商业保险计划等。

【真题 8.13】制定退休规划的关键是使退休时的退休基金规模达到退休后的资金需求，客户可以通过(　　)等途径弥补退休资金缺口。

Ⅰ. 提高储蓄比例　　Ⅱ. 延长工作年限并推迟退休

Ⅲ. 进行高投资收益率的投资　　Ⅳ. 减少退休后的开销

A. Ⅰ、Ⅱ、Ⅲ　　　　B. Ⅰ、Ⅲ、Ⅳ

C. Ⅰ、Ⅱ、Ⅲ、Ⅳ　　　　D. Ⅰ、Ⅱ、Ⅳ

【答案】C

【解析】通常，弥补退休资金缺口的方法有：①提高储蓄比率；②延长工作年限或推迟退休；③提高投资收益率；④减少退休后的开销；⑤参加商业保险计划等。

(4)制定退休规划

用于退休养老金的投资要以稳健为主。各投资品种的特点及其适用性如表8－16所示。

表8－16　各投资品种的特点及其适用性

投资品种	特点	适用性
银行存款	①流动性好； ②利率较低	不适合养老金大量投资
基金投资	①风险收益视品种而定； ②选择多，适宜做配置	①随退休年龄临近，基金投资可以逐渐偏向中低风险的品种； ②投资方式可以采取一次性投资或定期定额的方式投资
股票投资	风险较大	①老年人不宜将过多比例的资产投资于股票市场； ②优质蓝筹股相对更为适合退休规划
商业养老保险	①风险收益水平较低； ②流动性一般； ③退保成本较高； ④品种多	投保时年纪不宜过大
房产投资	①“反向按揭”住房类似于终身年金； ②风险在于待夫妻双方去世后金融机构仍可能享有部分处分房屋产权的权益	可以“反向按揭”住房，将房屋权益转变为收入流

实际确定投资方式时，通常遵循“投资100”原则，即风险投资品种占全部可投资资产的比例为(100－年龄)%。

(5)退休规划的执行和跟踪

因退休规划覆盖时间较长，可能会经历经济环境和投资环境的交替变更，且客户的职业生涯、家庭情况、生活状况、收支情况等也可能发生变化，应定期跟踪退休规划的执行情况并作出相应调整，以保证客户退休养老目标的实现。

三、遗产规划工具和策略的选择

遗产规划工具主要包括遗嘱、遗产委任书、遗产信托、人寿保险、赠与。其中，遗嘱的有效须具备的条件为：①立遗嘱人在立遗嘱时必须有民事行为能力；②遗嘱必须是遗嘱人的真实意思表示；③遗嘱的内容必须合法，不得违反法律和社会道德；④遗嘱的形式必须符合法律规定。

对于遗产规划策略的选择，要注意以下几点：

(1)尽早做出安排。

(2)及时调整更新遗产计划。

(3)尽可能减少遗产额，从而少交遗产税，如：生前多赠与继承人、利用政策分散资产。

(4)充分利用遗产优惠政策。

第五节　投资规划

【大纲要求】

熟悉投资规划目标；熟悉投资规划的基本内容；掌握投资规划的步骤；熟悉投资规划的典型案例。

【要点详解】

一、投资规划的目标和基本内容

投资规划的目标在于客户需求或理财目标的实现，帮助客户实现资产保值增值。制定投资规划，首先应考虑某种投资工具是否适合实现客户的财务目标。

投资可分为实物投资和金融投资，其中，实物投资又称直接投资，指对有形资产的投资；金融投资又称间接投资，指对各种金融合约的投资。投资的特征是用确定的现值牺牲换取可能的不确定的(有风险的)未来收益，因此，对投资产品收益和风险结构的分析尤为重要。

在进行投资规划时，要做到：

(1)首先确定投资目标和可投资财富的数量，然后根据对风险的偏好确定采取激进型还是稳健型的策略；

(2)对投资对象进行基本分析和技术分析；

(3)构建投资组合，包括确定具体的投资资产和财富在各种资产上的投资比例；

(4)管理投资组合，主要有评价投资组合的业绩以及根据环境的变化对投资组合进行修正。

二、投资规划的步骤和实际运用

1．步骤

从证券投资顾问的工作步骤来看，整个投资规划可以分为五步：客户分析、资产配置、证券选择、投资实施和投资评价。客户分析需要确定客户的投资目标、风险承受度、投资偏好、资金性质等问题；资产配置主要是在股票、基金、债券和其他投资这些大类资产上进行配置；证券选择则需要选定各个大类资产中具体的产品；投资实施时要注重对交易频率、交易规模和风险管理的关注；投资评价包括对投资收益和投资风险两方面的评价。

(1)确定客户的投资目标

在制定投资目标之前，理财规划师要明确客户存在的投资约束条件，这样为客户制定的投资规划更具有可行性。这些约束条件包括流动性要求、投资期限、税收状况以及各自独特的需求。大多数人的目标可以分成如下一些类型：

①处于以下目的的资本积累，如应付突发事件、家庭大额消费和支出、子女教育和个人职业生涯教育需要、一般性投资组合以积累财富。

②防范个人下列风险，如过早死亡、丧失劳动能力、医疗护理费用、托管护理费用、财产与责任损失、失业。

③提供退休后的收入。投资目标的确定过程是通过数量分析，计算要达到理财目标需要的投资收益率，客观判断当前为实现理财目标而配置的资产是否能够在当前的投资状态下达到期望的目标。

(2)让客户认识自己的风险承受能力

一般通过风险测试以及根据客户的年龄与资产状况判断其风险承受能力。

(3)根据客户的目标和风险承受能力确定投资计划

投资计划是以主观期望为中心，根据金融市场的客观状况，拟订的一套组合投资方法。

(4)实施投资计划

实施投资计划时，要对投资商品进行紧密的跟踪，在偏离客户的期望时要做详细的记录，最大限度地控制风险，减少不必要的损失。

(5)监控投资计划

制定了完整的投资计划，需要不断地评估投资策略和方法，保障投资计划的可行性。通常每半年或每年做一次投资总结。

另外，当国家政策和相关法律、经济环境、金融商品等客观环境改变时，需要重新审视投资计划，并确定新的投资方案。

【真题 8.14】投资规划的步骤，包括(　　)。

Ⅰ. 客户分析　　Ⅱ. 资产配置

Ⅲ. 证券选择　　Ⅳ. 投资实施和投资评价

A. Ⅰ、Ⅱ　　B. Ⅰ、Ⅲ、Ⅳ　　C. Ⅱ、Ⅲ、Ⅳ　　D. Ⅰ、Ⅱ、Ⅲ、Ⅳ

【答案】D

【解析】从理财规划师的工作步骤来看，整个投资规划可以分为五步：客户分析、资产配置、证券选择、投资实施和投资评价。

2. 实际运用

在实际制定投资规划时，可先分析客户的基本资料，根据其年纪、生命周期所处的阶段和风险偏好测试，判断其属于哪种类型的投资者；其次根据客户的财务状况分析其家庭理财基础及存在的问题，与客户沟通后，以此作出具体的投资目标，选择适合客户的投资品种。

【本章练习】

一、选择题

1. (　　)的核心是建立应急基金，保障个人和家庭生活质量和状态的稳定性。

A. 保险规划　　B. 现金规划　　C. 投资规划　　D. 税收规划

2. 根据我国《保险法》的规定，健康保险属于(　　)范围。

A. 人寿保险　　B. 责任保险　　C. 人身保险　　D. 意外伤害保险

3. 以下关于退休规划表述正确的是(　　)。

A. 投资应当非常保守　　B. 对收入和费用应乐观估计

C. 规划期应当在五年左右　　D. 计划开始不宜太迟

4. 某理财计划采用纯经济的手段，利用价格杠杆，将税负转给消费者或转给供应商或自我消转的税收规划，且其具备纯经济行为、以价格为主要手段、不影响财政收入、促进企业改善管理和改进技术的主要特点。这句话描述的是税收规划基本内容中的哪一类？(　　)

A. 避税规划　　B. 节税规划　　C. 转嫁规划　　D. 综合规划

5. 从业人员在制定投资规划时首先要考虑的是(　　)。

A. 投资工具的风险较低　　B. 投资工具适合客户的财务目标

C. 投资工具的收益较高　　D. 投资工具的流动性较好

6. 下列保险规划步骤正确的是(　　)。

A. 确定保险标的、确定保险金额、选定保险产品、明确保险期限

B. 确定保险标的、选定保险产品、明确保险期限、确定保险金额

C. 选定保险产品、确定保险标的、确定保险金额、明确保险期限

D．确定保险标的、选定保险产品、确定保险金额、明确保险期限

7．张先生每月的生活支出为5000元，每月还贷支出为2000元，则张先生的紧急预备金最少应该达到(　　)元。

A．15000　　B．40000　　C．7000　　D．21000

8．(　　)是家庭消费开支规划的一项核心内容。

A．住房消费计划　　B．债务管理　　C．汽车消费计划　　D．现金管理

二、组合型选择题

1．在现金、消费和债务管理中，家庭有效债务管理需要考虑的因素包括(　　)。

Ⅰ．还款能力　　Ⅱ．家庭现有经济实力

Ⅲ．合理选择贷款种类及担保方式　　Ⅳ．家庭贷款需求

A．Ⅰ、Ⅲ　　B．Ⅱ、Ⅲ、Ⅳ　　C．Ⅲ、Ⅳ　　D．Ⅰ、Ⅱ、Ⅲ、Ⅳ

2．在现金、消费和债务管理中，家庭紧急预备金的储存形式包括(　　)。

Ⅰ．短期定期存款　　Ⅱ．活期存款　　Ⅲ．货币市场基金　　Ⅳ．利用贷款额度

A．Ⅰ、Ⅱ、Ⅲ　　B．Ⅰ、Ⅱ、Ⅳ　　C．Ⅱ、Ⅲ、Ⅳ　　D．Ⅰ、Ⅱ、Ⅲ、Ⅳ

3．下列属于制定保险规划的原则的是(　　)。

Ⅰ．分析客户保险需要　　Ⅱ．量力而行

Ⅲ．注重收益　　Ⅳ．转移风险

A．Ⅰ、Ⅳ　　B．Ⅰ、Ⅱ、Ⅳ　　C．Ⅱ、Ⅲ、Ⅳ　　D．Ⅰ、Ⅱ、Ⅲ、Ⅳ

4．理财客户在进行保险规划时，下列行为存在保险规划风险的有(　　)。

Ⅰ．刚刚入学的大学本科生购买了2年的意外险

Ⅱ．给价值50万的住房购买了保险金额为50万财产保险

Ⅲ．给价值400万的珍藏版游艇购买了800万的财产保险

Ⅳ．在寒冷的冬天购买了3年期以感冒为风险事件的医疗保险

A．Ⅰ、Ⅲ　　B．Ⅰ、Ⅱ、Ⅲ　　C．Ⅱ、Ⅲ、Ⅳ　　D．Ⅰ、Ⅲ、Ⅳ

5．下列可能会给保险规划带来风险的行为有(　　)。

Ⅰ．人身保险期限太短　　Ⅱ．人身保险金额太小

Ⅲ．财产超额保险　　Ⅳ．财产重复保险

A．Ⅱ、Ⅲ　　B．Ⅰ、Ⅲ、Ⅳ　　C．Ⅲ、Ⅳ　　D．Ⅰ、Ⅱ、Ⅲ、Ⅳ

6．个人税收规划应遵循的原则主要有(　　)。

Ⅰ．合法性原则　　Ⅱ．节税性原则　　Ⅲ．规划性原则　　Ⅳ．综合性原则

A．Ⅰ、Ⅲ　　B．Ⅰ、Ⅲ、Ⅳ　　C．Ⅰ、Ⅱ、Ⅳ　　D．Ⅰ、Ⅱ、Ⅲ、Ⅳ

7．遗产规划策略的选择包括(　　)。

Ⅰ．尽早做出安排　　Ⅱ．及时调整新遗产计划

Ⅲ．尽可能增加遗产额　　Ⅳ．充分利用遗产优惠政策

A．Ⅰ、Ⅱ　　B．Ⅰ、Ⅱ、Ⅲ　　C．Ⅰ、Ⅲ、Ⅳ　　D．Ⅰ、Ⅱ、Ⅳ

8．所得税的基本筹划方法包括(　　)。

Ⅰ．纳税人身份的筹划　　Ⅱ．纳税时间的筹划

Ⅲ．纳税环节的筹划　　Ⅳ．计税依据的筹划

A．Ⅰ、Ⅳ　　B．Ⅰ、Ⅲ、Ⅳ　　C．Ⅰ、Ⅱ、Ⅳ　　D．Ⅱ、Ⅲ

【答案及解析】

一、选择题

1.【答案】B

【解析】现金规划是指进行家庭或者个人日常的、日复一日的现金及现金等价物的管理。现金规划的核心是建立应急基金，保障个人和家庭生活质量和状态的持续性稳定，是针对家庭财务流动性的管理。

2.【答案】C

【解析】A 项，人寿保险包括普通型人寿保险、年金保险、新型人身保险；B 项，责任保险包括公众责任保险、产品责任保险、雇主责任保险、职业责任保险、环境责任保险和个人责任保险；CD 两项，人身保险包括人寿保险、意外伤害保险和健康保险。

3.【答案】D

【解析】当前大多退休人士退休后的收入来源主要为社会养老保险，部分人有企业年金收入，但这些财务资源远远不能满足客户退休后的生活品质要求。因此，要建议客户尽早地进行退休养老规划，以投资、商业养老保险以及其他理财方式来补充退休收入的不足。

4.【答案】C

【解析】税收规划的主要内容包括：避税规划、节税规划和转嫁规划。理财规划中采用纯经济手段，利用价格杠杆，将税负转给消费者或供应商或自我消转的规划，属于税收规划内容中的转嫁规划。

5.【答案】B

【解析】从业人员在制定投资规划时首先要考虑的是某种投资工具是否适合客户的财务目标。要做到这一点，需要熟悉各种投资工具的特性和投资基本理论。

6.【答案】D

【解析】保险规划具有风险转移和合理避税的功能。保险规划的主要步骤为：确定保险标的、选定保险产品、确定保险金额、明确保险期限。

7.【答案】D

【解析】紧急备用金可以应对失业或失能导致的工作收入中断，应对紧急医疗或意外所导致的超支费用。失业保障月数 = 存款、可变现资产或净资产/月固定支出。最低标准的失业保障月数是三个月。本题中紧急预备金 = 7000 × 3 = 21000（元）。

8.【答案】B

【解析】家庭消费支出规划主要包括住房消费计划、汽车消费计划以及信用卡与个人信贷消费规划等。家庭消费开支规划的一项核心内容是债务管理，涉及举债目的、借贷能力和借贷渠道、方式、条件等的选择、规划。

二、组合型选择题

1.【答案】D

【解析】除Ⅰ、Ⅱ、Ⅲ、Ⅳ四项外，在现金、消费和债务管理中，还需要考虑的因素包括：①选择贷款期限与首期用款及还贷方式；②信贷策划特殊情况的处理；③预期收支情况。

2.【答案】D

【解析】紧急备用金可以应对失业或失能导致的工作收入中断和紧急医疗或意外所导致的超支费用。紧急预备金可以用两种方式来储备：①流动性高的活期存款、短期定期存款或货币市场基金；②利用贷款额度。

3.【答案】B

【解析】保险规划具有风险转移和合理避税的功能。在为客户设计保险规划时主要应掌握的原则有：①转移风险的原则；②量力而行的原则；③分析客户保险需要的原则。

4.【答案】D

【解析】Ⅰ项，保险期限太短，属于未充分保险的风险；Ⅲ项，对财产超额保险，属于过分保险的风险；Ⅳ项属于不必要保险的风险，人们自己承担风险这种处理办法反而更为方便和简单。

5.【答案】D

【解析】保险规划风险主要体现在三个方面：①未充分保险的风险，如对财产进行的保险是不足额保险，或者是在对人身进行保险时保险金额太小或保险期限太短；②过分保险的风险，如对财产的超额保险或重复保险；③不必要保险的风险，如对于应该自己保留的风险进行保险，既不必要，还会增加机会成本，造成资金的浪费。

6.【答案】B

【解析】从业人员在为客户进行税收规划时，应该遵循一定的原则，主要包括：①合法性原则；②目的性原则；③规划性原则；④综合性原则。

7.【答案】D

【解析】Ⅲ项，遗产规划策略的选择应尽可能减少遗产额，从而少交遗产税。

8.【答案】A

【解析】税收筹划的基本方法有：①避免应税收入(或所得)的实现；②避免适用较高税率；③充分利用“税前扣除”；④推迟纳税义务发生时间；⑤利用税收优惠。所得税基本筹划方法有：①针对纳税人的筹划；②计税依据的筹划。Ⅱ项，纳税时间的筹划主要用于增值税税收筹划；Ⅲ项，纳税环节的筹划主要用于消费税税收筹划。